房地产管理系列丛书

# 房地产经济与管理专论
## ——中国房地产业发展的基本问题

上海大学房地产学院

史东辉　主编

U0330534

中国建筑工业出版社

**图书在版编目（CIP）数据**

房地产经济与管理专论——中国房地产业发展的基
本问题/史东辉主编.—北京：中国建筑工业出版社，
2008
（房地产管理系列丛书）
ISBN 978-7-112-10098-9

Ⅰ. 房… Ⅱ. 史… Ⅲ. 房地产业-经济发展-中国-
高等学校-教材 Ⅳ. F299.233

中国版本图书馆 CIP 数据核字（2008）第 071497 号

责任编辑：邓　卫
责任设计：董建平
责任校对：安　东　王　爽

房地产管理系列丛书
房地产经济与管理专论
——中国房地产业发展的基本问题
上海大学房地产学院
史东辉　主编

\*

中国建筑工业出版社出版、发行（北京西郊百万庄）
各地新华书店、建筑书店经销
霸州市顺浩图文科技发展有限公司制版
北京建筑工业印刷厂印刷

\*

开本：787×1092 毫米　1/16　印张：10½　字数：280 千字
2008 年 7 月第一版　2008 年 7 月第一次印刷
印数：1—2000 册　定价：**24.00** 元
ISBN 978-7-112-10098-9
（16901）

# 《房地产管理系列丛书》编委会

# 序

随着中国房地产业的发展以及发展中各种新情况的出现，有关房地产的探讨、争论持续不断，并始终能引起业界、政府和民众的极大兴趣。在此过程中，国内诸多高等院校根据产业发展和市场需要，开始招收房地产专业或专业方向的本专科生，为房地产企业提供专业人才，并围绕专业需要进行课程建设和教材编写。

事实上，国外高等院校以房地产命名的专业设置是并不多见的，我国教育部也将该专业置于基本目录以外的特批专业。凡设有房地产或类似专业的院校，一般是以建筑学、土木工程、工程管理、经济学或工商管理等专业提供学科基础支撑，也有某些院校在投资学科中引出房地产开发投资专业方向。因此，不同院校因支撑房地产专业或专业方向的学科基础是不同的，围绕该专业或专业方向设定的主要课程便存在较大的差别。在这方面，国内外院校间的情况大同小异。

上海大学房地产学院是上海大学与上海市房屋土地资源管理局合作共建的一所专业学院。学院依托上海大学综合性学科优势，形成了以商学与工程管理两类教学科研人员为主的师资结构，在土地资源管理、房地产经济、房地产企业经营管理和建筑工程管理等专业或专业方向开展教学和应用性学术研究工作。经过几年的尝试和探索，积累了一定的经验，形成了些许理性认识。2006年，学院组织、动员了10多位专业教师，在充分讨论、研究并向专家咨询的基础上，提出并确定了《房地产管理系列丛书》及其各分册的名称、主要内容和章节编排等，至2007年下半年，本丛书编写完毕，由中国建筑工业出版社出版。

本丛书共收录10个分册。《房地产经济学》是在现代经济学原理的基础上，结合房地产业特点写就的专业基础课程教材。《房地产管理》以管理学原理为依据，是为房地产行业度身定制的应用性教科书。《房地产开发与经营》以现代营销学理论方法为主要内容，引入诸多行业实例作实证分析，应用性较强。《房地产金融学》、《房地产评估》和《建筑工程造价》则以投融资原理和财务、会计方法，介绍、解析了现代房地产项目的资金筹措和物业价值。而《建筑材料与房屋构造》和《房屋建筑力学与结构基础》是为非建筑学专业学生掌握基本知识而设计编写的通读性教材，内容虽浅，但较适合非理工科类专业方向的教学需要。《物业管理》主要讲述房地产业链的下游业务环节内容，十分重要，而现有图书往往忽略了商务物业的营运管理需要，该书在这方面作了必要的补充。值得一提的是，《房地产经济与管理专论》是本丛书唯一一本专著。史东辉教授以深厚的产业经济学理论功底，对房地产业的理论、政策和政府管理作了富有意义的研究探讨，使本丛书在学术性方面提升了一大步。

由于房地产开发与经营的关联性强，对专业人才的理论、知识、技能的类别有多样性要求，加之该专业在国内外高校中尚未形成相对公认的课程体系，因此，要编写好这套丛书是相当困难的。可喜的是，参与丛书编写的所有同志都以十分认真负责的态度，付出了心血，尽了最大的努力，完成了这项艰巨的任务，值得庆贺！

唐　豪

2007 年 6 月

# 目　录

# 0 引　论

按照目前通行的说法，房地产业是指从事房地产开发、建设、经营、租赁及维修等活动的集合。不过，作为房地产业所经营的主要产品，房地产本身有着诸多在其他多数采用同一方法分类的产业中较为少见的特性，特别是与绝大多数工业产品有着极大的差别。因此，对房地产业基本特性的审视，无疑有必要从剖析房地产的基本特性开始。不仅如此，由于我国房地产业长期实行计划经济体制，直到 20 世纪 90 年代初才开始全面逐步转入市场化进程，并且至今其市场化仍处于不断深化之中。因此，与理论和国际经验所显示的房地产业的特性相比，由体制转轨和过渡所致，我国房地产业无疑还有着一些不同之处。这也是本项研究的基本出发点。

## 0.1　房地产及房地产业的若干固有特性

房地产包括土地及地上定着物和同地上利用物相联系的地下改良物（参见图 0-1），同时还包括以上组成部分所衍生的各种权利。对房地产的开发、建设、经营、租赁和维修活动，构成了房地产业的主要活动。

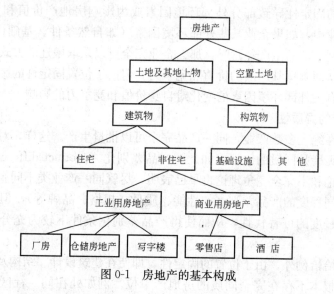

图 0-1　房地产的基本构成

### 0.1.1　房地产的若干固有特性

从理论上来说，房地产作为可供开发、生产、出售、租赁和维修的商品，其实是独一无二的，它不像大多数特质产品和生产、消费服务那样，可以被多次甚至是大量重复制造和交易。不仅如此，相对于国民经济活动中大多数产品和服务而言，房地产还有着诸多与

1

众不同的特性。

### 0.1.1.1 房地产位置的固定性

房地产位置的固定性，是指土地作为立体空间的完整意义，它是不可移动的；同时，房屋的基础牢固埋置于土地之中，从而使得建筑物与其坐落的土地紧密结合，因而房屋通常也是不可移动的。[①] 因此房地产亦常常被称为不动产。

在现代市场经济条件下，房地产位置的固定性对房地产各种形式的交易自然会产生相应的重要影响。其中主要表现在：

首先，固定的位置导致不同位置的房地产价值不同。众所周知，特定地理位置的气候（温度、湿度和日照等）、交通条件、周边环境、景观以及与其他地方（如城市中心）的距离等往往是影响处于该特定地理位置房地产价值的重要因素。对于同一类顾客来说，拥有或使用不同地理位置的房地产所能够产生的效用自然也就不同，从而造成不同位置房地产的价值差别。不仅如此，由于房地产的使用功能多样，因此对于不同类别的顾客来说，不同位置房地产的价值既有区别，又存在着多种评价体系。例如，对同一块土地来说，居住、建设厂房或开设商业设施等不同的用途便会导致对该土地不同的价值评价。

其次，位置的固定性导致特定房地产供给的有限性甚至唯一性。对于绝大多数工业产品来说，同一产品的供给量通常只受到需求量的限制，如果供给量不足，厂商完全可以通过多种途径扩大供给能力。但房地产的位置固定性决定了在特定地理位置上，可供生产和交易的房地产数量是极其有限的，甚至还只有一个单位，只能就地开发、利用或消费。如在某个特定的商业中心地段，尽管对商铺的需求量往往很大，但是可供开发和选择的商铺数量却常常少得可怜，结果只能通过价格调整来实现供需平衡。

再次，位置的固定性导致部分外部环境因素成为影响房地产价值和竞争力的重要因素。在大多数产业中，如果企业某些外部环境因素（如自然条件、基础设施、人口流动、交易费用等）不利于产品生产经营时，那么企业完全可以采取搬迁的方式选择合适的地理位置继续经营，从而确保其产品的价值和竞争力。但由于位置固定性的影响，特定房地产却根本无法摆脱有关外部环境因素的变化对自身价值和竞争力的影响。

### 0.1.1.2 房地产的异质性

一般而言，在绝大多数产业，同一产品完全可以批量生产。这样，对于所有此类产品来说，彼此之间无疑是同质的。不仅如此，产品差别化（product differentiation，亦译作产品差异性）理论和不完全竞争理论也早已表明，尽管同一产业类不同企业生产的同类产品之间存在着不同程度的产品差别（如性能、质量、规格、品牌等），但是它们彼此之间仍然存在着较高程度的可替代性，从而使得产品差别化条件下较为充分的市场竞争成为可能。

但是房地产恰恰例外。由于位置的固定性，即使在建筑设计、结构及内外装饰上没有差别，事实上也根本不存在完全同质的房地产单位。例如处在同一社区同一单元的两套房，南北朝向和所处楼层都是构成房屋产品差异性的因素。再如两个相邻的商业房产无论如何相似，位置的固定性便使它们之间至少存在着空间上的些许差别。这样，对于某个房地产单位来说，既不存在与其完全同质的其他单位，又不存在与其完全同质的其他厂商提

---

① 在此我们不讨论由技术进步所造成的个别房地产的可移动问题，如上海大剧院和上海音乐厅的移动等。

供的房地产单位。

房地产的异质性对于房地产市场的影响是显而易见的，其主要表现便是整个房地产市场上极高程度的产品差别化。无论是理论还是经验早已表明，一个产品差别化程度极高的市场必然是竞争程度较低的市场，自然有很大可能发生较高程度的垄断。不仅如此，在产品异质性和位置固定性的共同作用下，土地供给常常成为决定房地产市场竞争或是垄断程度的重要因素。如前文所述，由于位置的固定性和异质性，每一特定地理位置的房地产的价值会有所区别。一般而言，在房地产市场空间通常只是一个较小区域的条件下，如果开发商拥有了该区域内较大面积的土地，那就很可能形成较大的市场力量，甚至处于市场垄断地位。例如，如果某个开发商拥有了某个区域内一半以上的居住用地，那么其无疑会对该区域内的住宅市场拥有显著的影响力；同样，如果某个开发商获得了某个工业开发区的全部土地，那么即使存在其他开发区的竞争，也同样会造成同一区域内工业用地市场的竞争程度降低。这样，土地供给的方式、规模和制度也就成了决定房地产市场竞争程度高低的重要因素。因此，在土地国有的条件下，政府的土地供给政策也就往往会直接影响到房地产市场的有效竞争。

### 0.1.1.3 长生命周期

除了不可抗力的破坏以及人为的改造之外，土地作为建筑承载体的使用寿命应当说是极其漫长的，甚至可以说是永久性的。不过，在推行土地所有权与使用权分离的制度安排中，土地使用权显然是有期限的。例如在我国，实行土地公有制，城市规划区范围内的土地所有权归国家所有。通过政府出让方式的土地使用权都有明确的出让使用最高年限。根据有关规定，土地使用权出让的最高年限，居住用地为70年，工业用地为50年，教育、科技、文化、体育用地为50年，商业、旅游、娱乐用地为40年，综合或其他用地为50年。以出让方式取得土地使用权的，转让房地产之后，其土地使用年限为原土地使用权出让合同约定的使用年限减去原土地使用者已经使用年限后的剩余年限。土地使用权出让合同约定的使用年限届满，续期的到续期届满，土地使用权由国家无偿收回。

相对于土地而言，房产的生命周期则要短得多。当然，与大多数机器设备相比，房产的生命周期还是比较长的。在大多数国家，出于安全和其他利用方面的考虑，政府往往通过立法规定了各类房产的使用年限。根据我国政府的有关规定，各类房产的使用年限如表0-1所示。

我国房屋使用年限/年 表0-1

| | 生产用房 | 受腐蚀的生产用房 | 受强腐蚀的生产用房 | 非生产用房 |
|---|---|---|---|---|
| 钢结构 | 50 | 30 | 15 | 55 |
| 钢筋混凝土结构 | 50 | 35 | 15 | 60 |
| 砖混结构 | 40 | 30 | 15 | 50 |
| 砖木结构 | 30 | | | 40 |
| 简易结构 | 10 | | | 10 |

资料来源：吕发钦：《资产评估常用数据与参数手册》，北京科学技术出版社，1997。

转引自：曹振良：《房地产经济学通论》，1版，4页，北京，北京大学出版社，2003。

#### 0.1.1.4　高资本价值特性

房地产的高资本价值的成因有三：

第一，土地供给的稀缺性。土地是不可复制生产的自然资源，是由地貌、土壤、岩石、水文、气候、植被等组成的自然历史综合体。人类的活动可以影响土地的相对位置的变化及土地的占有、分配、利用，但却无法创造土地。同时，由于土地位置的固定性、地产的异质性和房地产市场空间的区域性，常常会导致在同一区域内可供各种用途的土地规模往往是固定的，从而很容易造成土地供不应求的局面。

第二，房地产开发投资规模较大。一般说来，任何意义上可作为商品进行销售或租赁的房地产都必须达到基本的使用功能，如住宅必须要有一定的面积和设施，工商业用地也需要具备一定的面积和设施，这样，单位房地产开发所需要的投资往往较大。不仅如此，对于住宅开发来说，受土地使用权价格、配套设施建设以及经济性等各项因素的影响，开发商往往必须同时建设诸多单位的住宅，如一个小区、一栋大楼等，从而使单个住宅开发的项目投资规模很大。

第三，受房地产市场空间的有限性、位置的固定性、房地产的异质性以及土地资源的稀缺性影响，从长期来看，大多数区域经常会发生房地产供给不足。由于其他区域的房地产供给几乎难以引导本地需求，同时本地房地产的供给也不可能如工业品那样增加。这样，解决供求矛盾、实现供求平衡的唯一市场途径便是房地产价格上涨，从而很容易使得投入值固定的房地产随之升值。

房地产的高资本价值特性和前文所述房地产的长生命周期对房地产市场的供求形成了国民经济各产业中较为少见的一系列特殊影响，其中主要表现在：

首先，对房地产金融的高度依赖性。以住宅为例：对于大多数居民来说，无论收入多寡，也无论住宅价格高低，居住都是其最基本的生活需求之一。然而，由于住宅价值相对较高，许多居民的即时支付能力常常不足以使其实现必需的居住需求。这样，所谓住宅按揭贷款便成了许多居民在一时没有全额支付能力的条件下依靠信用提前购买住宅的基本途径。另一方面，住房按揭贷款制度的推行使得既定收入水平下更多的居民有能力购买住宅，从而极大地促进了住宅需求。正是依靠包括住宅按揭贷款在内的房地产金融体系，房地产作为基本的居住设施和工商业生产设施的功能才得以充分的发挥。不过需要指出的是，房地产金融的存在也为房地产市场上利用较小资本从事房地产投资乃至投机活动提供了条件。

其次，较具规模的二手房地产交易。二手房地产交易的形成原因主要有三：①房地产的投资功能。有关这方面，我们将在下一节加以评述；②在住宅市场上，一方面，部分居民由于支付能力有限，难以购买新房，价格较便宜的二手房也就成了合理选择；或者由于在某些地域内已无新房可售，迫使欲购房者只能购买二手房。另一方面，有些居民出于多种原因（如搬迁、兑现等），也会将尚处于使用期内的住宅出售。③在工、商业用房地产市场上，受房地产资源稀缺性或二手房地产经济性的影响，一些企业也往往选择购买二手房地产；另一方面，工商企业的搬迁、关闭等行为，也迫使有关企业出售原有的房地产。

再次，租赁业务的活跃。在住宅市场上，部分居民由于多种原因，如短期居留、支付能力偏低等，往往不愿意或无能力购买价值量较高的住宅，致使住宅租赁应运而生。在工商业用房地产市场上，出于经营风险、即时投资能力等各项因素的考虑，部分工商企业也常常采取租赁的方式为正常生产经营活动提供房地产设施。

### 0.1.1.5 房地产的消费与投资功能

房地产是一种消费品。其既可以作为一种生产要素用于生产消费（如办公楼），也可以用于生活消费（如住房）。按照目前国内房地产界广为流行的说法，作为一种消费品，房地产在其效用上同时具备生存资料、享受资料和发展资料三个不同层次的性质。房地产作为生存资料，给人以安身之所，提供了"衣食住行"中的"住"；随着社会的发展与进步，房地产使用价值逐渐提高，诸如别墅、Town House、高档别墅等高级生活场所层出不穷，能给人以物质和精神上的享受，从而体现出其作为享受资料的功能；房地产作为发展资料，还是人们进行娱乐、学习和社交的场所，为个人的发展提供了必要的环境。

另一方面，房地产又是一种具有两重功能的投资品。其中：第一重功能指的是房地产是工商业活动所必不可少的基础条件之一。任何工商业活动都必须拥有一定的场所，工业生产必须要有厂房，商品销售必须要有商店，企业管理离不开基本的办公设施。作为工商企业的固定资产，房地产无疑是重要的投资品。工商业者购买或是租赁房地产的目的，是将它作为一种生产资料，通过与其他生产资料和劳动的组合，最终谋取其经济利益。

第二重功能指的则是房地产还是一种拥有投资价值的商品。房地产的投资价值最常见的有三种体现：①由资源稀缺性所造成的房地产价格升值。众所周知，随着经济的增长和人均收入的提高，无论是由扩大生产经营所致的对工商业房地产的需求，还是由改善居住条件、城市化和人口增加所致的对住宅的需求，都会出现相应的增长。经济增长和人均收入提高的速度越快，对房地产需求的增长往往也越快。但由于土地资源的稀缺性和房地产位置的固定性，在特定区域内，常常会造成房地产供给的严重不足，致使房地产价格上涨。②宏观经济增长的周期性波动、利率和汇率波动所形成的房地产投资价值。如在通货膨胀年代，投资房地产常常比投资其他资产更具保值功能。又如当实际利率低于租金时，投资房地产显然就具有经济性。③由房地产的长生命周期和位置的固定性所致，在一个相当长的时期内，许多房地产拥有较高的可能性通过周边环境的改善而获得增值，如交通条件的改进，相邻地域的开发以及其他基础设施的完善等。

另外需要特别指出的是，房地产的投资功能还必然衍生出了房地产市场一定程度的投机性。当某一房地产市场在短期内形成价格快速上涨的条件（如需求快速增长但供给一时难以增加）时，房地产市场的投机活动往往较为活跃，在信息不对称的条件下，较大规模的投机活动难免会导致所谓房地产泡沫的产生。

## 0.1.2 房地产业及其若干固有特性

### 0.1.2.1 作为基础部门的房地产业

从国民经济的基本架构来看，房地产业属于基础部门。所谓基础部门，是指构成国民经济各类生产活动之一般基础的设施和部门，同时也是为居民的社会生活和日常生活提供一般基础的设施和部门。基础部门主要包括公路、铁路、机场、港口、通信设施和部门、工业供水、排水、电力、煤气、教育事业和设施、水利、农田基本建设、水土保持、自来水、下水道、城市燃气、环境卫生设施和部门、医疗保健、住宅、公园、绿地和文化体育设施等。在国民经济活动中，一切依托和立足于基础结构之上的产业部门，就是所谓生产部门。

理论上通常把房地产业定位为基础部门的主要原因，大致包括如下几个方面：

第一，房地产是国民经济的基本承载体，其提供的商品与劳务有生活资料和生产资料双重属性，可以说房地产是任何社会经济活动，特别是城市经济活动所必需的基础性的物质条件。农业劳动的对象和最重要的生产资料是土地；工业、商业、服务业、金融业等各行各业也都需要房屋和与其经济活动相适应的场地和交通用地作为其基本经济活动的场所。毫无疑问，房地产业发展的规模、速度都将会对其他行业的规模、结构、发展水平和速度产生影响。

第二，住宅是一切社会活动的功能基础之一，是维持人才、劳动力的生存并提供其再生产和素质提高的最基本条件之一，因此也可以说房地产业是社会劳动力生产和素质提高的先决条件之一。

第三，房地产业是城市经济发展和城市现代化的重要基础。房地产业的发展与城市化进程之间存在较高的相关性。城市最初由交换商品的需要而产生，现代城市则通常是由工业生产、商业贸易、金融信贷、行政管理、科学文教、市内外交通运输、仓库储运、公用市政设施、园林绿化、生活服务等多种体系构成的一个复杂的综合体，是物流和信息流的集散地。房地产是所有这些活动的载体，一般而言，现代化城市是否具有高效率的经济活动，决定于建筑内部结构是否合理化和城市基础设施是否高效化，而这些又是与土地开发和物业再开发不可分的。从海外城市发展的情况来看，通过房地产综合开发，通过预先规划、科学布局，以具有人性化的功能分区标准来安排城市的用地方向，并且保持不同用途土地的合理比例，能大大提高城市经济活动和社会活动的综合效益。而且，由于城市是生态系统和经济系统的有机统一体，在房地产的开发和再开发过程中，遵循生态保护和经济发展协调统一的原则，构筑自然、社会和经济和谐融合的城市花园，将能大大提高居民的生活质量，从而有助于构建起人伦和谐、经济繁荣的现代化城市。

不过需要特别指出的是，与大多数基础部门的产业相比，房地产业又存在着较大的特殊性，从而也影响到对房地产业与经济增长关系的评价。其中房地产业较之大多数基础部门产业最为突出的一个特点，便是房地产并不属于公共物品（public goods），房地产业也不属于公共部门，而属于私人部门。

按照现代经济学的一般解释，相对于私人物品（private goods）而言，公共物品有两个根本特点：①非竞争性，即某个商品在给定的生产水平下，提供额外商品的边际成本为零。②非排他性。即任何人在消费某个商品的同时并不能排除他人消费同样的商品，如果由私人提供，则必然会产生所谓搭便车问题（Free-Rider）。基于上述两个特点，公共物品的供给面临着一系列必须解决的问题：第一，由于交易费用高昂，私人企业不存在提供公共物品的动机，如交通运输部门中的某些产业。第二，许多公共物品的价格弹性极小（甚至为零），而其消费者所获得的效用又很大。如果由私人部门经营的交易费用高昂，或者由消费者自行购置的成本过高，那就会造成社会资源的不必要的浪费，如消防、治安和一些自然灾害的防治等。因此在这种情况下，只能由政府承担提供这些物品的职责。第三，一些公共物品的提供实际上很难确定具体的受益者，但如果没有生产的话又必然会导致社会福利的损失，如历史文物和某些自然资源保护等。

由于房地产不属于公共物品，因此它也就具备了所有私人物品的基本特征。这样，房地产业主要是依靠市场机制运行的，并主要表现为市场调节下的产业内供需各方的逐利行为。在资本主义国家，政府对房地产业几乎不负有任何实质意义上的直接责任，其对房地产业也少有直接干预。在我国实行土地国有和集体所有的条件下，由社会主义市场经济体制调节下的房地产业的运行尽管有别于资本主义国家，但企业、各种类型单位以及个人作为房地产业主体的地位是毋庸置疑的，政府显然也不需要承担发展房地产业的直接责任。

### 0.1.2.2 房地产业市场的空间分割与区域性

在经济学意义上，只有纯粹把产业定义为生产具有高度替代性（close substitutive）的产品的企业群（group）时，产业与市场在内涵上才是重合的。而如果按照所谓标准产业分类法定义产业，那么往往就很可能造成在一个产业中存在若干个彼此相对独立的市场。其中，同一产业内存在着若干个空间上相互分割甚至封闭的市场，则是一种较为常见的现象，如房地产业、零售业、餐饮业和城市供水业等。

从地理空间的角度来看，任何产品的市场总是具有一定的地域界定。埃尔津加（Elzinga）和霍格蒂（Hogarty）用"外部需求小"和"内部流出小"的复合性规则，提出了界定地理空间市场的若干标准：①外部需求小。如果在一个地域中，所消费的产品绝大部分都是由该地域内部所生产的，那么该地域就是一个市场；②内部流出小。如果在一个地域中，所生产的产品绝大部分都是由该地域内部所消费的，那么该地域就是一个市场；③交通运输成本：如果交通运输成本大到足以锁定地域内部的消费者，或者大到足以把外部供应商逐出的程度时，那么该地域就是一个市场；④价格：如果价格的确定是在地域的基础上，并在地域基础上变化，则该地域就是一个可区分的市场。①

由房地产位置的固定性和异质性所致，房地产市场的空间比绝大多数产品要小得多。众所周知，由于产品的可流动性，绝大多数工业品的市场空间在理论上可以说是无限的，决定其实际市场空间边界的则主要是交易费用。另外，一个有竞争力的工业品也可以通过异地生产的方式，克服由交易费用所导致的不利性。因此，在自由贸易制度下，大多数工业品的市场几乎都可以说是全国性乃至全球性市场。但房地产则不同，位置的固定性导致了其不可能被大量复制、运输乃至异地制造，异质性则使得相距较远的房地产之间的可替代程度较低。因此，无论是住宅还是作为生产投入物的房地产，即使性价比再为优越，居民出于包括交通费用在内的各种生活费用的考虑，工商企业出于交易费用的限制，也都不会选择导致其生活费用或交易费用高昂的房地产。例如，尽管与上海相邻的其他城市的住宅较为便宜，但在上海工作的人士肯定不会选择居住在这些城市，除非愿意因此而更换工作地点；同样，即使内地许多省市地价较低，但许多工商业投资者并不会因此而前往投资，毕竟土地价格只是决定工商业投资选址的诸多因素之一。这样，从竞争的角度来看，房地产的市场空间就不可能覆盖较广。在类似中国这样一个大国中，其实并不存在全国统一的市场，而是众多以某个城市为中心的区域性市场。

由于区域房地产市场的需求和供给主要发生于区域内部，因此影响该区域房地产市场和该区域房地产业的主要因素显然也以该区域内部因素为主，从而导致了各个区域房地产业的发展程度和特点也出现相应的差别。

---

① 参见 Elzinga & Hogarty, "The problem of geographic market delineation in anti-merger suits", *Antitrust Bulletin*，1973，18（1），pp. 45-81.

## 0.2 中国房地产业的历史回顾

中国房地产业虽然有着较长的历史，但在计划经济年代却一度几乎陷于"消失"的境地。自改革开放以来，作为一个近乎全新的经济部门，中国房地产业的市场化发展进程始终围绕着土地制度和城镇住房制度这两项紧密关联的根本制度改革，并决定于后者渐进、试错式的改革路径，因而具有明显的体制转轨特征和历史烙印。

### 0.2.1 近乎"消失"的房地产业

中华人民共和国成立以后，通过 20 世纪 50 年代中后期的农村合作化运动、城市社会主义改造运动以及计划经济的全面实施，我国逐步建立起城市土地国家所有与农民土地集体所有的双轨土地公有制，并由 1982 年宪法正式确立了这一根本制度。

1982 年颁布的宪法从国家根本大法的高度规定我国实行土地的社会主义公有制。宪法第十条明确规定："城市的土地属于国家所有"。"农村和城市郊区的土地，除由法律规定属于国家所有的以外，属于集体所有；宅基地和自留地、自留山，也属于集体所有"。1986 年国家颁布的土地管理法亦作了更为明确的规定。该法第六条规定："城市市区的土地属于全民所有即国家所有"。"农村和城市郊区的土地，除法律规定属于国家所有的以外，属于集体所有；宅基地和自留地、自留山，属于集体所有"。1982 年宪法的颁布，明确了我国从根本上废除土地私有制、实行土地公有制。在土地的社会主义公有制下，任何组织或者个人不得侵占、买卖、出租或者以其他形式非法转让土地。这就形成了传统国有土地使用制度的三项基本特征，即土地无偿使用、无限期使用和不准转让。

另一方面，从 20 世纪 50 年代起，我国逐步建立起了一个以公房为主、私房为辅的城镇住房体系。不过，由计划经济年代国家社会经济发展战略所致，我国的城镇住房体系是以公房的"低租金、实物配给制"为核心，并最终陷入了长期投入不足、难以实现良性循环的不利境地。

1953 年后，我国把优先发展重工业作为国民经济和社会发展的总目标。在这一基本思想指导下，一部分本应用于消费（包括住房消费）的资金被集中起来用于国家建设，致使劳动力的价格长期低于其价值，劳动者所获得的工资不足以弥补劳动力再生产成本，因此国家在工资之外，对职工实行包括住房在内的实物配给制。在 1957 年，中共中央转发周恩来总理《关于劳动工资和劳保福利问题的报告》，规定公房租金一般应该包括折旧、维护、管理三项费用，按照每户 16～20m² 居住面积，每月房租一般占职工工资收入的 6%～10%；1963 年 10 月，中共中央、国务院发布了《关于第二次城市工作会议纪要》，进一步提出："城市的公有住宅、中小学校舍、事业单位的房屋，应当逐步由市人民委员会统一经营管理起来。统一规章制度、统一租金标准、统一调剂和分配、统一组织维修、统一建设……"这种低租金、实物配给制的住房制度的实质，便是在低工资的基础上，由国家建公房（或购房），通过行政分配的方法租给职工居住，收取低租金，租金低于住房维护保养费之间的差额部分由国家补贴。

在此制度安排下，我国住房建设资金投入严重不足，难以实现良性循环，人均居住面积不升反降。如据统计，建国后的 30 年内，我国人均住房投资不足 300 元，1960～1978

年间我国历年的住房建设投资占基本建设投资的比重仅在5％左右，1970年低至2％，以致到1978年时，我国城市人均居住面积仅为3.6m²，低于1949年的人均居住面积（4.5m²）（参见表0-2）。不仅如此，由于各种复杂的客观原因，长期实行的低租金制导致不仅不能提供房屋简单再生产所需的资金，连进行正常的维修管理也难以保证。①

**我国住宅投资占基本建设投资的比重（1960—1978）** 表0-2

| 年份 | 基本建设投资/亿元 | 住宅投资/亿元 | 住宅投资占基建的比重/% |
| --- | --- | --- | --- |
| 1960 | 384.07 | 15.7 | 4.1 |
| 1961 | 123.34 | 7.43 | 6.0 |
| 1962 | 53.62 | 3.16 | 5.9 |
| 1963 | 94.16 | 7.28 | 7.7 |
| 1964 | 138.69 | 11.16 | 8.0 |
| 1965 | 170.89 | 9.43 | 5.5 |
| 1966 | 199.42 | 8.77 | 4.4 |
| 1967 | 130.52 | 4.96 | 3.8 |
| 1968 | 104.13 | 5.21 | 5.0 |
| 1969 | 185.65 | 10.21 | 5.5 |
| 1970 | 294.99 | 7.62 | 2.6 |
| 1971 | 321.26 | 13.71 | 4.3 |
| 1972 | 312.79 | 17.97 | 5.7 |
| 1973 | 321.26 | 19.85 | 6.2 |
| 1974 | 333.01 | 21.55 | 6.5 |
| 1975 | 391.86 | 22.94 | 5.9 |
| 1976 | 359.52 | 28.16 | 6.1 |
| 1977 | 364.41 | 25.06 | 6.9 |
| 1978 | 479.55 | 37.54 | 7.8 |

资料来源：根据历年《中国统计年鉴》中有关数据整理。

另一方面，公有房地产业在我国国民经济中的地位和作用也近乎消失。建造住宅长期被视为一个纯粹的消费资料生产部门，不仅要耗费国家的财力、物力，而且在分配住宅后国家还要补助房屋维修管理费用，肯定是赔钱的。在这种观念的作用下，公有房地产业实际上成为了一个依靠极其有限的资源确保城市最低居住、办公条件的部门，因此它对国民经济的直接贡献如有的话也是微乎其微。如以上海为例，1952年时房地产业占上海国内

---

① 1951年政务院规定，"原则上应争取做到公有房屋一律收租，以便用房租收入来保护现有建筑，并发展新的建筑，逐步解决房荒问题"。1957年中央城市服务部规定："所谓以租养房，是指租金收入除去必要的开支外，不仅能够保证房屋的正常修缮，而且在房屋使用年限终了时，能够根据房屋不同情况收回的折旧费重建全部或一部分房屋。"根据以上规定，房屋租金不仅应能保证房屋的正常修缮，而且应该提供房屋简单再生产的资金。但在实践中征收的房屋租金普遍偏低且长期固定，特别是在文革期间甚至被大幅调低。例如，根据1955年的一项抽样调查，上海居住公房的工人负担的房租约占收入的5.3%，较质量相对较差的私房房高0.4%，干部、职员约占收入的10.1%，较居住私房高3.9%。而1988年上海市162.8万公房住户家庭基本情况调查表明，月房租每平方米0.214元，居民对房租的负担仅占全家工资收入的1.94%。详见《上海房地产志》。

生产总值的比重仅为 0.14％，1958—1970 年期间下降到 0.04％～0.08％，到 1985 年时也只略微回升到 0.12％；近 20 年中实现的年增加值不超过 800 万元（参见表 0-3）。

房地产业在上海国民经济中的地位（1952—1985）/亿元　　　　　　表 0-3

| 年份 | 国内生产总值 | 其中第三产业 | 其中房地产业 | 房地产业占国内生产总值的比重 |
|---|---|---|---|---|
| 1952 | 36.66 | 15.27 | 0.05 | 0.14％ |
| 1955 | 53.64 | 21.54 | 0.04 | 0.08％ |
| 1958 | 95.61 | 27.38 | 0.05 | 0.05％ |
| 1960 | 158.39 | 30.8 | 0.06 | 0.04％ |
| 1965 | 113.55 | 24.13 | 0.07 | 0.06％ |
| 1970 | 156.67 | 28.43 | 0.08 | 0.05％ |
| 1975 | 204.12 | 38.36 | 0.16 | 0.08％ |
| 1978 | 272.81 | 50.76 | 0.27 | 0.10％ |
| 1980 | 311.89 | 65.69 | 0.36 | 0.12％ |
| 1985 | 466.75 | 121.59 | 0.58 | 0.12％ |

资料来源：有关年度《上海统计年鉴》。

### 0.2.2　1978 年以来中国土地制度与城镇住房制度的改革

1978 年改革开放以后，出于发展国民经济和提高人们生活水平的需要，土地制度改革和住房制度改革开始推出并渐趋深化，中国房地产业也随之复苏，步入了市场化的高速发展进程。

#### 0.2.2.1　土地使用权制度改革

虽然早在 1979 年，广东等部分地区就开始了以场地使用权作为出资兴办中外合资企业，或向中外合资企业收取场地使用费。但是这些早期实践多为建设资金严重短缺现实下的权宜之计，并没有法规上的依据和保障。1982 年，借鉴香港的经验，深圳特区出台了主要适用于外商的《深圳经济特区土地管理暂行规定》，规定了各类划拨用地的使用年限及土地使用费的标准，从而在国内首创了国有土地有偿、有期的使用制度。其中，工业用地最长年限为 30 年；商业用地为 20 年；商品住宅用地为 50 年；教育、科技、医疗卫生用地为 50 年。1986 年，上海市颁布了旨在通过收取土地使用费、土地使用权有偿出让和开放土地使用权二级市场实施土地制度改革三步走战略的《上海市中外合资经营企业土地使用管理办法》。

在这些早期尝试的基础上，1987 年 11 月，国务院确定在深圳、上海、天津、广州、厦门、福州进行土地使用改革试点。按照土地所有权与使用权分离的原则，国家在保留土地所有权的前提下，通过拍卖、招标、协议等方式将土地使用权以一定的价格、年期及用途出让给使用者，出让后可以转让、出租、抵押。这是我国土地使用制度带有根本性的改革，打破了土地长期无偿、无限期、无流动、单一行政手段的划拨制度，创立了以市场手段配置土地的新制度。

为了使这种创新的土地使用制度改革有法可依，1988 年 4 月，全国人大修改了《宪法》，删除了土地不得出租的规定，增加了"土地使用权可以依照法律的规定转让"的规定。1986年颁布的《土地管理法》也进行了相应的修改，明确规定"国家依法实行国有土地有偿使用制度"。1990年5月，国务院颁布了《中华人民共和国城镇国有土地使用权出让和转让暂行条例》和《外商投资成片开发经营土地暂行管理办法》。这一系列法律、法规的颁布实施，恢复了国有土地资产的商品属性，为土地使用权交易与土地市场发育提供了法律支持，标志着我国的土地市场走上了有法可依的轨道。在此背景下，土地使用权出让迅速在全国各地展开，出让数量逐年增加，并开始成为地方政府的一大财源和吸引投资的主要资本。例如，1992年，全国经土地管理部门出让土地2800幅，面积21890hm²，收取土地出让金525亿元；同时，原行政划拨用地依法进入市场的有近8万宗，面积10万hm²，政府从中收取转让收入8亿元；另处还有一些自发进入市场的划拨土地，经事后清理计有13.2万宗，土地面积1270hm²，补交出让金2.6亿元。[1]

在1992年邓小平同志南巡重要谈话和党的十四大确立了建立社会主义经济体制的改革目标以后，土地使用制度改革和土地市场培育的进程大大加速。1994年7月《城市房地产管理法》颁布，首次从法律层面明确了划拨和出让供地的范围，规定国家依法实行国有土地有偿、有限期的使用制度；土地使用权出让可以采取拍卖、招标或者双方协议的方式，并明确规定商业、旅游、娱乐和豪华住宅用地，有条件的必须采用拍卖、招标方式。

1998年8月和12月，国务院陆续颁布了修订后的《土地管理法》和《土地管理法实施条例》，确立了耕地保护制度、土地用途管制制度和土地有偿使用制度，并首次以法规的形式明确了出让、租赁、作价出资等土地有偿使用方式。至此我国土地使用制度改革和土地管理的法律体系初步形成。

### 0.2.2.2 完善市场规则

从以往的无偿使用到实行有偿出让，从单一的行政划拨到政府作为所有者的代表与买方协商议价，从协议出让居多转为以招标、拍卖及挂牌为主，表明中国的土地管理已经日益挣脱旧有观念的束缚，土地市场化的进程已日益加速。然而事实上，改革以来行政性划拨仍在各地区的土地供应总量中占据主导地位，一对一的协议出让则成为有偿供地的主要方式。以2000年为例，根据国土资源部的统计资料，当年全国供应的国有土地总量中，划拨供地占62.4%，出让供地占37.6%；这其中以招标、拍卖方式出让的国有土地面积仅占当年供地总量的2.1%、出让面积的5.7%。

在此背景下。从1999年起国务院及国土资源部先后制定并出台了一系列的相关政策，旨在明确市场规则，完善市场机制，规范市场运行。其中对房地产开发用地出让方式的变革尤为慎重，在现实中采取了从原则到具体，从弹性转刚性的渐变过程。

1999年5月国务院办公厅发出《关于加强土地转让管理严禁炒卖土地的通知》，明确规定商业、旅游、娱乐和豪华住宅用地，原则上必须以招标、拍卖方式提供；2000年1月，国土资源部发出《关于建立土地有形市场促进土地使用权规范交易的通知》将招标、拍卖的范围扩大到经营性房地产项目和其他有竞争性项目用地的交易，并增加了挂牌公告的方式。2002年5月，国土资源部发布《招标拍卖挂牌出让国有土地使用权规定》，进一步明确界定实施招拍挂的用地范围，规定包括商品住宅在内的商业、旅游、娱乐等各类经营性用地，必须以招标、拍卖或者挂牌方式出让。2003年6月，国土资源部发布《协议

---

[1] REICO专题报告：《土地控制对房地产市场的影响分析》，2005。

出让国有土地使用权规定》，再次明确商品住宅亦属经营性用地，不可采用协议出让方式。2003年9月，国土资源部发出《关于加强土地供应管理促进房地产市场持续健康发展的通知》（国土资发〔2003〕356号），明确表示土地供应是调控房地产市场的基本手段，要充分发挥土地供应对房地产市场的调控作用，充分发挥市场在土地资源配置中的基础性作用，促进房地产市场持续健康发展。房地产开发土地供应宏观调控的总体目标是：努力实现土地供需总量基本平衡，结构基本合理，价格基本稳定。并更进一步明确，各类房地产开发用地，除按规定可以划拨外，一律实行招标拍卖挂牌出让。

随着上述一系列文件的陆续出台，国务院及国土资源部对房地产开发用地出让与管理的改革主旨渐趋清晰，这就是完善市场竞争机制，扩大市场配置规模，促进土地公开交易，规范土地市场运行。同时，对竞争性项目用地的范围也愈见明确，实施招拍挂的要求也愈趋严格。

### 0.2.2.3 城镇住房制度改革的早期试点

鉴于"低租金、实物配给制"的住房制度已难以为继，因此改革开放后不久我国就着手启动相关的改革。然而，从最早期的四城市售房试点到住房货币化分配改革的基本完成，历时竟达二十余年，充分反映出改革的艰巨性和复杂性。

1978年9月，邓小平首次提出，"解决住房问题能不能路子宽些，譬如允许私人建房或者私建公助，分期付款，把私人手中的钱动员起来，国家解决材料，这方面潜力不小。"[①] 这一讲话引起了有关各方对城镇住房制度的关注，国家于1979年在柳州、梧州、南宁和西安四市进行售房试点。国家给予四市拨款建房，房屋建成后，以成本价向城镇居民全价出售住房，随后又在全国范围内扩大试点范围，但结果不是很理想。截至1981年底，全国出售住房仅有3000余套。原因很简单，全价售房超出了居民的购买能力。

1980年4月，邓小平发表了《关于建筑业和住宅问题的谈话》，系统阐述了包括公房出售、提租、建房和建房方式等改革措施，从而明确了改革城镇住房投资、建设和分配制度的总体设想。在此谈话的推动和指导下，住房制度改革作为城市经济体制改革的重要组成部分，率先在广大城镇展开。1980年6月中央发布了《全国基本建设工作会议汇报提纲》，提出了"准许私人建房、私人买房，准许私人拥有自己的住宅"，正式允许实行住房商品化政策，这也正式揭开了我国城镇住房制度改革的序幕。1982年，在吸取前期试点经验的基础上，国家在郑州、沙市、常州和四平四个城市对新建住房补贴出售进行新试点。这一试点实行"三三制"，即个人、政府和职工所在的单位分别负担房价的1/3。1984年扩大试点范围，到1985年底共计出售住宅1092.8万 m²。但由于补贴出售加重了政府和企业的负担，加之居民的消极反应，该项政策在1985年也被取消了。[②]

1984年，住房租金改革小组正式成立，并提出了"提租补贴"的改革思路。1986年，烟台、常州、蚌埠和唐山四个城市被确定为试点城市。1987年8月，烟台的"提租发券、空转起步"的房改方案获批准；10月蚌埠的"筹资提租，一步到位"的房改方案也获准试行。总体上，这一阶段的房改模式大致可分为两类：第一种是提租补贴，促进售房；第二种是优惠售房，促进提租。第一种模式又分烟台方案和深圳方案。烟台方案的重点是提

---

① 转引自侯浙珉：《中国城镇住房制度改革理论与实践的发展》，载于《房改的初步探讨》，1999年内部发行。
② 但这在汕头市等少数城市一直得到了坚持和发展。

租补贴（发券），将房租从 0.10 元/m² 提高到 1 元/m² 左右，冲击了旧住房观念，但因一些原因而中途停止。深圳方案则以大步提租，鼓励买房为出发点，将房租一步提到 2 元/m²，较大幅度地增发住房补贴，鼓励职工买房，形成"卖老房—建新房—再卖房—再建房"的循环。同时，还推出"双轨三类多价制"的住房供应模式。深圳房改实施 5 年后，便初步实现了住房实物分配向货币分配的转变。第二种模式是许多小城镇采取"优惠价售房起步，促进提租"的房租方案，几乎都取得了成功。由于大多数公房出售后，出租公房所占比重小，在不补贴情况下提租，没有任何阻力。总体上，"提租补贴"方案在我国各试点城市取得了较好的效果，不仅使得租可养房，而且也有效抑制了不合理的住房需求。但随后因我国发生了严重的通货膨胀，政府担心"提租补贴"会加剧通货膨胀，终止了此类试点。

### 0.2.2.4　城镇住房制度的全面改革与深化

1991 年 6 月国务院发布了《关于继续积极稳妥地进行城镇住房制度改革的通知》，强调要通过房改缓解居民住房困难，改善住房条件，引导住房消费，逐步实现住房商品化，发展房地产业。同年 10 月，国务院又出台了《关于全面推进城镇住房制度改革的意见》，明确规范了房改的总目标和分阶段目标、基本原则、有关政策、工作部署、工作领导等，对房改的深化进行起到了重要的依据作用。其中，总目标是"城镇住房制度改革是经济体制改革的重要组成部分，其根本目的，是要缓解居民住房困难，不断改善住房条件，正确引导消费，逐步实现住房商品化，发展房地产业。按照社会主义有计划商品经济的要求，从改革公房低租金制度着手，将现行公房的实物福利分配制度逐步转变为货币工资分配制度，由住户通过商品交换（买房或租房），取得住房的所有权或使用权，使住房这种特殊商品进入消费品市场，实现住房资金投入产出的良性循环。"

从 1991 年到 1993 年，在短短的三年时间内，全国约四分之三的城市陆续启动了住房制度改革，从调整租金、出售公房、新房新制度等方面推动了房改大气候的形成，如北京提出的"售房起步，带动提租，售房给予优惠，小步提租不给补贴"方案，上海提出的"提租补贴、优惠售房和交纳住房公积金"的房改方案。这些方案大多采取了优惠售房为主的做法，但在实施中一度出现优惠比例过大的问题。

1994 年 7 月发布的《国务院关于深化城镇住房制度改革的决定》提出，建立以中低收入家庭为对象、具有社会保障性质的经济适用住房供应体系和以高收入家庭为对象的商品房供应体系；建立住房公积金制度，发展住房金融和住房保险，建立政策性和商业性并存的住房信贷体系，这标志着我国房改进入了一个谋求重塑住房体系的新阶段。

1995 年，根据国务院颁布的《国家安居工程实施方案》，国家安居工程开始实施，计划在原有住房建设规模基础上，新增安居工程建筑面积 1.5 亿 m²，用 5 年左右时间完成。凡用于国家安居工程的建设用地，一律由城市人民政府按行政划拨方式供应。地方人民政府相应减免有关费用。市政基础设施建设配套费用，原则上由城市人民政府承担；小区级非营业性配套公建费，一半由城市人民政府承担，一半计入房价。国家安居工程住房直接以成本价向中低收入家庭出售，并优先出售给无房户、危房户和住房困难户，在同等条件下优先出售给离退休职工、教师中的住房困难户，不售给高收入家庭。国家安居工程住房的成本价格由征地和拆迁补偿费、勘察设计和前期工程费、建安工程费、住宅小区基础设施建设费（小区级非营业性配套公建费，一半由城市人民政府承担，一半计入房价）、1%～

3％的管理费、贷款利息和税金等 7 项因素构成。[①] 据有关资料表明，1995 年至 1997 年，国家在 227 个城市和石油、煤炭、铁道等系统安排了安居工程建设项目，总投资 625 亿元，建设规模总计 7159 万 m²，解决了 65 万户城镇中低收入者的住房问题。1997 年我国的安居工程被纳入了经济适用房范围。

1998 年，我国住房体制改革的纲领性文件《关于进一步深化城镇住房制度改革，加快住房建设的通知》（国发〔1998〕23 号）文件（下简称《通知》）出台，决定自当年起停止住房实物分配，建立住房分配货币化、住房供给商品化、社会化的住房新体制。《通知》提出，深化城镇住房制度改革的目标是停止住房实物分配，逐步实行住房分配货币化，建立和完善以经济适用住房为主的多层次住房供应体系，即最低收入家庭租赁由政府或单位提供的廉租住房；中低收入家庭购买经济适用住房；其他收入高的家庭购买、租赁市场价商品住房。我国住房改革进入了全面改革和攻坚阶段。《通知》的出台，无疑极大地促进了改革速度。截至 2000 年初，全国可售公房的 60％以上已经出售给居民家庭，城镇居民住房自有率达到 70％，基本上打破了单一的住房公有制，形成了以居民自有产权为主、多种产权形式并存的产权格局；70％的大中城市已出台住房货币化方案，部分省区在县级以上的城镇已开始全面实施这一方案。

### 0.2.3　1980 年以来中国房地产业成长的总体回顾

土地制度改革的日见深化令中国房地产业得以从计划经济年代的近乎"消失"复苏，特别是土地使用权制度的不断完善和土地转让规模的急剧扩张更是为中国房地产业的高速成长奠定了重要基础。而城镇住房制度的改革不仅为房地产业的高速成长创造了庞大的市场需求，而且还使城镇商品房市场逐步成为中国房地产业最重要的组成部门。

1980 年以来，中国房地产业的成长大致经历了如下三个阶段：

#### 0.2.3.1　1980—1987：萌芽阶段

在邓小平《关于建筑业和住宅问题的谈话》中，除前述住宅政策外，另一重要的指导性意见是建筑业的地位问题。他指出，从多数资本主义国家看，建筑业是国民经济的三大支柱之一，这不是没有道理的。过去我们很不重视建筑业，只把它看成是消费领域的问题。建设起来的住宅，当然是为人民生活服务的。但是这种生产消费资料的部门，也是发展生产、增加收入的重要生产部门。要改变一个观念，就是建筑业是赔钱的；它是可以为国家增加收入、增加积累的一个重要生产部门。要不然，就不能说明为什么资本主义国家把它当作经济的三大支柱之一。所以在长期规划中，必须把建筑业放在重要地位。与此相联系，建筑业发展起来，就可以解决大量人口就业问题，就可以多盖房，更好地满足城乡人民的需要。建筑业的发展，带动了建材工业的发展。虽然谈话中没有直接提房地产业，但所讲的建筑业，主要是指作为生产主体的住宅建筑业，也就是现在所说的房地产业。

1980 年 5 月，国家建工总局明确提出了住房商品化的方针。具体来说，即今后房屋

---

① 参见：《国务院办公厅关于转发国务院住房制度改革领导小组国家安居工程实施方案的通知》（国办发〔1995〕6 号）。

建筑向商品化发展，一般民用建筑，首先是住宅，要积极推行由建筑企业包建，按套实价出售，采取交钥匙的办法。大城市和工业集中的地区可以试办开发公司，从规划设计开始，成套地建房卖房。此外，建工总局还提出要搞好住宅商品化试点，京津沪三市和其他有条件的城市都要组织试点，逐步摸索出一套有关土地征用、公用设施配套、投资材料渠道、产品价格、销售办法等的具体政策和管理制度。

1981 年 1 月，我国第一家房地产开发公司（由建工总局出人、建设银行出钱，共同组建中国房屋建设开发公司）正式成立。该公司的主要任务是用经济办法经营房地产，包括办理购置土地手续，组织小区建设规划和建筑设计，发包建设项目并和施工单位签订合同，进行房屋出售和出租，同时为各类房屋特别是住宅建筑设计的示范提供条件。[①]

然而，受制于土地制度和住房制度改革的进程，特别是由于缺乏相关的配套法律法规与政策，这一阶段仅少数地区的房地产业得到了迅速的发展，并主要集中在对外开放最早、经济转轨最快的深圳、广州以及作为全国政治经济中心的北京。例如，1987 年时，这三个城市的房地产投资额分别达到 9 亿和 7 亿和 18.2 亿元，合计占到全国房地产投资（253 亿）的 22.8%，相比当年上海仅不足 1 亿元。又如，在国家立法和政策缺位的背景下，1981 年 11 月广东省人大通过了《深圳经济特区土地管理暂行规定》，1986 年省政府公布了《深圳经济特区抵押贷款管理规定》，这些都有力地推动了深圳房地产业的导入与成长。

## 0.2.3.2  1987—1995：巨幅波动的导入阶段

1987—1988 年期间，随着住房改革试点面的扩大和土地使用改革的起步，我国的房地产开发出现了第一波"井喷式"增长。两年中全国房地产投资分别比增 48.4% 和 71.6%，其中 1988 年时广州市和上海市分别比增 100% 和 73%。并且，更多的地区开始导入房地产业，如深圳、广州、上海、北京等四大城市的房地产投资总额占全国的比重从 1987 年的 23.5% 下降到 1988 年的 16.9%。

1989 年，受治理整顿宏观经济的影响，初生的房地产业受到很大冲击，并在 1990 年跌入谷底，当年全国房地产投资额出现了改革开放以来的首次负增长（-7%），前期排头兵的广州更是大跌 23%。

1991 年下半年，中国房地产业出现回升的趋势。回升原因主要在于以下几个方面：一是国民经济调整政策取得了明显成效，对房地产业起了推动和带动的作用；二是国内政治稳定、经济稳定；三是 1990 年 5 月，国务院以第 55 号和第 56 号令发布了《城镇国有土地使用权出让和转让暂行条例》和《外商投资开发经济成片土地暂行管理办法》，投资环境得到了改善，境外投资者增强了在中国的投资信心；四是 1991 年出台的《关于继续积极稳妥地进行城镇住房制度改革的通知》和《关于全面推进城镇住房制度改革的意见》明确了逐步实现住房商品化的房改方向；五是上海浦东新区的开发进入了实质性的阶段，为房地产的发展增添了新的活力，如 1990 年时上海房地产投资大幅增长 341%。

1992 年是中国房地产业发展的一个历史转折点。邓小平同志南巡讲话发表以后，房

---

① 严格说来，上海、深圳等地的房地产开发公司成立更早。如上海于 1979 年成立了中华企业公司和上海工商业者爱国建设公司等两家商品房开发公司；深圳于 1980 年陆续成立了从事涉外商品房地产业务的深圳市房地产公司和负责全市住宅建设的深圳市住宅公司。

地产业在有利的政治、经济环境下得到了迅速的发展，在 1992—1993 两年间出现了房地产业的"迅速膨胀"期。房地产开发投资高速增长，两年分别比增 118% 和 165%；房地产开发公司迅速发展，从 1991 年的 5128 家猛增至 1992 年的 13566 家，翻了 1 番，1993年时又翻了 1 番，达到 20000 多家；房地产市场十分活跃、交易价格涨幅大，如商品房销售面积 1992 年、1993 年分别比增 41.76% 和 55.94%，销售额分别比增 79.35% 和102.47%，商品房价格上涨幅度分别达到 30.9% 和 21.9%。

1992 年至 1993 年上半年的房地产业的"膨胀发展"，在一定程度上推动了我国房地产业的发展，但是同时带来了许多亟待解决的问题，如土地供应失控、房地产投资结构不合理、收益分配失衡、市场不规范以及宏观经济中的高通货膨胀等等，特别是在海口、北海和珠江三角区等地方出现了明显的房地产泡沫。

为了有效解决房地产业超常发展中存在的问题，从 1993 年 7 月起，中央开始对房地产业实施宏观调控政策，房地产业开始步入调整和理性发展阶段。主要表现在：全国 1/3的开发区停办，1/3 的房地产公司关门、1/3 的房地产公司缩小规模；收回不能按期开发的土地 133.4 多万 hm²，内陆省份撤回在沿海地区的巨额投资；房地产交易量下降，价格回落，特别是高级豪华别墅、度假村、高级写字楼备受市场冷落；房地产投资势头有所减缓，投资结构趋于合理；房地产法规体系逐步建立。1994 年 7 月 5 日，全国人大常委会通过了《中华人民共和国城市房地产管理法》，随后包括禁止房地产企业上市的一系列配套法规相继出台，有效地抑制了市场的不规范行为。

### 0.2.3.3 1995 至今：从波谷到繁荣的成长阶段

1996—1997 年间，由于我国仍然实行适度从紧的财政与货币政策，并受到 1997 年亚洲金融危机的影响，我国房地产业步入了此轮衰退的最低谷，如 1997 年时房地产投资出现了历史上的第二次负增长（−0.7%）。

1998 年后，随着《关于进一步深化城镇住房制度改革，加快住房建设的通知》及系列配套政策的出台，我国的房地产业开始复苏，并逐渐成为国民经济的支柱产业之一。2003 年以来，产业进入了延续至今的繁荣阶段，房屋价格持续上扬，大部分城市房屋销售价格上涨明显，国家于 2004 年起对房地产行业实行日趋严厉的宏观调控。

总体而言，这一阶段中国房地产业的高速成长呈现出如下几方面重要特征：

第一，房地产开发规模快速扩张，房地产开发投资已成为全社会固定资产投资的重要组成部分。1997 年以来，全国房地产开发投资额始终保持较大幅度的增长，增长速度除2002 年有所起伏外，始终保持良好的增长势头。2003 年，全国房地产开发完成投资首次突破一万亿元，同比增长 30.3%，高出同期固定资产投资增幅（27.7%）2.6 个百分点。房地产投资额占全社会固定资产投资额的比重始终保持上升趋势，与固定资产投资额的增长速度基本保持一致。2005 年全国房地产开发投资总额达 15909.25 亿元，同比增长20.9%，比 2004 年回落 8.7 个百分点。从 2004 和 2005 两年变化看，房地产投资增速呈下降趋势，说明整个房地产业的投资有所放缓，以缓解过度投资所带来的压力（参见表0-4 和图 0-2）。

第二，住宅已成为房地产业的主要产品。从房地产的开发投资结构来看，住宅投资一直都是房地产开发的重点，从 1998 年该项比重大于 50% 以来持续增加，到 2005 年住宅投资占房地产开发投资总额的比重已经接近 70%。办公楼的投资比重呈现出一路下降的

| 年份 | 房地产业本年完成投资额/亿元 | 全社会固定资产投资总额/亿元 | 国内生产总值 GDP/亿元 | 开发投资占固定资产投资的比重/% | 开发投资占GDP 比重/% |
|---|---|---|---|---|---|
| 1996 | 3216.40 | 22913.5 | 71176.6 | 14.0 | 4.5 |
| 1997 | 3178.37 | 24941.1 | 78973.0 | 12.7 | 4.0 |
| 1998 | 3614.23 | 28406.2 | 84402.3 | 12.7 | 4.3 |
| 1999 | 4103.20 | 29854.7 | 89677.1 | 13.7 | 4.6 |
| 2000 | 4984.05 | 32917.7 | 99214.6 | 15.1 | 5.0 |
| 2001 | 6344.11 | 37213.5 | 109655.2 | 17.0 | 5.8 |
| 2002 | 7790.92 | 43499.9 | 120332.7 | 17.9 | 6.5 |
| 2003 | 10153.80 | 55566.6 | 135822.8 | 18.3 | 7.5 |
| 2004 | 13158.25 | 70477.4 | 159878.3 | 18.7 | 8.2 |
| 2005 | 15909.25 | 88773.6 | 183084.8 | 17.9 | 8.7 |

资料来源：有关年度《中国统计年鉴》。

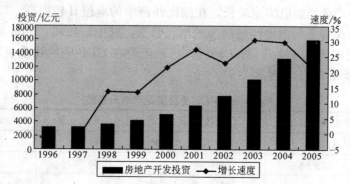

图 0-2　1996—2005 年房地产开发投资额与增长速度

趋势，而商业营业用房的投资比重则围绕一个较稳定的水平小幅波动（参见表 0-5）。

1997—2005 年全国按用途分房地产业投资完成额及其构成　　　表 0-5

| 年份 | 投资总额/亿元 | 住宅 | | 办公楼 | | 商业营业用房 | |
|---|---|---|---|---|---|---|---|
| | | 总额/亿元 | 比重/% | 总额/亿元 | 比重/% | 总额/亿元 | 比重/% |
| 1997 | 3178.37 | 1539.38 | 48.4 | 388.98 | 12.2 | 425.85 | 13.4 |
| 1998 | 3614.23 | 2081.56 | 57.6 | 433.80 | 12.0 | 475.83 | 13.2 |
| 1999 | 4103.20 | 2638.48 | 64.3 | 338.60 | 8.3 | 484.33 | 11.8 |
| 2000 | 4984.05 | 3311.98 | 66.5 | 297.85 | 6.0 | 579.99 | 11.6 |
| 2001 | 6344.11 | 4216.68 | 66.5 | 307.95 | 4.9 | 755.30 | 11.9 |
| 2002 | 7790.92 | 5227.76 | 67.1 | 381.00 | 4.9 | 933.61 | 12.0 |
| 2003 | 10153.80 | 6776.69 | 66.7 | 508.34 | 5.0 | 1302.35 | 12.8 |
| 2004 | 13158.25 | 8836.95 | 67.2 | 652.20 | 5.0 | 1723.72 | 13.1 |
| 2005 | 15909.25 | 10860.93 | 68.3 | 763.07 | 4.8 | 2039.53 | 12.8 |

资料来源：有关年度《中国统计年鉴》。

　　第三，住宅市场化程度较高，但近年来有下降趋势。如图 0-3 所示，全国商品住宅竣工面积占全部住宅竣工面积的比重在 1995—1999 年之间处于稳步攀升的趋势，并于 1999

年达到创纪录的 70.1％。不过令人关注的是，这一比重自此便呈持续下降的态势，2005年时已降至 56.0％。当然，如果考虑到我国广大农村和中小城镇数量庞大的人口和自建房规模，那么这一比重仍然可以说明我国住宅业的市场化程度达到了较高的水平。

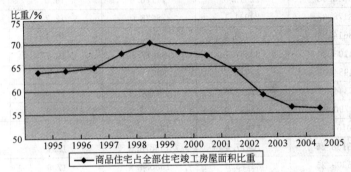

图 0-3　1995—2005 年商品住宅竣工面积占全部住宅竣工面积的比重

第四，房地产业增加值快速增长，在国民经济中的地位日趋提高。1996 年以来，中国房地产业基本保持了与国民经济同步的增长势头。其中，1996—2003 年，房地产业增长值的平均增长率为 7.4％。[①] 与此同时，房地产业在 GDP 中的比重也有了一定提高，2004 年时已升至 4.5％（参见表 0-6）。

**1996—2004 年全国房地产增长态势**　　　　　　　　　　　　　　　　　　表 0-6

| 年份 | 房地产业增加值/亿元 | GDP/亿元 | 增加值占 GDP 的比重/％ | 房地产增加值增长率/％ |
|------|------|------|------|------|
| 1996 | 1149.3 | 71176.6 | 1.61 | 4.0 |
| 1997 | 1258.8 | 78973.0 | 1.59 | 4.1 |
| 1998 | 1452.6 | 84402.3 | 1.72 | 7.7 |
| 1999 | 1528.4 | 89677.1 | 1.70 | 5.9 |
| 2000 | 1690.4 | 99214.6 | 1.70 | 7.1 |
| 2001 | 1885.4 | 109655.2 | 1.72 | 11.0 |
| 2002 | 2098.2 | 120332.7 | 1.74 | 9.9 |
| 2003 | 2377.6 | 135822.8 | 1.75 | 9.8 |
| 2004 | 7174.1 | 159878.3 | 4.49 | — |

资料来源：有关年度《中国统计年鉴》。

## 0.3　中国房地产业发展的基本问题

如本章第一节所述，相对于大多数国民经济部门而言，房地产及房地产业有着诸多固有特性。这些特性的存在，使得我们对房地产业成长过程中的一些基本因素或是问题的认识，如市场需求与供给、产业增长及其对国民经济增长的贡献、价格波动及其成因、投资与金融、细分市场与区域性市场以及政府政策等，显然需要采取针对性的视角和方法，而不能忽视这种特性的存在而盲目运用一般意义上似乎更适合于制造业部门的产业分析方

---

① 因 2004 年第三次产业经济普查，房地产业数据有巨幅增长，故此我们仅比较 1996—2003 年间的增长指数。

法。不仅如此，本章第二节对中国房地产业成长历史的回顾，又提示我们在理论之外，中国房地产业其实还存在着一系列由历史和制度变迁所导致的特点及问题。因此，无论是分析、评价还是谋划中国房地产业的发展，无疑需要结合上述两方面进一步透视中国房地产业发展过程中那些容易为人所忽视或是需要进一步辨明的问题。惟其如此，才可能在学术和政策研究方面正确把握中国房地产业的内在本质。

### 0.3.1 中国房地产业的过渡性

自20世纪80年代初开始，我国政府开始探索房地产业体制改革，并逐步明确了房地产业市场化改革的方向和基本原则、思路。因此，从20世纪80年代迄今的中国房地产业事实上一直处于逐步的体制转轨和经济过渡之中，期间主要的制度性变化和政策变更如表0-7所示。

改革开放以来我国房地产业的制度变迁和政策变更概览　　　　　　表0-7

| 年　度 | 政策目标及政策内容 |
|---|---|
| 1978—1983<br>经济复苏 | 政策目标:修改十年规划指标,调整、改革、整顿<br>政策内容:允许私人建房,城市居民可以自购自建。开始住房制度改革。调整产业结构,下放管理权 |
| 1984<br>经济高涨 | 政策目标:发展房地产业<br>政策内容:发布城建综合开发暂行办法,推行住宅商品化试点 |
| 1985—1987<br>经济衰退与萧条 | 政策目标:防止盲目发展商品住宅<br>政策内容:加强商品房住宅计划管理,公有住房补贴出售 |
| 1988<br>经济高涨 | 政策目标:扩大房地产业发展;实现住房制度改革<br>政策内容:修改《宪法》,允许土地批租;全国城镇分期分批推行住房制度改革;开放房地产市场 |
| 1989<br>经济萧条 | 政策目标:加强房地产市场管理<br>政策内容:发布《关于加强房地产市场管理的通知》,规范市场行为,整顿市场秩序;压缩固定资产投资规模,紧缩银根 |
| 1990<br>经济萧条 | 政策目标:加强治理整顿,推进土地使用制度改革<br>政策内容:治理整顿,大规模清理在建项目;颁布深化企业经营机制改革的通知;紧缩银根;发布《土地管理法实施条例》 |
| 1991<br>经济萧条 | 政策目标:规范房地产业发展;深化住房制度改革<br>政策内容:治理整顿;房地产市场建设全面起步;房改开始在全国范围内全面推行 |
| 1992<br>经济高涨 | 政策目标:加快房地产业发展<br>政策内容:引进外资;宣布"治理整顿"结束;开放房地产价格;扩大市场调控范围;下放权力;发放开发消费贷款 |
| 1993<br>经济高涨 | 政策目标:理顺房地产业,促进房地产业健康发展<br>政策内容:开始进行宏观调整;控制投资规模,调整投资结构,规范市场行为,调节房地产经营收益。发布《关于加强房地产市场宏观管理,促进房地产业健康持续发展的意见》和《关于开展房地产开发经营机构全面检查的通知》 |
| 1994<br>经济衰退 | 政策目标:加强宏观调控,深化住房制度改革<br>政策内容:发布《国务院关于继续加强固定资产投资宏观调控的通知》和《国务院关于深化城镇住房制度改革的决定》;进入调控、消化、稳定的发展阶段;开展房地产开发经营机构全面检查;整顿金融秩序 |

| 年　度 | 政策目标及政策内容 |
|---|---|
| 1995<br>经济衰退 | 政策目标:规范房地产市场<br>政策内容:加强房地产市场的宏观管理;颁布《房地产管理法》、《增值税法》;整顿金融秩序;开始实施安居工程 |
| 1996<br>经济复苏 | 全面推行住房公积金制度;租金改革和公有住房出售有了新的进展;政策性抵押贷款制度开始建立;安居工程顺利推行 |
| 1997<br>经济衰退 | 实行适度从紧的财政政策和货币政策 |
| 1998<br>经济衰退 | 政策目标:促进房地产业发展<br>政策内容:发布《城市房地产开发经营管理条例》和《关于进一步深化城镇住房制度改革,加快住房建设的通知》,要求从1998年下半年起停止住房实物分配,逐步实行住房分配货币化;同时调整住房投资结构,重点发展经济适用住房,建立以经济适用住房为主的住房供应体系;房地产开发资金结构得到调整 |
| 1999<br>经济萧条 | 实行积极财政政策,启动住房消费,深化落实住房分配货币化改革;鼓励个人换购住房,免个人所得税;调整房地产市场若干政策,启动房地产市场,免征交易营业税,契税减半 |
| 2000<br>经济复苏 | 启动住房消费,促进房地产业发展。对住房公积金贷款的个人和银行都免税。租赁所取得收入税率减少 |
| 2001<br>经济复苏 | 政策目标:促进房地产业发展;促进消化积压房<br>政策内容:对住房消费采用扶持政策,积极促进房地产发展;加大房地产开发投资力度,拉动经济增长。消化积压空置商品房政策,对1998年6月30日以前的商业用房、写字楼、住房免营业税、契税、行政事业性收费 |
| 2002<br>经济高涨 | 制止商业银行指定保险单位办理贷款保险业务。降低住房公积金存、贷款利率,5年以上贷款利率由4.59%降到4.05%;修改《住房公积金管理条例》。央行认为局部投资增幅过大,加强房地产市场的宏观调控,强化土地供应管理,严格控制土地供应总量。恢复征收土地增值税 |
| 2003<br>经济高涨 | 出台121号文件,加强房地产信贷,四证取得后才能发放贷款;提高第二套住房的首付比例。出售的房屋开始征收房产税。出台18号文件,促进房地产市场持续健康发展 |
| 2004<br>经济高涨 | 发布"71号令",规定必须在当年8月31日之前将协议出让土地中的遗留问题处理完毕,否则国土部门有权收回土地,纳入国家土地储备。将房地产开发项目资本金比例由20%提高到35%以上;发布《经济适用住房管理办法》;发布《商业银行房地产贷款管理指引》,要求严控房贷 |
| 2005<br>经济高涨 | 以稳定住房价格为主要目标,国务院发布《关于切实稳定住房价格的通知》并转发了七部委《关于做好稳定住房价格工作意见的通知》,并陆续出台一系列金融、财政、税收、土地等各领域的经济和行政干预政策 |
| 2006<br>经济高涨 | 以加快住房结构调整、完善住房保障制度和规范市场秩序为主要目标,进一步加大全国性宏观调控的力度。国务院常务会议提出了《促进房地产业健康发展的六项措施》,国务院办公厅发布《关于调整住房供应结构稳定住房价格的意见》。至此,在三年时间内,国家共颁布五个对单个产业实行宏观调控的"国"字号的文件 |

综上所述,从20世纪80年代迄今的中国房地产业事实上一直处于逐步的体制转轨和经济过渡之中,因而除了有着产业在导入和成长阶段的高增长、高波动等固有特性外,还表现出一些特有的"过渡性"特征。突出表现有四:

第一,房地产业的市场化体制架构逐步建立。虽然我国早就开始了房地产市场化的各种探索,但真正确立房地产市场化的转轨目标还是20世纪90年代以后的事。不仅如此,在市场化过程中，土地交易制度、居住政策、住宅交易制度、国有和集体土地的开发以及房地产金融体系等房地产业市场化体制的基本构成要素，也是经历了多次试验乃至反复才逐步确立并加以规范的。尽管这充分体现了所谓渐进式改革的根本特点，但同时也造成了房地产业各企业和其他经济主体制度环境的多变。

第二，短期政策仍对房地产业市场化的具体进程起着关键性的作用。在我国房地产业体制改革和市场化过程中，随着宏观经济形势和房地产市场的景气变化，政府周期性地采取了一系列针对性的调控政策。这种通常反周期操作的调控政策本来就是房地产业的一个重要特点，但由于期间我国经济体制和房地产业体制尚处于转轨之中，因此政府的这类短期调控政策不可避免地打上了特定时期的体制烙印，从而在实质上决定着我国房地产业市场化进程的具体进展。

第三，房地产业的成长和波动仍受到体制改革和政策变更的左右。房地产业虽然政策依赖性较为突出，但从根本上来说其成长还主要是由市场机制主导的，整个产业的波动自当有其内在的规律。由于我国房地产业的市场化进程尚未完成，房地产市场的基本架构形成不久，因此在 20 世纪 80 年代以来我国房地产业的成长和波动所受到的政策影响不仅较之国际经验要大得多，而且在绝大多数年份政府主导下的体制改革和短期政策变更实际上还直接决定了相关年份我国房地产业的景气程度。

第四，区域房地产业发展路径差异明显。由房地产位置的固定性和异质性所致，本质上房地产市场是区域性的市场。除了受一般性的区域基本因素的影响外，还由于土地制度、住房制度、住房金融制度等相关体制改革多由少数地区的试点起步，并且在新制度全面推行后也是由各地方政府根据当地情况具体实施，这都使得各地方房地产业及市场的发展路径、阶段表现呈现出显著的差异。

## 0.3.2 中国房地产业的政策依赖性

虽然现代市场经济从来就是政府干预之下的市场经济，但在中国国民经济各类产业中，房地产业的政策依赖性无疑显得尤为突出。其不仅表现为政府宏观经济政策对房地产业的显著影响，而且表现为政府的公共住房政策以及异常广泛和具体的房地产行业管理对房地产业成长的重大影响。

### 0.3.2.1 土地政策与房地产业

房地产不能脱离土地而存在。这样，国家的土地制度及其变化，自然会对房地产业产生重大而深远的影响。土地制度包括土地所有制和土地使用制。土地制度直接制约着土地价格的存在、上涨或下跌。建国以来，我国长期实行的是严禁土地买卖、出租的土地使用制度，土地的流转方式也只有划拨。由于划拨土地是无偿的，因而就不存在地价。随着土地使用制度的改革，土地作为特殊商品开始进入流通领域，从而出现了作为让渡土地使用权的经济补偿的土地价格。同时，随着土地有偿使用制度的进一步完善，在市场经济的作用下，土地价格的涨、落也会更符合市场规律。其中，影响土地价格的主要政策性因素有：土地制度、住房制度、城市规划、土地出让方式、地价政策、税收政策、交通管制和行政隶属变更等。

不仅如此，在土地公有制条件下，政府还对土地特别是国有土地的供给总量拥有实际的控制权。众所周知，在全部可供用于房地产开发的国有土地中，理论上都能随时开展土地使用权交易并投入房地产开发。但是在短期内市场需求量基本不变的情况下，如果土地供给量较大，势必造成地价较低，并相应减少了今后可供开发的土地数量，甚至还会引发土地投机行为。反之，如果土地供给较小，则又很容易造成土地价格较高，从而进一步提高房产开发成本。因此，作为国有土地实际控制者，政府对土地供给总量的控制程度，将直接决定相应时期内房地产的开发规模和房地产市场的具体状况。

### 0.3.2.2 居住政策与房地产业

住宅是居民生活不可缺少的基本条件之一。由于相对于居民的支付能力而言，住宅的价格和租赁价格往往较高，以致并不是所有居民家庭都有能力按市场价格购买或租赁住宅。另一方面，保证公民基本的居住条件也是现代市场经济国家政府福利政策的基本目标之一。因此，即使房地产业完全纳入市场化轨道，也还需要政府从保障每一个居民家庭的基本居住条件这一立场出发，制定相关的公共住房政策，通过多种途径，实现基本的社会福利。

在我国，政府居住政策的重点，是通过兴建所谓经济适用房，实施"国家安居工程"，来确保并改善中低收入家庭的居住条件。根据 1995 年国务院颁布的《国家安居工程实施方案》，国家安居工程从 1995 年开始实施，在原有住房建设规模基础上，新增安居工程建筑面积 1.5 亿 $m^2$，用 5 年左右时间完成。凡用于国家安居工程的建设用地，一律由城市人民政府按行政划拨方式供应。地方人民政府相应减免有关费用。市政基础设施建设配套费用，原则上由城市人民政府承担；小区级非营业性配套公建费，一半由城市人民政府承担，一半计入房价。国家安居工程住房直接以成本价向中低收入家庭出售，并优先出售给无房户、危房户和住房困难户，在同等条件下优先出售给离退休职工、教师中的住房困难户，不售给高收入家庭。国家安居工程住房的成本价格由征地和拆迁补偿费、勘察设计和前期工程费、建安工程费、住宅小区基础设施建设费（小区级非营业性配套公建费，一半由城市人民政府承担，一半计入房价）、1%～3% 的管理费、贷款利息和税金等 7 项因素构成。[①] 而在 2004 年颁布实施的《经济适用住房管理办法》中，明确将经济适用住房定义为由政府提供政策优惠，限定建设标准、供应对象和销售价格，具有保障性质的政策性商品住房。并进一步规定：经济适用住房要严格控制在中小套型，中套住房面积控制在 80$m^2$ 左右，小套住房面积控制在 60$m^2$ 左右。确定经济适用住房的价格应当以保本微利为原则，其销售基准价格和浮动幅度应当按照《经济适用房价格管理办法》（计价格［2002］2503 号）的规定确定；[②] 其租金标准由有定价权的价格主管部门会同经济适用住房主管部门在综合考虑建设、管理成本和不高于 3% 利润的基础上确定。[③]

毫无疑问，国家安居工程和经济适用住房政策的实施对我国房地产业有着极其深远的影响。其在使广大中低收入家庭有能力购买适用住宅的同时，也相应减少了对纯粹商品住宅（包括存量住宅）的购买需求和租赁需求，并使得整个住宅市场被分作政府规制之下的

---

① 参见：《国务院办公厅关于转发国务院住房制度改革领导小组国家安居工程实施方案的通知》（国办发［1995］6 号）。

② 即价格由开发成本、税金和利润组成，其中利润不超过核定成本的 3%。具体成本核定办法参见《经济适用房价格管理办法》。

③ 参见：建设部、国家发展和改革委员会、国土资源部、中国人民银行：《经济适用住房管理办法》，2004 年 4 月 13 日。

经济适用住房市场和其他商品住宅市场。

### 0.3.2.3　城市规划与房地产业

城市规划是确定城市的规模和发展方向，实现城市的经济和社会发展目标的重要途径之一。对于房地产业来说，政府制定城市规划还可以有效地抑止房地产开发及投资消费行为出现外部不经济的可能性，同时也有效缓和了房地产业各相关主体判断房地产价值的信息不完备问题。

按照 1989 年颁布实施的我国《城市规划法》的规定，城市总体规划应当包括：城市的性质、发展目标和发展规模，城市主要建设标准和定额指标，城市建设用地布局、功能分区和各项建设的总体部署，城市综合交通体系和河湖、绿地系统，各项专业规划，近期建设规划。在城市规划区内进行建设需要申请用地的，必须持国家批准建设项目的有关文件，向城市规划行政主管部门申请定点，由城市规划行政主管部门核定其用地位置和界限，提供规划设计条件，核发建设用地规划许可证。建设单位或者个人在取得建设用地规划许可证后，方可向县级以上地方人民政府土地管理部门申请用地，经县级以上人民政府审查批准后，由土地管理部门划拨土地。在城市规划区内新建、扩建和改建建筑物、构筑物、道路、管线和其他工程设施，必须持有关批准文件向城市规划行政主管部门提出申请，由城市规划行政主管部门根据城市规划提出的规划设计要求，核发建设工程规划许可证件。建设单位或者个人在取得建设工程规划许可证件和其他有关批准文件后，方可申请办理开工手续。

任何房地产开发经营行为都必须以遵守城市规划为前提，这显然有助于规范各类房地产的选址、设计和开发行为。但从长期过程中来看，由于大多数城市显然不可避免地存在不定期修订城市规划的可能性，房地产业的长远发展和具体项目的开发经营也难免会因此而增加不确定性。

### 0.3.2.4　房地产金融政策与房地产业

如前所述，由房地产开发经营和诸多房地产交易对金融支持的高度依赖性所致，政府金融政策特别是房地产金融政策对房地产业的重大影响无疑是不言而喻的。除了前文已经言及的内容之外，其还突出表现在如下两个方面：

第一，影响房地产开发市场的进入难易程度，进而影响房地产业的供给水平。房地产的高资本价值特性使得房地产开发市场的必要资本量进入壁垒通常很高，致使许多企业因无力筹集到庞大的资金而被挡在市场之外。如果政府推行宽松的房地产金融政策，给予开发商积极的金融支持，那么这势必会有效降低房地产开发市场的必要资本量进入壁垒，使得房地产开发市场的进入变得相对容易。反之，则必然会相应增大房地产开发市场的进入难度。例如 1998 年中国人民银行在《关于加大住房信贷投入，支持住房建设与消费的通知》中规定，对新开工的普通住房项目，只要开发商自有资金达到 30%，住房确有销路，商业银行均可发放住房建设贷款。同时，在促进空置商品房的销售方面，对目前由于配套设施不完善而影响销售的商品房，商业银行可发放配套设施贷款；对通过降低房价扩大销售的房地产开发企业，有关商业银行可对其所欠的逾期贷款减免罚息。[①] 事后表明，这些规定的实施对当时我国房地产业特别是住宅开发起到了重要的推动作用。

---

① 参见：中国人民银行《关于加大住房信贷投入，支持住房建设与消费的通知》，1998 年 4 月 7 日。

第二，影响房地产业的投资和消费规模。同样由房地产的高资本价值所致，并不是所有个人和企业都有能力从事各种类型的房地产投资和消费。这样，如果政府采取宽松的房地产金融政策，给予各种房地产投资和消费行为以充分的支持，那么这无疑会相应刺激房地产市场的投资和消费。反之，则会相应抑止房地产市场的投资和消费。例如1999年中国人民银行在《关于开展个人消费信贷的指导意见》中明确要求，1999年各商业银行对住房消费贷款和汽车消费贷款的投入要高于1998年的投入比例。个人住房贷款可扩大到借款人自用的各类型住房贷款。在严格防范信贷风险的基础上，各行可根据情况掌握条件，对购买住房、汽车的贷款的比例可以按不高于全部价款的80%掌握，具体贷款比例由各银行按风险管理原则自行掌握。此举对于促进当时我国个人住房消费的作用是极其明显的。[①]

### 0.3.3　本书的基本思路与主要内容

基于上述产业特性和产业历史的分析，本书的基本思路是：通过对20世纪50年代以来中国房地产业的历史回顾，以80年代以来中国房地产业的市场化过程为主线，从实证和规范两个角度，分别对中国房地产业的经济增长效应、区域差别、房地产价格和公共住房政策四个重大问题进行全方位的描述、分析和思辨，就这些当前中国房地产业所面临的重大挑战与选择作出批判性的反思，并从战略的层面提出有关对策建议，力争实现思想性、学术性和政策性的有机结合。

全书共分七章，除引论部分外，其余六章的主要内容有：

第一章拟从2003年国务院《关于促进房地产市场持续健康发展的通知》（即"国务院18号文件"）出发，对20世纪80年代以来中国房地产业的经济增长效应加以全面、系统的实证分析。在此基础上，就房地产业对未来中国经济增长的贡献作出框架性判断。

第二章承继第一章的议题，以上海为例，从理论思辨、实证分析和政策规范角度，就所谓支柱产业问题展开进一步的讨论。

第三章拟从房地产市场的区域性这一基本判断出发，通过对20世纪90年代以来各区域及代表性城市房地产业发展的实证分析，全面揭示中国房地产业发展过程中所存在的显著区域性差别，并就国家房地产业政策的有关问题展开进一步的讨论。

第四章和第五章拟从当前各界关于房地产价格的争论入手，在理论分析和国际经验回顾的基础上，结合中国房地产业的有关经验教训，对2004年以来中国房地产业的经济增长和价格波动进行全面、深入的分析，并以上海为例，就中国房地产价格上涨的背景、原因及特点加以进一步的讨论。

第六章拟从"居者有其屋"这一政府政策的基本目标出发，通过对社会主义市场经济条件下政府社会福利政策取向的理论分析，以及对20世纪80年代以来政府公共住房政策及其所反映的价值观变迁的全面回顾，在系统分析中国经济增长过程中居民支付能力和消费能力变迁的基础上，深入揭示政府公共住房政策选择的困难所在，并从社会公平和历史承继性的两个方面，就若干政策问题加以进一步的讨论。

---

① 参见：中国人民银行《关于开展个人消费信贷的指导意见》，1999年2月23日。

# 1 中国房地产业的"支柱"地位：现象与特征

20 世纪 80 年代以来，为推动土地制度和城镇住房制度改革，加快发展房地产业，中国房地产业对于经济增长的贡献越来越受到各界的重视。2003 年 8 月，国务院在《关于促进房地产市场持续健康发展的通知》（即"国务院 18 号文件"）中，明确指出："房地产业关联度高，带动力强，已经成为国民经济的支柱产业。促进房地产市场持续健康发展，是提高居民住房水平，改善居住质量，满足人民群众物质文化生活需要的基本要求；是促进消费，扩大内需，拉动投资增长，保持国民经济持续快速健康发展的有力措施；是充分发挥人力资源优势，扩大社会就业的有效途径。实现房地产市场持续健康发展，对于全面建设小康社会，加快推进社会主义现代化具有十分重要的意义。"至此，房地产业在中国经济增长中的支柱地位得以正式确立。

然而大量观察表明，近半个世纪以来产业结构领域的学术或政策研究几乎都聚焦于生产部门，而对基础部门的关注则明显属于另一个研究范畴。具体来说，在如何通过扶持支柱产业和主导产业成长推动经济增长，以及在如何通过促进产业结构转换加快经济增长等方面，绝大多数研究都是以生产部门为对象的。这类研究的基本立场是：所谓应由政府加以扶持的支柱产业和主导产业，似乎只能在生产部门中选择；同样，所谓产业结构转换的实质，似乎就是生产部门结构的升级。至于基础部门，作为为国民经济各类生产活动和居民社会生活及日常生活提供基础设施的部门，它对经济增长的影响固然重要，有关研究也非常广泛和深入，但似乎一直被排除在所谓支柱产业和主导产业选择以及促进产业结构转换的范围之外。也正因为如此，在我们所谙熟的众多研究成果和政策选择中，被作为支柱产业和主导产业的几乎都属于工业部门，并且大多数属于制造业部门，所谓产业结构转换事实上也常常被理解成制造业结构的升级和转换。

因此，当房地产业被列为我国的支柱产业之后，需要研究的问题也就随之而来。房地产业需要政府扶持么？房地产业适合列为支柱产业么？房地产业对经济增长的贡献究竟是什么？毕竟无论是就理论还是就经验而言，似乎鲜有把房地产业作为政府扶持之下的旨在推动国家或区域经济增长的支柱产业的说法。也就是说，尽管作为政府的一项决策，把房地产业列为支柱产业必然有其合理性，更不会缺乏依据，但从学术研究的立场来看，既然房地产业鲜有作为支柱产业的例证，那么通过理论和经验性分析，揭示房地产业对经济增长的影响及其特点，当然也并不排除产生相关置疑的可能性，当不失为一项有价值的研究。不仅如此，通过对 20 世纪 90 年代以来中国房地产业成长过程的实证分析，或许还可以进一步揭示房地产业作为一项重要产业对中国经济所谓支柱效应的实质，并且也有可能提出对有关政策加以修正的必要。

## 1.1 房地产业对中国经济增长的直接贡献：观察与分析

所谓支柱产业，通常是指在某一国家或某一地区的 GDP 中所占比例最高的前若干个产业。由于这类产业在 GDP 中所占比例很高，因此其波动对整个国民经济或是区域经济的影响就显得特别重要。在发展经济学和产业经济学关于房地产业对经济增长贡献的分析中，一直是把房地产业作为基础部门来讨论的。所谓基础部门"即便不能成为牵动经济活动的'火车头'，也是促进其发展的'车轮'"①，便是有关研究的经典性表述。现代经济增长过程也早已表明，基础部门不仅是国民经济和社会发展不可或缺的部门，是国民经济整体效率的基础，而且经济与社会的发达程度越高，其对基础部门的依赖往往越大。因此从理论上来说，属于基础部门的产业同样存在着对经济增长作出较大贡献并成为支柱或是主导产业的可能性。

### 1.1.1 房地产业在中国经济增长中的地位：若干观察

由于迄今为止国家统计局尚未正式公布 2005 和 2006 年我国房地产业的增加值，故以下对房地产业及中国经济增长的分析均是以 2004 年为最新数据的。

如表 1-1 所示，1990 年以来，中国房地产业总体上取得了较快的增长。据 2005 年第一次经济普查资料最新披露的数据，2004 年我国房地产业增加值达到了 7174.1 亿元，占 GDP 的比重为 4.5%，比 1990 年提高了 2.7 个百分点；2004 年房地产业占中国第三产业增加值的比重达到 11.1%，比 1990 年更是提高了 5.5 个百分点。

**1990—2004 年我国经济增长和房地产业**　　　　　　　　　　　表 1-1

| 年份 | GDP/亿元 | 第三产业增加值/亿元 | 房地产业增加值/亿元 | 房地产占 GDP 的比重/% | 房地产业占第三产业增加值的比重/% |
|------|----------|---------------------|---------------------|----------------------|----------------------------------|
| 1990 | 18547.9  | 5813.5   | 325.3  | 1.8 | 5.6  |
| 1991 | 21617.8  | 7227.0   | 368.2  | 1.7 | 5.1  |
| 1992 | 26638.1  | 9138.6   | 521.1  | 2.0 | 5.7  |
| 1993 | 34634.4  | 11323.8  | 640.7  | 1.8 | 5.7  |
| 1994 | 46759.4  | 14930.0  | 870.3  | 1.9 | 5.8  |
| 1995 | 58478.1  | 17947.2  | 1058.6 | 1.8 | 5.9  |
| 1996 | 67884.6  | 20427.5  | 1149.5 | 1.7 | 5.6  |
| 1997 | 74462.6  | 23028.7  | 1258.8 | 1.7 | 5.5  |
| 1998 | 78345.2  | 25173.5  | 1452.6 | 1.9 | 5.8  |
| 1999 | 82067.5  | 27037.7  | 1528.4 | 1.9 | 5.6  |
| 2000 | 89468.1  | 29904.6  | 1690.4 | 1.9 | 5.7  |
| 2001 | 97314.8  | 33153.0  | 1885.4 | 1.9 | 5.7  |
| 2002 | 105172.3 | 36074.8  | 2098.2 | 2.0 | 5.8  |
| 2003 | 117390.2 | 39188.0  | 2377.6 | 2.0 | 6.1  |
| 2004 | 159878.3 | 64561.3  | 7174.1 | 4.5 | 11.1 |

资料来源：有关年度《中国统计年鉴》。

---

① 世界银行：《1994 年世界发展报告：为发展提供基础设施》（中译本），中国财政经济出版社 1994 年版，第 14 页。

不过，鉴于第一次经济普查资料大幅度地提高了2004年第三产业和房地产业的增加值，因此我们很难用2004年的数据作进一步的纵向比较。为此，我们只能以历年《中国统计年鉴》所公布的数据为准，对1990—2003年我国房地产业和经济增长作了进一步的分析，结果显示：

第一，1991—2003年，按可比价格计算，我国房地产业增加值的年平均增长率为10.9%，分别比同期GDP增长率（9.7%）和第三产业增加值增长率（8.9%）高出1.2和2.0个百分点。但与此同时，房地产业增加值增长率的波动幅度也明显高于GDP和第三产业增加值增长率的波动幅度（参见图1-1）。

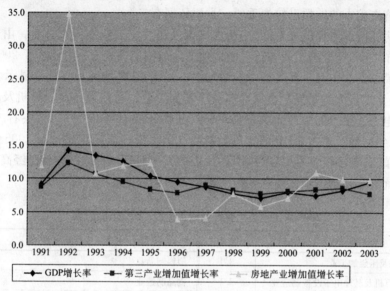

资料来源：相关年度《中国统计年鉴》。

图1-1　1991—2003年中国房地产业增加值及经济增长波动（%）

我们运用标准差公式

$$\sigma_n = \sqrt{\frac{\sum_{i=1}^{13}(\alpha_i - \bar{\alpha})^2}{13}}$$

分别计算了1991—2003年间这三项指标的标准差，结果显示：

　　　　GDP增长率的标准差 $\sigma_1 = 2.23\%$

　　　　第三产业增加值增长率的标准差 $\sigma_2 = 1.28\%$

　　　　房地产业增加值增长率的标准差 $\sigma_3 = 7.43\%$

则上述三项指标的标准差系数分别为：

　　　　GDP增长率的标准差系数 $V_1 = 0.23$

　　　　第三产业增加值增长率的标准差系数 $V_2 = 0.14$

　　　　房地产业增加值增长率的标准差系数 $V_3 = 0.68$

也就是说，在上述三项增长率指标中，房地产增加值增长率的波动幅度远大于其他两项，第三产业增加值的波动幅度最小。

第二，1990—2003 年间，房地产业在国民经济产出中的地位较为稳定。据统计，在 1990—2003 年的 14 年中，房地产占 GDP 的比重一直在 1.7%～2.0% 之间微幅波动，其中 2003 年仅比 1990 年提高了 0.2 个百分点。不仅如此，同期房地产占第三产业增加值的比重也同样显得较为稳定，波动区间仅为 1 个百分点，其中 2003 年也只比 1990 年上升了 0.5 个百分点。就此而言，如果不考虑由 2005 年第一次经济普查所揭示的低估因素，1990—2003 年间房地产业在国民经济产出中的地位可以说并无实质上的变化，最多也是微幅提升。

如果我们以最新调整的 2004 年的数据为准，那么一个显而易见的判断便是：房地产业在国民经济产出中的地位已较为重要。主要依据有二：

第一，房地产业增加值在 GDP 中所占比重已超过了工业中所有行业。由于国家统计局至今未公布 2004 年全国工业各行业的增加值，故我们在表 1-2 中计算了 2005 年全国国有工业和规模以上非国有工业各行业的增加值占当年 GDP 的比重。结果显示，2005 年增加值占 GDP 比重最大的是黑色金属冶炼及压延加工业、通信设备、计算机及其他电子设备制造业、电力、热力的生产和供应业，它们占 GDP 的比重均为 3.1% 左右。也就是说，如果以 2004 年房地产业占 GDP 的比重为参照（国家统计局未正式公布 2005 年以来的房地产业增加值），那么仅就在 GDP 中所占比重的大小而言，房地产业就已经高于所有工业行业。就此而言，房地产业的支柱地位似乎是不言而喻的。

**2005 年工业各主要行业增加值占 GDP 的比重/%** 表 1-2

| 主要工业行业 | 比重 | 主要工业行业 | 比重 |
|---|---|---|---|
| 黑色金属冶炼及压延加工业 | 3.1 | 塑料制品业 | 0.7 |
| 通信设备、计算机及其他电子设备制造业 | 3.1 | 食品制造业 | 0.6 |
| 电力、热力的生产和供应业 | 3.1 | 饮料制造业 | 0.6 |
| 石油和天然气开采业 | 2.6 | 造纸及纸制品业 | 0.6 |
| 化学原料及化学制品制造业 | 2.4 | 皮革、毛皮、羽毛(绒)及其制品业 | 0.5 |
| 交通运输设备制造业 | 2.1 | 仪器仪表及文化、办公用机械制造业 | 0.4 |
| 电气机械及器材制造业 | 1.9 | 橡胶制品业 | 0.3 |
| 纺织业 | 1.8 | 工艺品及其他制造业 | 0.3 |
| 通用设备制造业 | 1.6 | 木材加工及木、竹、藤、棕、草制品业 | 0.3 |
| 煤炭开采和洗选业 | 1.6 | 化学纤维制造业 | 0.3 |
| 非金属矿物制品业 | 1.5 | 印刷业和记录媒介的复制 | 0.3 |
| 农副食品加工业 | 1.5 | 有色金属矿采选业 | 0.2 |
| 烟草制品业 | 1.1 | 黑色金属矿采选业 | 0.2 |
| 石油加工、炼焦及核燃料加工业 | 1.1 | 家具制造业 | 0.2 |
| 有色金属冶炼及压延加工业 | 1.0 | 文教体育用品制造业 | 0.2 |
| 金属制品业 | 0.9 | 非金属矿采选业 | 0.2 |
| 专用设备制造业 | 0.9 | 水的生产和供应业 | 0.1 |
| 医药制造业 | 0.8 | 燃气生产和供应业 | 0.1 |
| 纺织服装、鞋、帽制造业 | 0.8 |  |  |

资料来源：《中国统计年鉴（2006）》。

第二，房地产业增加值在 GDP 中所占比重在第三产业各行业中位居第三。如表 1-3 所示，在经过调整的 2004 年全国第三产业增加值构成中，房地产业所占比重为 4.5%，仅次于批发和零售业（7.8%）、交通运输、仓储和邮政业（5.8%）。

**2004 年第三产业各行业增加值及其占 GDP 的比重**  　　　　　　　表 1-3

| 行　　业 | 增加值/亿元 | 增加值占 GDP 的比重/% | 行　　业 | 增加值/亿元 | 增加值占 GDP 的比重/% |
|---|---|---|---|---|---|
| 批发和零售业 | 12453.8 | 7.8 | 住宿和餐饮业 | 3664.8 | 2.3 |
| 交通运输、仓储和邮政业 | 9304.4 | 5.8 | 租赁和商务服务业 | 2627.5 | 1.6 |
| 房地产业 | 7174.1 | 4.5 | 卫生、社会保障和社会福利业 | 2620.7 | 1.6 |
| 公共管理和社会组织 | 6141.4 | 3.8 | 居民服务和其他服务业 | 2481.5 | 1.6 |
| 金融业 | 5393.0 | 3.4 | 科学研究、技术服务和地质勘察业 | 1759.5 | 1.1 |
| 教育 | 4892.6 | 3.1 | 文化、体育和娱乐业 | 1043.2 | 0.7 |
| 信息传输、计算机服务和软件业 | 4236.3 | 2.6 | 水利、环境和公共设施管理业 | 768.6 | 0.5 |

资料来源：《中国统计年鉴（2006）》。

综合上述两项判断，那么依照产业经济学的基本说法，房地产业因其在我国 GDP 中所占比重名列前茅，似乎可以被当成是支柱产业。

### 1.1.2　房地产业对国民经济的直接贡献：贡献率方法

产业对经济增长的直接贡献可以通过所谓贡献率加以衡量。衡量某产业对经济增长贡献率的大小则主要有两种统计方法，即增长值贡献和增长率贡献方法。

#### 1.1.2.1　增长值贡献方法

所谓增长值贡献方法的基本思路，是通过对某产业产出增长值在国民经济总产出增长值中所占的份额大小，来判断并比较该产业对国民经济增长的贡献程度。若我们以 GDP 表示国民经济总产出，以增加值表示各产业的产出，则增长值贡献方法可用公式表示为：

设当期 GDP 为 $GDP_t$，上期 GDP 为 $GDP_{t-1}$，国民经济有 $n$ 个产业，第 $i$ 个产业（$i=1，2，3，4，\cdots，n$）的当期增加值为 $P_{it}$，上期增加值为 $P_{it-1}$。则该产业对 GDP 增长的贡献率 $\alpha_i$ 的计算公式为：

$$\alpha_i = \left( \frac{P_{it} - P_{it-1}}{GDP_t - GDP_{t-1}} \right) \times 100\% \qquad (1-1)$$

$\alpha_i$ 值越大，表明该产业在整个 GDP 增长值中的比重越高，显示该产业对 GDP 增长的贡献率越大，反之则越小。

我们采用这一公式，计算了 1991—2004 年我国房地产业历年对 GDP 增长的贡献率，结果如表 1-4 所示。显然，除了个别年份（1992、1998 和 2004 年）以外，房地产业对我国 GDP 增长的贡献率并不高。但是，如果我们将 1990—2004 年作为一个阶段，则在这一时期我国 GDP 共增加了 141330.4 亿元，房地产业增加值共增加了 6848.8 亿元，则房地产业对这一时期 GDP 增长的贡献率为 4.8%。就此说来，房地产业对我国 GDP 增长的贡献率还是比较高的。

表 1-4

**1991—2004 年房地产业对 GDP 增长的贡献率/%**

| 年份 | 房地产业对 GDP 增长的贡献率 | 年份 | 房地产业对 GDP 增长的贡献率 |
|---|---|---|---|
| 1991 | 1.4% | 1998 | 5.0% |
| 1992 | 3.0% | 1999 | 2.0% |
| 1993 | 1.5% | 2000 | 2.2% |
| 1994 | 1.9% | 2001 | 2.5% |
| 1995 | 1.6% | 2002 | 2.7% |
| 1996 | 1.0% | 2003 | 2.3% |
| 1997 | 1.7% | 2004 | 11.3% |

资料来源：根据有关年度《中国统计年鉴》所列数据计算。

由于国家统计局调整了 2004 年我国第三产业各行业的统计口径，我们无从比较 1990—2004 年间第三产业各行业对 GDP 增长的贡献率。为此，我们计算了 1995—2005 年全国工业各行业对 GDP 增长的贡献率，结果显示：在这一时期工业各行业中，对 GDP 增长贡献率最大的是通信设备、计算机及其他电子设备制造业，其贡献率为 4.1%（参见表 1-5）。同时，我们还计算了 1995—2004 年房地产业对 GDP 增长的贡献率，结果为 4.9%。也就是说，如果比较 1995—2004 年房地产业对 GDP 增长的贡献率和 1995—2005 年工业各行业对 GDP 增长的贡献率，那么房地产业对 GDP 增长的贡献无疑要显著高于所有工业行业。就此而言，房地产业的支柱地位就是不容置疑的。

**1995—2005 年主要工业行业对 GDP 增长的贡献率/%** 表 1-5

| 行　业 | 贡献率 | 行　业 | 贡献率 |
|---|---|---|---|
| 通信设备、计算机及其他电子设备制造业 | 4.1 | 食品制造业 | 0.8 |
| 黑色金属冶炼及压延加工业 | 3.8 | 塑料制品业 | 0.8 |
| 电力、热力的生产和供应业 | 3.6 | 饮料制造业 | 0.7 |
| 石油和天然气开采业 | 3.1 | 造纸及纸制品业 | 0.7 |
| 化学原料及化学制品制造业 | 2.8 | 皮革、毛皮、羽毛(绒)及其制品业 | 0.6 |
| 交通运输设备制造业 | 2.4 | 仪器仪表及文化、办公用机械制造业 | 0.5 |
| 电气机械及器材制造业 | 2.4 | 橡胶制品业 | 0.4 |
| 纺织业 | 1.9 | 黑色金属矿采选业 | 0.3 |
| 通用设备制造业 | 1.9 | 有色金属矿采选业 | 0.3 |
| 煤炭开采和洗选业 | 1.8 | 木材加工及木竹藤棕草制品业 | 0.3 |
| 农副食品加工业 | 1.8 | 家具制造业 | 0.3 |
| 非金属矿物制品业 | 1.5 | 印刷业和记录媒介的复制 | 0.3 |
| 有色金属冶炼及压延加工业 | 1.3 | 工艺品及其他制造业 | 0.3 |
| 烟草制品业 | 1.2 | 文教体育用品制造业 | 0.2 |
| 石油加工、炼焦及核燃料加工业 | 1.1 | 化学纤维制造业 | 0.2 |
| 金属制品业 | 1.1 | 非金属矿采选业 | 0.1 |
| 医药制造业 | 1.0 | 燃气生产和供应业 | 0.1 |
| 专用设备制造业 | 1.0 | 水的生产和供应业 | 0.1 |
| 纺织服装、鞋、帽制造业 | 0.9 | | |

资料来源：根据有关年度《中国统计年鉴》所列数据计算。

#### 1.1.2.2 增长率贡献方法

所谓增长率贡献方法的基本分析思路，是通过就某一产业的产出增长对国民经济总产出增长率的贡献程度，来判断其对国民经济增长的贡献大小。其推导过程如下：

设国民经济中共有 $n$ 个产业部门，第 $i$ 产业部门的总产出为 $V_i$，则国民经济的总产出 $V$ 为：

$$V = \sum_{i=1}^{n} V_i$$

则国民经济总产出的的增长率 $G_v$ 为：

$$G_v = \frac{\Delta V}{V}$$

$$= \frac{\sum_{i=1}^{n} \Delta V_i}{V} = \frac{\sum_{i=1}^{n} \Delta V_i}{\sum_{i=1}^{n} V_i}$$

$$= \sum_{i=1}^{n} \frac{\Delta V_i}{V_i} \frac{V_i}{V}$$

$$= \sum_{i=1}^{n} \rho_i G_{vi} \qquad (1-2)$$

式 2-2 中：$\rho_i$ 为 $i$ 产业部门在国民经济总产出 $V$ 中的比重；$G_{vi}$ 为第 $i$ 产业部门的增长率。

若我们以 GDP 表示总产出，则由上式可得，某一产业对 GDP 的增长贡献率 $\beta$ 为：

$$\beta_i = \rho_i G_{vi} \qquad (1-3)$$

也就是说，某一产业对 GDP 增长的贡献率即为该产业增加值的增长率乘以该产业在 GDP 中所占比重。

为了以示区别，产业经济学界往往把根据增长率贡献方法计算的产业对经济增长的贡献程度称之为"增长拉动率"，即拉动经济增长多少个百分点；而将根据增长值贡献方法计算的产业对经济增长的贡献程度称之为"增长贡献率"，即对经济增长部分贡献了多少个百分点。

由于国家统计局至今未公布 2004 年和 2005 年按照可比价格计算的房地产业增加值的增长率，故我们只能采用拉动率公式（即式 2-3）计算 1991—2003 年房地产业对我国 GDP 增长的拉动率，结果表明，1991—2003 年间，房地产业对 GDP 增长的拉动率并不高，其中最高年份（1992）也只有 0.69％，最低年份（1997）仅为 0.07％（参见表 1-6）。

**1991—2003 年房地产对 GDP 增长的拉动率**　　　　表 1-6

| 年份 | 拉动率 | 年份 | 拉动率 | 年份 | 拉动率 |
|------|--------|------|--------|------|--------|
| 1991 | 0.20％ | 1996 | 0.07％ | 2001 | 0.21％ |
| 1992 | 0.69％ | 1997 | 0.07％ | 2002 | 0.20％ |
| 1993 | 0.19％ | 1998 | 0.15％ | 2003 | 0.20％ |
| 1994 | 0.23％ | 1999 | 0.11％ | | |
| 1995 | 0.22％ | 2000 | 0.13％ | | |

资料来源：根据有关年度《中国统计年鉴》所列数据计算。

## 1.2 房地产业对中国经济增长的间接贡献：产业关联效应

现代产业经济学认为，在国民经济体系中，任何一个产业都存在着与其他产业的关联，这种关联实质是表现为各产业之间互动的供求关系。因此，任何产业的产出增长都会对其他产业产生影响，进而间接影响着国民经济的增长。

### 1.2.1 房地产业的产业关联效应

众所周知，各构成国民经济的产业体系中，各产业既是中间投入和最终消费品的供给者，又是其他投入物的需求方。如果我们只考虑各产业经济活动的中间投入部分，而不考虑最终消费部分，那么作为供给者，每一个产业通过向其他产业提供相关投入物，显示其他产业对其不同程度的依赖性；作为需求者，它则通过对其他产业的产品和服务的投入需求，表明它对其他产业的不同程度的依赖性。这种相互依赖性的程度和特点，便构成了整个产业关联体系中每一个产业的具体地位及其产业关联性。

一般而言，任何一个产业的产业关联性可分为三种：①前向关联，它是指某一产业与将其产品和服务作为生产投入物的产业之间的经济技术联系。如房地产业与商业零售业之间的关联关系；②后向关联，它是指某一产业与向该产业提供生产投入物的产业之间的经济技术联系。如房地产业与建筑业之间的关联关系；③环向关联，它是指由多个产业组成的彼此呈前后向关联关系的环形产业链。如房地产业向建筑机械工业提供了必需的生产用地、厂房和办公设施，建筑机械工业向建筑业提供了必需的建筑机械，建筑业又向房地产业提供了建筑产品和服务，从而构成了各环节之间关联程度各异的环形产业链：

房地产业→建筑机械工业→建筑业→房地产业

因此，所谓产业关联效应，一般可分作前向关联效应、后向关联效应和环向关联效应加以考察。

另一方面，如果从推动经济增长的立场来看，各产业通过产业关联对其他产业经济增长的推动效应则可作所谓回顾效应、前瞻效应和旁侧效应的分类。①回顾效应，它是指某产业对为其提供投入物产业（即后向关联产业）的经济增长的刺激作用；②前瞻效应，它是指某一产业对以其为投入物的产业或与对其的投入和消费有关的其他产业经济增长的诱导作用；③旁侧效应，它指的是某产业经由复杂的产业关联所最终导致的对国民经济整体上的影响。

如前所述，房地产业是指从事房地产开发、建设、经营、租赁及维修等活动的经济部门，其涉及房地产的生产、流通和消费等环节。因此从总体上来说，房地产业的关联效应是极其复杂的。若分别就其三个环节而言，则其产业关联效应在理论上可概述为：

第一，生产环节显示的产业关联效应。房地产业的生产性功能体现在其参与了勘察、设计、规划和土地开发等经济活动，在此类生产性经济活动中，与建材工业、房屋设备工业、建筑机械工业和冶金、化工、森工、建筑、电子、仪表、通信等生产资料生产部门关系密切。其中，仅房地产开发建设中所需要的建筑材料，就有23大类、1558个品种，涉及建材、冶金等 50 多个部门[1]。

第二，流通环节显示的产业关联效应。房地产业的流通功能体现在房地产作为一种商品在流通领域出售。在该环节，房地产经营业、房地产经济与代理业的企业是主要活动单位。这些企业以提供商品及服务为主。房地产作为商品，其需求与金融业具有很大关联。

第三，消费环节显示的产业关联效应。在房地产的消费过程中，各类装潢公司、物业管理公司等在房地产的消费环节中承担维修、改造、保养、装饰等生产任务，提供售后维修和各种物业管理服务。在这类房地产业企业提供服务的过程中，需要各种生产资料，因而，房地产业还涉及家用电器、纺织、家具等工业部门。

若换从对经济增长的推动作用来看，则房地产业的关联效应在理论上可表示为三种形式（参见图 1-2）：①"回顾效应"，即对建筑、钢铁、建筑材料、机械、仪表、化工等上游产业发展的带动作用；②"前瞻效应"，即对金融、室内装潢、城市基础设施建设、家用电器、家具、办公设备、商业零售、餐饮等产业发展的诱导作用；③"旁侧效应"，即对国民经济各部门资源改善配置效率的推动作用。

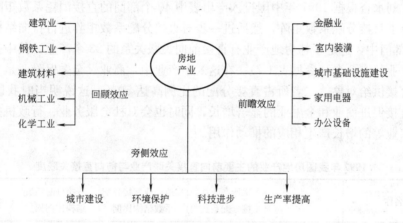

图 1-2　房地产业的关联效应

### 1.2.2　前向关联度与后向关联度分析方法

现代产业经济学分析产业前向关联效应和后向关联效应的基本方法即是所谓前向关联度和后向关联度分析方法。其中，无论是前向关联度还是后向关联度，均可分别进一步细分为直接关联度和完全关联度。需要特别说明的是，迄今为止，国内学术界分别利用国家统计局公布的 1997 和 2000 年投入产出表，就房地产业对我国经济增长的间接贡献作了大量分析。然而，国家统计局最新公布的 2002 年投入产出表中，却取消了房地产业这一行业分类，而代之以"房地产业、租赁和商务服务业"这一新的行业分类，以致我们不可能再利用这一最新数据就房地产业对中国经济增长的间接贡献进行新的分析。为此，我们只能在第三章中，以上海为例，运用上海市统计局最新公布的投入产出表，就房地产业对上海经济增长的间接贡献作出相应分析，而以下有关中国房地产业的实证分析内容均系对已有研究的引述。

---

① 谢经荣：《房地产经济学》，1 版，19 页，北京，中国人民大学出版社，2002。

### 1.2.2.1 前向关联度分析

前向关联度分析的是房地产业与将其产品和服务作为投入物的产业的关联程度，由此可进一步揭示房地产业的增长对这些前向关联产业经济的影响。前向关联度分析具体所考察的则是国民经济各产业的生产过程中直接或间接消耗房地产业提供的产品和服务的程度，并可分作前向直接关联度和前向完全关联度两方面。

前向直接关联度分析的基本指标是直接分配系数。它是指某产业或部门每一个单位最终产值向另一个产业或部门提供的直接分配量，是反映某产业因直接分配最终产值而对其他产业产生推动或影响作用的指标。公式如下：

$$直接分配系数\ r_{ij} = \frac{x_{ij}}{X_i} \quad (i,\ j=1,\ 2,\ \cdots,\ n)$$

$$直接分配系数矩阵\ R = (r_{ij})_{n \times n}$$

直接分配系数越大，说明某产业对前向关联产业的直接供给越大，产业的前向直接关联度也越大，亦即反映了国民经济其他产业对房地产业的需求越大。

例如，刘水杏根据 1997 年中国投入产出表中 40 个部门的直接消耗系数矩阵、价值流量数据计算了直接分配系数矩阵，然后进一步对直接分配系数矩阵进行行向结构分析，结果在 40 个部门中，选定了与房地产业有直接前向关联关系的 23 个产业，其中关系相对较为密切的产业仅有 8 个（参见表 1-7）。在这 8 个产业中，商业、金融保险业是当时我国房地产业的直接供给对象，二者所占直接分配的比例高达 50%。这说明当时我国房地产业的增长会直接促进商业和金融业的显著增长，同时也会对社会服务业、行政机关及其他行业、化学工业等的增长产生相应的推动作用。[①]

**1997 年我国房地产业的主要前向直接关联产业与前向直接关联度**　　　　表 1-7

| 产业名称 | 产业代码 | 房地产业直接分配系数 | 房地产业直接分配系数结构比例 | 直接分配系数结构比例累加 | 前向直接关联度排序 |
|---|---|---|---|---|---|
| 商业 | 30 | 0.0780 | 0.2577 | 0.2577 | 1 |
| 金融保险业 | 33 | 0.0732 | 0.2420 | 0.4999 | 2 |
| 社会服务业 | 35 | 0.0354 | 0.1172 | 0.6168 | 3 |
| 行政机关及其他行业 | 40 | 0.0274 | 0.0906 | 0.7075 | 4 |
| 化学工业 | 12 | 0.0079 | 0.0262 | 0.7337 | 5 |
| 房地产业 | 34 | 0.0060 | 0.0198 | 0.7535 | 6 |
| 电子通信及设备制造业 | 19 | 0.0054 | 0.0179 | 0.7714 | 7 |
| 电器机械及器材制造业 | 18 | 0.0051 | 0.0170 | 0.7884 | 8 |

与前向直接关联度不同，前向完全关联度分析的是某一产业与所有前向关联产业的直接和间接关联程度，其基本指标即为完全分配系数。所谓完全分配系数是指某产业或部门每一个单位最终产值向另一个产业或部门提供的完全分配量（直接分配＋间接分配）。它是反映某产业因完全分配最终产值而对其他产业产生推动或影响作用的指标。完全分配系

---

[①] 刘水杏：《我国房地产业与国民经济其他产业的关联度分析》，载《上海市经济管理干部学院学报》，2003，1（4）。

数公式如下：

$$完全分配系数矩阵 D=(I-R)^{-1}-I$$

其中，$(I-R)^{-1}-I$ 即为里昂惕夫逆矩阵。完全分配系数越大，产业的前向完全关联度越大，说明一个产业对另一个产业的供给推动作用越大。

例如刘水杏在同一项研究中，根据1997年中国投入产出表中40个部门的完全消耗系数表和总产出数据，计算出了完全分配系数表，并在40个部门中选定了房地产业与之有着前向关联的39个产业，其中关系密切的产业有15个（参见表1-8）。在这15个产业中，商业、金融保险业、社会服务业、建筑业、化学工业、行政机关及其他行业等6个产业与房地产业的前向完全关联尤为密切，它们在房地产业完全供给总量中占了几乎一半的份额。[①]

**1997年我国房地产业的主要前向完全关联产业与完全关联度**　　　　表1-8

| 产业名称 | 产业代码 | 房地产业的完全分配系数 | 房地产业完全分配系数结构比例 | 完全分配系数结构比例累加 | 前向完全关联度排序 |
| --- | --- | --- | --- | --- | --- |
| 商业 | 30 | 0.1136 | 0.1437 | 0.1437 | 1 |
| 金融保险业 | 33 | 0.0865 | 0.1095 | 0.2532 | 2 |
| 社会服务业 | 35 | 0.0514 | 0.0650 | 0.3182 | 3 |
| 建筑业 | 27 | 0.0511 | 0.0646 | 0.3828 | 4 |
| 化学工业 | 12 | 0.0489 | 0.0618 | 0.4446 | 5 |
| 行政机关及其他行业 | 40 | 0.0409 | 0.0517 | 0.4964 | 6 |
| 农业 | 1 | 0.0311 | 0.0394 | 0.5357 | 7 |
| 食品制造及烟草加工业 | 6 | 0.0288 | 0.0364 | 0.5722 | 8 |
| 非金属矿物制造业 | 13 | 0.0274 | 0.0347 | 0.6068 | 9 |
| 机械工业 | 16 | 0.0254 | 0.0321 | 0.6390 | 10 |
| 纺织业 | 7 | 0.0251 | 0.0318 | 0.6707 | 11 |
| 电器机械及器材制造业 | 18 | 0.0230 | 0.0291 | 0.6998 | 12 |
| 电子及通信设备制造业 | 19 | 0.0227 | 0.0287 | 0.7285 | 13 |
| 金属制品业 | 15 | 0.0200 | 0.0281 | 0.7566 | 14 |
| 金属冶炼及压延加工业 | 14 | 0.0221 | 0.0280 | 0.7845 | 15 |

### 1.2.2.2　后向关联度分析

后向关联度是指某一产业与向该产业提供生产投入物的产业之间的关联程度，由此可进一步揭示房地产业的增长对这些后向关联产业经济的影响。后向关联度分析具体所考察的则是房地产业直接或间接消耗国民经济各产业的产品和服务的程度，并也可分作后向直接关联度和后向完全关联度两方面。

后向直接关联度分析的基本指标是直接消耗系数。它是指某一个部门在生产经营过程中单位总产出所直接消耗各部门的货物或服务的数量，全部直接消耗系数组成的矩阵为直接消耗系数矩阵。

---

① 刘水杏：《我国房地产业与国民经济其他产业的关联度分析》，载《上海市经济管理干部学院学报》，2003，1 (4)。

$$直接消耗系数\ a_{ij}=\frac{x_{ij}}{X_j}\qquad (i,\ j=1,\ 2,\ \cdots,\ n);$$

$$直接消耗系数矩阵\ A=(a_{ij})_{n\times n}$$

其中，$x_{ij}$ 表示第 $j$ 产业对第 $i$ 产业的直接消耗值；$X_j$ 表示第 $j$ 产业的总产值。直接消耗系数越大，说明某产业对后向关联产业的直接需求越大，产业的后向直接关联度也越大。

例如根据刘水杏的研究，1997 年我国投入产出表中有 36 个部门与房地产业有着后向直接关联关系，其中与房地产业后向直接关联较为密切的行业有 10 个（参见表 1-9）。这 10 个产业在房地产业直接消耗总量中所占的比重高达 79%，特别是金融保险业、建筑业、非金属矿物制造业所占的比例之和更是超过了 51%，显示了当时我国房地产业对这三个产业的较大依赖性。换而言之，当时我国房地产业的增长对这三个产业的直接推动最为显著。[1]

**1997 年我国房地产业与后向关联度较大的产业及直接关联度**　　　　表 1-9

| 产业名称 | 产业代码 | 房地产业的直接消耗系数 | 房地产业直接消耗系数结构比例 | 直接消耗系数结构比例累加 | 后向直接关联度排序 |
|---|---|---|---|---|---|
| 金融保险业 | 33 | 0.0461 | 0.1912 | 0.1912 | 1 |
| 建筑业 | 27 | 0.0389 | 0.1616 | 0.3529 | 2 |
| 非金属矿物制造业 | 13 | 0.0389 | 0.1615 | 0.5143 | 3 |
| 社会服务业 | 35 | 0.0211 | 0.0877 | 0.6020 | 4 |
| 电器机械及器材制造业 | 18 | 0.0090 | 0.0373 | 0.6393 | 5 |
| 商业 | 30 | 0.0087 | 0.0359 | 0.6753 | 6 |
| 其他制造业 | 22 | 0.0080 | 0.0332 | 0.7085 | 7 |
| 造纸印刷及文教用品制造业 | 10 | 0.0069 | 0.0287 | 0.7373 | 8 |
| 饮食业 | 31 | 0.0067 | 0.0279 | 0.7652 | 9 |
| 房地产业 | 34 | 0.0060 | 0.0250 | 0.7900 | 10 |

与后向直接关联度不同，后向完全关联度分析的是某一产业与所有后向关联产业的直接和间接关联程度，其基本指标即为完全消耗系数。所谓完全消耗系数，是指某一部门每提供一个单位的最终产品，需要直接和间接消耗（即完全消耗）各部门的产品或服务数量。完全消耗系数是全部直接消耗系数和全部间接消耗系数之和。

$$完全消耗系数矩阵\ B=A(I-A)^{-1}$$

其中，$A$ 为直接消耗系数矩阵，$(I-A)^{-1}$ 为完全需求系数矩阵。完全消耗系数越大，说明某产业对后向关联产业的总需求（完全需求）越大，产业的后向完全关联度也越大，产业增长对所有后向关联产业的推动作用也就越明显。

刘水杏在同项研究中，也计算了 1997 年我国房地产业的后向完全关联系数矩阵。结果表明，当年我国与房地产业有完全关联关系的产业共有 39 个，其中关联较为密切的产业有 17 个，其所占房地产业完全消耗总量的比重为 77%（参见表 1-10）。在这 17 个产业

---

[1]　刘水杏：《我国房地产业与国民经济其他产业的关联度分析》，载《上海市经济管理干部学院学报》，2003，1 (4)。

中，非金属矿物制造业、金融保险业、建筑业、化学工业、社会服务业、金属冶炼及压延加工业和商业等与房地产业的完全关联更为密切，其占房地产业完全消耗总量的份额为49%。

**1997 年我国房地产业与后向关联度较大的产业及完全关联度**　　表 1-10

| 产业名称 | 产业代码 | 房地产业的完全消耗系数 | 房地产业完全消耗系数结构比例 | 完全消耗系数结构比例累加 | 后向完全关联度排序 |
|---|---|---|---|---|---|
| 非金属矿物制造业 | 13 | 0.0658 | 0.1050 | 0.1050 | 1 |
| 金融保险业 | 33 | 0.0589 | 0.0941 | 0.1991 | 2 |
| 建筑业 | 27 | 0.0426 | 0.0680 | 0.2671 | 3 |
| 化学工业 | 12 | 0.0407 | 0.0650 | 0.3322 | 4 |
| 社会服务业 | 35 | 0.0354 | 0.0565 | 0.3886 | 5 |
| 金属冶炼及压延加工业 | 14 | 0.0324 | 0.0517 | 0.4403 | 6 |
| 商业 | 30 | 0.0311 | 0.0497 | 0.4900 | 7 |
| 机械工业 | 16 | 0.0235 | 0.0376 | 0.5276 | 8 |
| 造纸印刷及文教用品制造业 | 10 | 0.0222 | 0.0355 | 0.5631 | 9 |
| 电器机械及器材制造业 | 18 | 0.0216 | 0.0346 | 0.5977 | 10 |
| 电力及蒸汽热水生产和供应业 | 24 | 0.0187 | 0.0299 | 0.6275 | 11 |
| 农业 | 1 | 0.0174 | 0.0277 | 0.6553 | 12 |
| 金属制品业 | 15 | 0.0166 | 0.0264 | 0.6817 | 13 |
| 煤炭采选业 | 2 | 0.0153 | 0.0246 | 0.7061 | 14 |
| 石油加工及炼焦业 | 11 | 0.0152 | 0.0243 | 0.7304 | 15 |
| 货物运输及仓储业 | 28 | 0.0151 | 0.0240 | 0.7545 | 16 |
| 电子通信设备制造业 | 19 | 0.0150 | 0.0239 | 0.7784 | 17 |

## 1.3　房地产业与我国经济增长的关系：计量分析

上述观察和分析表明，房地产业对 1990 年以来我国经济增长的直接贡献较大，所谓支柱效应也较为明显，但间接贡献似乎还有待于进一步考量。不过理论和经验也早已表明，单个产业的经济增长与国民经济增长之间从来就是互为依赖互为影响的关系。为了充分揭示房地产业与我国经济增长之间的关系，本节我们将运用计量经济学分析方法，就其中有关问题作出进一步的分析。

### 1.3.1　房地产开发投资与我国经济增长的关系

投资从来都是经济增长的动力之一，在所有的固定资产投资中，房地产投资又占有重要的地位。房地产开发投资对经济增长有何贡献，抑或是经济的增长推动了房地产开发投资的增加，显然是我们所关心的问题。为了对这一问题进行探讨，本文选用房地产开发投资和 GDP 两个指标，采用计量方法来分析房地产开发投资和我国经济之间的作用关系。

### 1.3.1.1 数据

我国 GDP、房地产开发投资额及全国居民消费价格指数　　　表 1-11

| 年份 | 国内生产总值（现价）/亿元 | 房地产开发投资额/亿元 | 居民消费价格指数（1985 年＝100） | 年份 | 国内生产总值（现价）/亿元 | 房地产开发投资额/亿元 | 居民消费价格指数（1985 年＝100） |
|---|---|---|---|---|---|---|---|
| 1985 | 9016 | — | 100 | 1996 | 71176.6 | 3216.4 | 327.9 |
| 1986 | 10275.2 | 101 | 106.5 | 1997 | 78973 | 3178.4 | 337.1 |
| 1987 | 12058.6 | 149.9 | 114.3 | 1998 | 84402.3 | 3614.2 | 334.4 |
| 1988 | 15042.8 | 257.2 | 135.8 | 1999 | 89677.1 | 4103.2 | 329.7 |
| 1989 | 16992.3 | 272.7 | 160.2 | 2000 | 99214.6 | 4984.1 | 331 |
| 1990 | 18667.8 | 253.3 | 165.2 | 2001 | 109655.2 | 6344.1 | 333.3 |
| 1991 | 21781.5 | 336.2 | 170.8 | 2002 | 120332.7 | 7790.9 | 330.6 |
| 1992 | 26923.5 | 731.2 | 181.7 | 2003 | 135822.8 | 10153.8 | 334.6 |
| 1993 | 35333.9 | 1937.5 | 208.4 | 2004 | 159878.3 | 13158.3 | 347.7 |
| 1994 | 48197.9 | 2554.1 | 258.6 | 2005 | 183867.9 | 15909.2 | 353.9 |
| 1995 | 60793.7 | 3149 | 302.8 | 2006 | 210871 | 19382.5 | 359.21 |

我们首先通过《中国统计年鉴（2007）》和中经网数据库获得了 1986—2006 年我国 GDP 和房地产开发投资两个时间序列的数据，每个序列共 21 个数据（参见表 1-11）。再用全国居民消费价格指数（1985＝100）序列，对我国的 GDP 和房地产开发投资进行调整，得到可比数据（参见表 1-12）。

调整后的 GDP 和房地产开发投资/亿元　　　表 1-12

| 年份 | GDP | 房地产开发投资 | 年份 | GDP | 房地产开发投资 |
|---|---|---|---|---|---|
| 1986 | 9648.08 | 94.84 | 1997 | 23427.17 | 942.87 |
| 1987 | 10549.96 | 131.15 | 1998 | 25239.92 | 1080.80 |
| 1988 | 11077.17 | 189.40 | 1999 | 27199.61 | 1244.53 |
| 1989 | 10606.93 | 170.22 | 2000 | 29974.20 | 1505.77 |
| 1990 | 11300.12 | 153.33 | 2001 | 32899.85 | 1903.42 |
| 1991 | 12752.63 | 196.84 | 2002 | 36398.28 | 2356.59 |
| 1992 | 14817.56 | 402.42 | 2003 | 40592.59 | 3034.61 |
| 1993 | 16954.85 | 929.70 | 2004 | 45981.68 | 3784.38 |
| 1994 | 18638.01 | 987.66 | 2005 | 51954.76 | 4495.39 |
| 1995 | 20077.18 | 1039.96 | 2006 | 58704.10 | 5395.87 |
| 1996 | 21706.80 | 980.91 | | | |

### 1.3.1.2 回归分析

在得到 GDP 和房地产开发投资额（记为 REINV）的可比数据后，对数据的初步观察可以发现，自 1986 年以来，我国的 GDP 一直保持着快速的增长，而房地产开发投资除了在 1988、1989 年受通货膨胀的影响和 1996、1997 年受世界经济和东南亚金融危机的影响出现小幅下降外，在大部分年份中都随着 GDP 的增长而稳步增长。通过两个时间序列的相关性分析，我们得到 GDP 与房地产开发投资额的相关系数达到 0.983，两者具有高度的相关性。因而在进行计量分析时，我们首先可以考虑对变量进行回归分析来考查两者之间的关系。

为此，我们首先考虑如下回归方程模型：

回归一：$GDP = \alpha REINV + C$

我们在对 GDP 和 REINV 取对数后，得到两个序列分别为 lnGDP、lnREINV，再对这两个变量进行回归，采用如下模型：

回归二：$lnGDP = \alpha lnREINV + C$

回归结果一

表 1-13

| | 变量 | REINV | $C$ | DW | 0.24 |
|---|---|---|---|---|---|
| 回归一 | 系数或值 | 9.37 | 11429.58 | F统计量 | 559.11 |
| | T值 | 23.65** | 13.78** | Adj.$R^2$ | 0.96 |
| 回归二 | 变量 | LNREINV | $C$ | DW | 0.49 |
| | 系数或值 | 0.44 | 7.01 | F统计量 | 393.84 |
| | T值 | 19.85** | 46.10** | Adj.$R^2$ | 0.95 |

注：在 T 值栏中上标** 表示该值在显著水平 1% 处显著，而上标* 表示该值在显著水平 5% 处显著，表 1-14、表 1-15 相同。

表 1-13 列出了上述两个回归方程的结果。从这两个回归方程的回归结果来看，回归方程调整的 $R^2$ 都达到了 0.95 以上，两个回归模型都有很好的拟合效果，而且大部分统计量如 F 统计量和 T 统计量均通过假设检验，唯一的不足之处在于 DW 值较小，这说明变量可能存在着一阶甚至高阶的自相关。

由于房地产开发投资是一个时间较长的过程，经常要经过 2~3 年甚至更长的时间，前期的房地产开发投入有滞后的影响。因此在下面的回归方程中，我们将增加房地产开发投资的滞后项，以此来考察房地产开发投资的滞后影响。按滞后的阶数不同，我们分别设计了如下三个回归方程（在回归方程中，以变量后的小括号内的数字表示滞后的阶数）：

回归三：$GDP = \alpha 1 REINV + \alpha 2 REINV(-1) + C$

回归四：$GDP = \alpha 1 REINV + \alpha 2 REINVP(-1) + \alpha 3 REINV(-2) + C$

回归五：$GDP = \alpha 1 REINV + \alpha 2 REINV(-1) + \alpha 3 REINV(-2) + \alpha 4 REINV(-3) + C$

对上述三个回归方程的回归结果见表 1-14。虽然我们尝试对模型进行修改，但几个回归方程的拟合效果并没有得到增强，特别是 DW 值并没有特别大的改善，同时在方程中某些滞后项的 T 检验并不显著。不过回归四相对来说取得了更好的拟合效果，T 检验和 F 检验均显著，而且以 AIC 为小的准则来进行判断，回归四也是这三个方程中最好的。由此看来，房地产开发投资对 GDP 有滞后两阶的影响，这与房地产开发投资大致需要的期限吻合。

回归结果二

表 1-14

| | 变量 | REINV | REINV(-1) | $C$ | | | DW | 0.23 |
|---|---|---|---|---|---|---|---|---|
| 回归三 | 系数或值 | 5.84 | 4.18 | 11647.99 | | | F统计量 | 260.87 |
| | T值 | 1.50 | 0.89 | 13.33** | | | Adj.$R^2$ | 0.97 |
| | 变量 | REINV | REINV(-1) | REINV(-2) | $C$ | | DW | 0.48 |
| 回归四 | 系数或值 | 8.80 | -6.44 | 8.56 | 11730.47 | | F统计量 | 181.17 |
| | T值 | 2.16* | -0.85 | 1.72 | 13.34** | | Adj.$R^2$ | 0.97 |
| | 变量 | REINV | REINV(-1) | REINV(-2) | REINV(-3) | $C$ | DW | 0.68 |
| 回归五 | 系数或值 | 7.49 | -0.66 | -5.31 | 10.89 | 11637.42 | F统计量 | 170.19 |
| | T值 | 2.10 | -0.09 | -0.75 | 2.42* | 14.22** | Adj.$R^2$ | 0.98 |

如果上述五个回归方程可信的话，那么从上述五个回归方程来看，房地产开发投资具有对我国 GDP 增长的解释力度，也即拉动了我国经济增长。然而，计量经济学理论认为，当用于回归分析的时间序列变量为非平衡过程时，使用最小二乘法估计得到的结果可能是伪回归，即便各个统计量显著。对伪回归有多种补救方法，其中之一就是在回归中包含因变量和自变量的滞后值。为此，我们将 GDP 的一阶滞后项加到回归方程右边，再进行分析，并考虑以下回归方程：

回归六：$GDP = \alpha_0 GDP(-1) + \alpha_1 REINV + \alpha_2 REINV(-1) + C$

回归七：$GDP = \alpha_0 GDP(-1) + \alpha_1 REINV + \alpha_2 REINV(-1) + \alpha_3 REINV(-2) + C$

回归结果表明（见表 1-15），此两个回归方程的采用使得 DW 值进一步增加，并显示拟合方程的残差不再具有一阶自相关，同时模型的拟合效果也得到了改善，不过 GDP 一阶滞后项的加入使得常数等无法通过 T 检验。虽然在回归中包含滞后变量足以解决与伪回归相关的许多问题，然而某些假设检验仍然存在问题。如果需要完全解决这一问题则需要引入另一种解决方法，这就是单位根、协整检验。

**回归结果三**     表 1-15

| | 变量 | GDP(−1) | REINV | REINV(−1) | $C$ | | | DW | 1.59 |
|---|---|---|---|---|---|---|---|---|---|
| 回归六 | 系数或值 | 1.03 | 2.36 | −1.68 | 346.66 | | | F 统计量 | 7120.11 |
| | T 值 | 25.66** | 3.72** | −2.14* | 0.75 | | | Adj.$R^2$ | 1.00 |
| | 变量 | GDP(−1) | REINV | REINV(−1) | REINV(−2) | $C$ | | DW | 1.55 |
| 回归七 | 系数或值 | 1.03 | 2.39 | −1.81 | 0.11 | 310.12 | | F 统计量 | 4418.82 |
| | T 值 | 21.47** | 3.05** | −1.33 | 0.11 | 0.56 | | Adj.$R^2$ | 1.00 |

### 1.3.1.3 单位根与协整检验

我们利用 ADF 法对 lnGDP、lnREINV 两个时间序列进行单位根检验，结果发现两个序列为非稳定序列，两者均呈一阶单整（参见表 1-16）。我们再对这两个时间序列进行协整分析，结果如表 1-17 所示。

**ADF 单整检验**     表 1-16

| 变量名 | 检验形式<br>(C,T,K) | ADF 值 | 各显著水平下的临界值 | | | 检验结论 |
|---|---|---|---|---|---|---|
| | | | 1% | 5% | 10% | |
| lnGDP | (C,0,2) | 1.14 | −3.86 | −3.04 | −2.66 | 不平稳 |
| D(lnGDP) | (C,0,1) | −3.02 | −3.86 | −3.04 | −2.66 | 平稳 |
| lnREINV | (C,0,2) | −0.37 | −3.86 | −3.04 | −2.66 | 不平稳 |
| D(lnREINV) | (C,0,1) | −3.94 | −3.86 | −3.04 | −2.66 | 平稳 |

注：1. 检验形式中的 C 和 T 表示带有常数项和趋势项，K 表示滞后阶数。

2. 滞后阶数的选择标准为 SIC 准则。

3. D 表示变量序列的一阶差分。

**房地产开发投资与 GDP 的协整关系检验**     表 1-17

| 原假设 H0 | 备择假设 H1 | 特征值 | 迹统计量 | 5%临界值 |
|---|---|---|---|---|
| $r=0$** | $r \geqslant 1$ | 0.71 | 24.75 | 15.49 |
| $r=1$ | $r \geqslant 2$ | 0.03 | 0.58 | 3.84 |

由表 1-17 可知，在 5% 显著性水平上，房地产开发投资与 GDP 之间有且仅有一个协整关系。

#### 1.3.1.4　VEC 模型与广义脉冲响应

由于房地产开发投资与 GDP 之间有且仅有一个协整关系，因而需要建立 VEC（误差修正模型）来进行 Granger 因果检验，以此来考证是房地产开发投资拉动 GDP 的增长，还是 GDP 的增长促进了房地产开发投资的增加。

为此，我们建立了滞后为 2、不带有常数向量的两变量 VEC 模型，如表 1-18 所示。可以看到，误差修正项与两个变量各滞后项的组合对于房地产开发投资即 lnREINV 的解释能力较强，而对于 GDP 的解释能力较弱，如在 D（LnREINV）的方程中，D［LnGDP（—1）］的系数为正且通过了 T 检验，这说明了 GDP 的增长对房地产开发投资的增长有很强的解释力度，即 GDP 对房地产开发投资存在着显著的单向 Granger 因果关系，而反之则不成立。为了详细分析 REINV 和 GDP 之间的互动关系，我们对 GDP 和 REINV 对于 1 个标准新生信息的广义脉冲响应利用表 1-18 中的 VEC 模型分别进行计算和分析。

房地产开发投资与 GDP 的 VEC 模型　　　　　　　表 1-18

| 被解释变量 | D(LnGDP) | D(LnREINV) |
|---|---|---|
| ECM | −0.02 | 0.84 |
|  | [−0.27] | [2.92] |
| D［LnGDP(−1)］ | 0.85 | 5.18 |
|  | [2.49] | [3.74] |
| D［LnGDP(−2)］ | −0.45 | 1.39 |
|  | [−0.98] | [0.73] |
| D［LnREINV(−1)］ | −0.03 | −0.06 |
|  | [−0.52] | [−0.22] |
| D［LnREINV(−2)］ | 0.05 | −0.11 |
|  | [0.10] | [−0.54] |
| C | 0.06 | −0.36 |
|  | [1.44] | [−2.04] |
| Adj. $R^2$ | 0.25 | 0.65 |

注：1. 其中 ECM 为误差修正项，ECM= LOGGDP(−1)−0.64LNREINV(−1)−5.65。
　　2. 方括号内为 $t$ 值。

如图 1-3 所示，纵轴上的值表示 GDP 和房地产开发投资对 1 个标准新生信息的脉冲响应。如图 1-3 中上图所示，GDP 对 GDP 本身标准新生信息的脉冲响应在第 1 年为 4%，并逐步增加，在 7% 处基本达到稳定；GDP 对房地产开发投资标准新生信息的脉冲响应在第 1 年几乎为零，第二年达到最小值 0.1%，然后慢慢增长，最终基本稳定在约 0.3% 处。

如图 1-3 中下图所示，房地产开发投资对本身标准新生信息的脉冲响应在第 1 年为 9%，并逐步下降到，在第 3 年达到最小值 0.18%，此后开始增长到第 5 年的 2.6%，并在 0.6% 处达到稳定。与此相反，房地产开发投资对 GDP 标准新生信息的脉冲响应在第 1 年为 11.4%，在第 3 年达到最大的 34.80%，此后，逐步减小，在波动中趋于稳定，最后基本稳定在 11% 左右。

通过上述房地产开发投资和 GDP 新生信息对系统的脉冲响应分别进行的分析，我们可以得到以下两点基本结论：

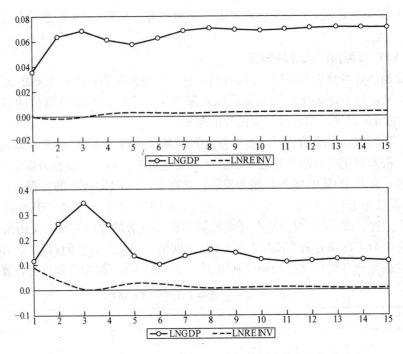

图 1-3　GDP 及房地产开发投资对 1 个标准新生信息的脉冲响应

第一，房地产开发投资对标准新生信息的脉冲响应要远远大于 GDP；

第二，房地产开发投资对 GDP 标准新生信息的脉冲响应波动性较大。

以上结论说明，在我国，房地产开发投资对 GDP 的变化相对更加敏感，房地产开发投资受 GDP 的影响远远大于房地产开发投资对 GDP 的影响。

综合以上各项研究，我们认为：

第一，相关系数与回归模型的分析揭示了房地产开发与上海 GDP 有着紧密的相关联系；

第二，VEC 模型的分析显示，GDP 对房地产开发投资存在单向的显著可信的 Granger 因果关系，即研究 GDP 的波动性有助于预测房地产开发投资的走势，反之则不成立；

第三，从脉冲响应的大小来看，房地产开发投资对 GDP 脉冲的响应远远大于后者对房地产开发投资脉冲的响应。

## 1.3.2　SHTO 分析

所谓 SHTO，即 the share of housing investment as a percentage of total output 的简称，表示住宅投资占总产出中的百分比。它是一个用来研究住房投资和国民经济关系的经济指标，由伯恩斯（Burns）和格雷布勒（Grebler）于 1976 年提出。他们通过对 39 个处于不同经济发展阶段的国家样本的分析，认为 SHTO 值和国家的经济增长水平之间存在着如图 1-4 所示的关系。其中，纵轴为 SHTO 值，横轴为国家的经济增长水平，通常用人均 GDP 来衡量。他们的研究发现，SHTO 值和人均 GDP 之间存在着二阶函数的关系，即图 1-4 所示的倒 U 模型。其中，不发达国家的 SHTO 为 2%，经济发展到一定程度后达到 8%；而发达国家一般为 3%～5%。另外，在人均 GDP 为 1500 美元左右的时候，SHTO 达到最大值，并且在峰值附近可以比较长期地保持稳定。

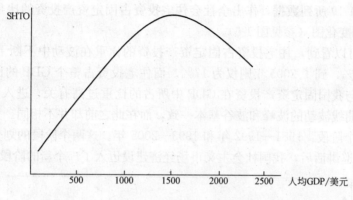

图 1-4　SHTO 倒 U 形曲线

显然，SHTO 分析有助于一个国家把握和协调住房投资与国民经济发展之间的关系，甚至还可以作为预测住宅投资走向的重要工具。

鉴于我国房地产业的过渡性和强烈的政策依赖性，SHTO 分析能否适用于我国，目前学术界仍有争议。不过我们认为，SHTO 分析为我们就我国住宅开发投资与国民经济发展水平两者的关系进行研究提供了有用的工具，从而为我国把握和协调住宅投资与经济发展水平的关系提供了重要参考。

### 1.3.2.1　数据说明与预处理

为了对我国的 SHTO 曲线进行拟合，我们通过《中国统计年鉴》、《中国固定资产投资统计年鉴》等资料，获得了从 1981 年到 2005 年的住宅投资额、固定资产投资额、GDP 和人均 GDP 等共 25 组数据。

在进行分析之前，我们对这些数据进行了预处理。第一步是获得了住宅投资额在固定资产投资额中的比例、住宅投资额占 GDP 的比重。第二步，我们采集了从 1981 年到 2005 年的居民消费价格指数，以 1985 年的价格为基准，对人均 GDP 进行调整，从而得到了可比价的人均 GDP。在数据预处理后，我们得到了数据表（即表 1-19）。

中国 SHTO 曲线拟合数据资料一览　　　　　　　　　　　　　　　　表 1-19

| 年份 | 住宅投资额/固定资产投资总额/% | 住宅投资额/GDP/% | 人均 GDP（可比价） | 年份 | 住宅投资额/固定资产投资总额/% | 住宅投资额/GDP/% | 人均 GDP（可比价） |
|---|---|---|---|---|---|---|---|
| 1981 | 30.775 | 6.082 | 574.821 | 1994 | 22.335 | 8.140 | 1563.805 |
| 1982 | 29.024 | 6.745 | 604.311 | 1995 | 23.661 | 7.791 | 1666.347 |
| 1983 | 29.096 | 7.012 | 654.087 | 1996 | 22.688 | 7.304 | 1782.830 |
| 1984 | 25.403 | 6.493 | 759.854 | 1997 | 21.533 | 6.801 | 1904.539 |
| 1985 | 25.229 | 7.158 | 857.800 | 1998 | 22.509 | 7.575 | 2032.297 |
| 1986 | 24.925 | 7.624 | 904.413 | 1999 | 23.644 | 7.871 | 2171.216 |
| 1987 | 24.902 | 7.893 | 973.228 | 2000 | 23.070 | 7.654 | 2373.927 |
| 1988 | 24.972 | 7.952 | 1005.523 | 2001 | 22.409 | 7.605 | 2586.769 |
| 1989 | 27.088 | 7.065 | 948.190 | 2002 | 21.626 | 7.818 | 2842.740 |
| 1990 | 25.780 | 6.278 | 995.460 | 2003 | 19.422 | 7.946 | 3150.628 |
| 1991 | 25.336 | 6.557 | 1108.197 | 2004 | 19.104 | 8.421 | 3547.771 |
| 1992 | 21.249 | 6.445 | 1271.932 | 2005 | 17.378 | 8.390 | 3985.024 |
| 1993 | 20.851 | 7.970 | 1438.772 | | | | |

资料来源：由《中国统计年鉴（2006）》，《中国国家资产投资统计数典（1950—2000）》相关数据整理得到。

我们利用表 1-19 所列数据，作出全社会住宅投资占固定资产投资的比重和住宅投资占 GDP 的比重的变化图（参见图 1-5）。

从图 1-5 中可以看到，住宅投资占固定资产投资的比重在波动中不断下降，1981 年这一比例为约 30％，到了 2005 年则仅为 17％。而住宅投资占整个 GDP 的比重却在波动中逐步上升，这与我国固定资产投资在 GDP 中所占的比重过高有关。进入到 20 世纪 90 年代以后，两条曲线波动的波峰和波谷基本一致，而在此之前却并不相同。为此，我们大致地将其分为两个阶段：1981—1992 年和 1993—2005 年。这两个阶段的划分也体现了在 1992 年邓小平南巡讲话后，我国社会主义市场经济建设迈入了一个新的阶段。

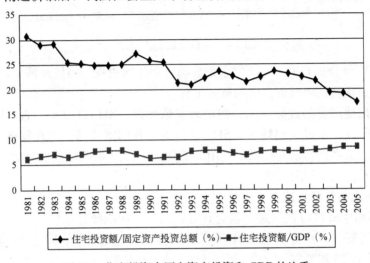

图 1-5　住宅投资占固定资产投资和 GDP 的比重

### 1.3.2.2　实证分析

根据 SHTO 理论和上文的分析，我们建立如下理论模型：

$$Y = a_1 X^2 + a_2 X + C \tag{1-4}$$

在式 2-4 中，$Y$ 表示住宅投资额占 GDP 的比重，$X$ 为根据居民消费价格指数调整的人均 GDP。

在进行分析时，为了避免系数过小，我们将 $Y$ 乘以 100，同时人均 GDP 以千元作为单位。

为了尽可能体现我国房地产业过渡性的特点，合理反映不同阶段住宅投资与 GDP 之间的不同关系，我们采用了上述将数据划分为两个阶段的方法，分别进行拟合。另外，为了去除一些特殊事件的影响，我们还对数据作了相应的调整。这些调整和最终的拟合结果分别如下：

首先，采用全部 25 个数据对模型进行估计，得到的结果见表 1-20：

SHTO 曲线拟合结果一　　　　　　　　　　　　　　　　　　　表 1-20

| 时间选择 | 1981—2005 |
|---|---|
| 回归方程 | $Y = -0.050929X^2 + 0.7019677582X + 6.357445022$<br>T 值（-0.458）　　　（1.478）　　　（15.206＊＊） |
| 调整的 $R^2$ | 0.446205 |

表 1-20 显示，虽然从模型各系数项的正负来看，拟合的方程为一倒 U 形的曲线，与伯恩斯和格雷布勒的研究结果类似，然而从各系数的 T 检验来看，只有常数项的系数可以通过检验，而其他系数均不能拒绝原假设，而且方程的拟合优度也仅为 0.45。为此，我们将此方程的实际值与拟合值在同一图中作出（参见图 1-6），结果表明该回归方程的拟合效果不佳。由此可知，此回归方程并不能较好地反映住宅投资与国民经济水平之间的关系。

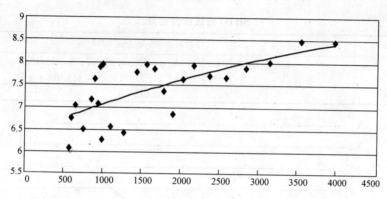

图 1-6　1981—2005 年数据用二次曲线拟合的效果

拟合结果一效果不佳的原因之一可能是，在 20 世纪 90 年代以前，我国住宅市场的市场化程度不高，致使统计数据可能存在着缺陷。为此，我们借助于将数据分段的思想，利用 1993 年到 2005 年数据再对模型进行拟合，得到的结果如表 1-21 所示，拟合效果则如图 1-7 所示。

**SHTO 曲线拟合结果二**　　　　　　　　　　　　　　　　　　　　　表 1-21

| 时间选择 | 1993—2005 |
|---|---|
| 回归方程 | $Y=0.244546687X^2-0.9540822272X+8.493716812$<br>T 值(1.544)　　　　（−1.126）　　　（8.099＊＊） |
| 调整的 $R^2$ | 0.441466 |

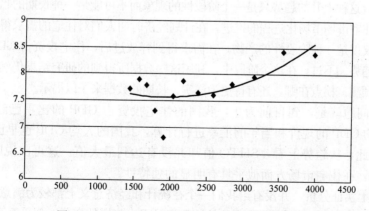

图 1-7　1993—2005 年数据用二次曲线拟合的效果

令人遗憾的是，拟合结果二也没有给人满意的答案。不论是在回归方程的系数方面，还是从系数的检验和拟合优度来看，拟合结果二都没有什么改善。

不过，通过观察我们发现，1997年的SHTO值仅为6.8%，远小于96年的7.3%，相对有些异常。我们认为1997年由于东南亚金融危机的发生，对我国的经济有着很大的影响，这一突发的事件可能会对拟合结果构成不利影响。因此，我们决定将1997年的数据点暂时去除，再进行回归分析，得到的拟合结果表1-22所示，拟合的效果则如图1-8所示：

**SHTO 曲线拟合结果三**　　　　　　　　　　表 1-22

| 时间选择 | 1993—2005 年去除 1997 年 |
|---|---|
| 回归方程 | $Y = 0.2233903633X^2 - 0.8964906675X + 8.555161532$<br>T 值(2.319 *)　　(−1.741)　　(13.426 * *) |
| 调整的 $R^2$ | 0.645736 |

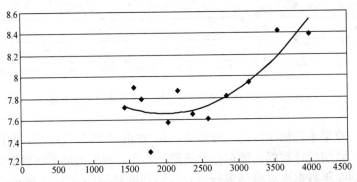

图 1-8　去除 1997 年后，1993—2005 年数据用二次曲线拟合的效果

表1-22的结果表明，在去除1997年的数据点后，拟合效果明显提升。从系数的T检验来看，二次方项的系数在5%的置信水平下显著，而一次项的系数在10%的水平下也是显著的，而常数项在1%的置信水平下显著。拟合优度也较前两个方程有了明显的改善，达到0.65。然而美中不足的是，回归方程二次项系数为正，这说明随着人均GDP的增加，SHTO将逐步提高，这毫无疑问是与伯恩斯和格雷布勒的分析结果相反的，而且也是违背经济规律的。

毋庸置疑，这种上升的趋势只是一个阶段性的现象而不可能是一种长期的趋势，这恰恰说明了随着我国住宅市场市场化进程的推进，在计划经济时期人们对住宅的需求得到了快速的释放。这种释放仅仅是一种阶段性的产物，在需求得到释放过后，住宅投资占GDP的比重将开始步入下降的趋势。不过，在这个阶段中，利用这些数据所得到的研究结果仍然无法构成对未来的一个确切预测。拐点在哪，还有待更为详实、长期的数据来予以揭示。

另外一个问题就是，到目前为止，我国的住宅投资占GDP的比重已经超过了8%，按2005年人均GDP的现价和当年的汇率进行计算，我国的人均GDP也早已超过了1550美元。尽管如此，从趋势上看，SHTO值却并没有达到最大值。这再次说明了我国作为一个转轨国家，在住宅市场方面似乎具有明显的独特性。

总之，以上实证分析，并没有给我们一个在统计和经济意义上都较为满意的答复。随着国民经济的发展，住宅投资占我国GDP的比重将呈现出怎样的变化，似乎至今仍是一个谜。

# 2 房地产业支柱地位的进一步剖析：以上海为例

上一章我们对房地产业在我国经济增长中的所谓支柱地位作了初步的考察和分析，并就房地产业与我国经济增长之间的内在关系进行了计量分析。然而由于统计数据的缺乏，特别是国家统计局统计口径的多变，我们尚无法就房地产业支柱地位的内涵展开更深层次的剖析。这种更深层次剖析的重点有二：第一，利用投入产出表，就房地产业对我国经济增长的间接推动作用作出衡量和判断；第二，利用国民收入核算体系的相关数据，解析房地产业增加值的构成及其变化特征，以期进一步说明房地产业对我国 GDP 增长的贡献和意义。

为了克服统计数据的困难，同时也为了使本项研究不至于有重大缺陷，我们在本章中将以上海为例，通过对房地产业在上海经济增长中的支柱地位的剖析，从案例角度尽可能揭示我国房地产业支柱地位的丰富内涵。而之所以以上海为例，主要理由有三：第一，房地产业从来就是城市经济的重要支柱，而作为中国经济最发达城市的上海，也早就把房地产业列为支柱产业；第二，虽然房地产业有着明显的区域性差别，但在不同城市之间、不同区域之间以及单个城市与整个国家之间，房地产业仍然有着诸多的共性；第三，上海市统计局关于房地产业统计的数据较为完整，更能满足本项研究的需要。

## 2.1 上海房地产业经济的高速增长：表象与特征

20 世纪 90 年代以来，上海房地产业一直处于高速增长之中，其对上海经济增长的贡献也逐步增强。在《上海市国民经济和社会发展第十个五年计划纲要》中，房地产业更是首度被列为上海经济增长的支柱产业。如徐匡迪在上海市十一届人大四次会议上所做的《关于上海市国民经济和社会发展第十个五年计划纲要（草案）的报告》中明确指出的那样，"十五"期间上海将"加快构筑新型产业体系。大力发展附加值高、关联带动大的信息、金融、商贸、汽车、成套设备、房地产六大支柱产业，使之成为上海经济持续增长的重要支撑"[①]。"十五"期间上海房地产业的发展历程也表明，在上海经济增长过程中，房地产业确实做出了极为重要的贡献。

### 2.1.1 改革开放以来上海房地产业经济增长的历史回顾

改革开放以来，上海房地产业从几乎空白起步，经历了前所未有的高速增长。1980年，上海房地产业的增加值仅为 0.36 亿元；2004 年，上海房地产业的增加值为 622.59 亿元，26 年间增长了 1878 倍，年平均增长率高达 36.4%。进一步分析表明，上海房地产

---

① 徐匡迪：《关于上海市国民经济和社会发展第十个五年计划纲要（草案）的报告》，《解放日报》2001 年 2 月14 日。

业实际上启动于 20 世纪 80 年代中后期，并于 90 年代中期形成了较大的产业规模（参见表 2-1），迄今其整个规模扩张过程可分为四个阶段：

第一阶段为 1980 年至 1986 年。在这一阶段中，上海房地产业的规模极小，年平均增加值仅为 0.48 亿元，年平均增长率也只有 6.7%。1986 年时房地产业仅占上海 GDP 的 0.1%，其在整个上海经济中之微不足道可见一斑。

第二阶段为 1987 年至 1990 年。1987 年全市房地产业增加值较上年增长了近 5 倍。随着这一"井喷式"增长，这一时期上海房地产业的增加值跃上了 3～5 亿元的台阶，年平均增加值为 3.77 亿元，只是增长率波动极大，1990 年甚至还出现了负增长。

**1980—2005 年上海房地产业的 GDP** 表 2-1

| 年份 | GDP 总量/亿元 | 环比/% | 年份 | GDP 总量/亿元 | 环比/% | 年份 | GDP 总量/亿元 | 环比/% |
|------|------|------|------|------|------|------|------|------|
| 1980 | 0.36 | 109.1 | 1989 | 4.84 | 143.6 | 1998 | 185.40 | 125.7 |
| 1981 | 0.43 | 119.4 | 1990 | 3.75 | 77.5 | 1999 | 210.53 | 113.6 |
| 1982 | 0.48 | 111.6 | 1991 | 12.19 | 325.1 | 2000 | 251.70 | 119.6 |
| 1983 | 0.48 | 100.0 | 1992 | 20.48 | 168.0 | 2001 | 316.85 | 125.9 |
| 1984 | 0.52 | 108.3 | 1993 | 26.38 | 128.8 | 2002 | 373.63 | 117.9 |
| 1985 | 0.58 | 111.5 | 1994 | 39.09 | 148.2 | 2003 | 463.93 | 124.2 |
| 1986 | 0.53 | 91.4 | 1995 | 91.29 | 233.5 | 2004 | 622.59 | 134.2 |
| 1987 | 3.13 | 590.6 | 1996 | 124.26 | 136.1 | 2005 | 671.12 | 108.6 |
| 1988 | 3.37 | 107.7 | 1997 | 147.51 | 118.7 | | | |

资料来源：各相关年度《上海统计年鉴》。

第三阶段为 1991 年至 1994 年。在 1991 年出现了又一个井喷式增长（比上年增长了 2.3 倍）之后，上海房地产业的增加值一举突破了 10 亿元的台阶，期间年平均增加值为 24.54 亿元，年平均增长率也高达 79.7%。

第四阶段为 1995 年至 2004 年。1995 年，上海房地产业增加值第三次出现"井喷式"增长，当年比上年增长了 1.3 倍。在 1996 年突破了百亿元大关之后，上海房地产业继续保持高速扩张，期间年平均增长率为 31.9%，年平均增加值也达到了 278.6 亿元，并且增长率的波动明显趋于减小。

如果从产业成长的角度来看，在 1995 年之前，上海房地产业应当说还处于导入期。就像后文所要指出的那样，处于导入期的房地产业充满了不确定性，特别是制度变迁的不确定性，从而使得当时的上海房地产业的风险极高。随着经济体制改革的日趋深化和政府宏观调控机制的逐步完善，上海房地产业从 1995 年起才开始进入产业生命周期的第二个阶段——快速成长期。在体制改革和经济增长的双重推动之下，期间上海房地产业虽然难免波动，但产业规模的扩张可以说已步入较为正常的轨道，既没出现过负增长，又未见有成倍于上一年度的所谓"井喷式"扩张。另外，1995 年房地产业在上海 GDP 中所占的比例一举达到了 3.7%，从而正式开启了房地产业作为上海经济发展的一个重要产业的历程。

### 2.1.2 上海房地产业的支柱地位的形成

尽管房地产业只是在上海市"十五"计划中被列为六大支柱产业之一，但事实上从90年代中后期开始，上海房地产业在上海经济增长中的支柱地位即已显现无疑。具体表现在如下三个方面：

#### 2.1.2.1 房地产业在上海经济总量中的地位持续提高

据统计，房地产业在上海 GDP 中的比重由 1990 年的 0.5％，上升到 2004 年的8.4％，14 年间提高了近 8 个百分点（参见表 2-2），是全市各产业 GDP 份额提高幅度最大的产业。

20世纪90年代以来房地产业在上海GDP中的比重    表 2-2

| 年份 | 1990 | 1991 | 1992 | 1993 | 1994 | 1995 | 1996 | 1997 |
|------|------|------|------|------|------|------|------|------|
| 比重 | 0.5 | 1.4 | 1.8 | 1.7 | 2.0 | 3.7 | 4.3 | 4.4 |
| 年份 | 1998 | 1999 | 2000 | 2001 | 2002 | 2003 | 2004 | |
| 比重 | 5.0 | 5.2 | 5.5 | 6.4 | 6.9 | 7.4 | 8.4 | |

资料来源：根据有关年度《上海统计年鉴》数据计算。

不仅如此，与"十五"期间上海经济其他五大支柱产业相比，上海房地产业的支柱地位还显现出如下特点：第一，房地产业是"十五"期间上海六大支柱产业中三个连续四年保持 GDP 份额增长的产业之一（另两个为信息产业和成套设备制造业）；第二，房地产业在上海六大支柱产业中的 GDP 排名由 2000 年的第四位上升到 2004 年的第三位，仅次于信息产业和金融业；第三，在上海金融、商贸流通和房地产这三大支柱性服务产业中，房地产业更是唯一一个在 2000 年以来 GDP 增长速度超过全市 GDP 增长速度的产业，期间其年平均增长率高达 24.2％，比同期全市 GDP 年平均增长率高出 11.2 个百分点。第四，"十五"期间上海房地产业增加值与商贸流通业、金融业的差距逐步缩小，2004 年上海房地产业的增加值还首次超过了商贸流通业，其与金融业在全市 GDP 中所占份额的差距，也由 2000 年时的 9.6 个百分点，缩短为 2004 年时的 1.6 个百分点（参见表 2-3）。

2000—2004年上海六大支柱产业在GDP中的份额变化/%    表 2-3

| 产业名称 | 2000 年 | 2001 年 | 2002 年 | 2003 年 | 2004 年 |
|----------|---------|---------|---------|---------|---------|
| 信息产业 | 7.4 | 8.5 | 9.0 | 10.0 | 11.4 |
| 金融业 | 15.1 | 12.5 | 10.8 | 10.0 | 10.0 |
| 商贸流通业 | 9.5 | 9.9 | 9.8 | 9.1 | 8.2 |
| 汽车制造业 | 3.6 | 4.4 | 5.3 | 7.3 | 5.4 |
| 成套设备制造业 | 2.9 | 3.1 | 3.3 | 4.0 | 4.3 |
| 房地产业 | 5.5 | 6.4 | 6.9 | 7.4 | 8.4 |

资料来源：根据有关年度《上海统计年鉴》数据计算。

另外需要特别指出的是，如表 2-4 所示，即使是在房地产业尚未被上海市政府列为支柱产业的"九五"期间，房地产业的增加值也已不低于某些支柱产业。如 1996 年时房地产业的增加值即已高达 124.26 亿元，超过了当时位列全市六大支柱产业的汽车制造业、电站设备及大型机电设备制造业、电子通信设备制造业和家用电子电器制造业。从 1998

年起，上海房地产业的增加值更是超过了当时所有的六大支柱产业。就此而言，自 20 世纪中期以来，房地产业事实上已经成为上海经济增长的重要支柱之一。

**1996—2000 年上海六大支柱产业及房地产业的增加值/亿元**　　　　表 2-4

| 产 业 名 称 | 1996 | 1997 | 1998 | 1999 | 2000 |
|---|---|---|---|---|---|
| 汽车制造业 | 111.68 | 124.12 | 141.81 | 170.76 | 169.30 |
| 电子通信设备制造业 | 61.75 | 44.48 | 68.00 | 83.15 | 112.49 |
| 钢铁制造业 | 141.66 | 135.19 | 125.96 | 151.78 | 174.09 |
| 石油化工及精细化工制造业 | 157.69 | 165.64 | 169.94 | 200.37 | 228.45 |
| 电站设备及大型机电设备制造业 | 62.60 | 69.61 | 59.67 | 71.18 | 69.51 |
| 家用电子电器制造业 | 36.28 | 10.52 | 34.01 | 62.52 | 86.71 |
| 房地产业 | 124.26 | 147.51 | 185.40 | 210.53 | 251.70 |

　　资料来源：有关年度《上海统计年鉴》。

**2.1.2.2　房地产业对上海经济增长的贡献不断增强，已成为少数几个对上海经济增长有着关键性影响的产业之一**

　　1995—2004 年，上海房地产业增加值增长了 5.8 倍，年平均增长率高达 23.8%，比同期全市 GDP 的平均增长率高出 10.7 个百分点，期间房地产业对上海 GDP 增长的贡献率也高达 10.7%（参见表 2-5）。[①]

**1996—2004 年房地产业对上海经济增长的贡献率**　　　　表 2-5

| 年　　份 | 1996 | 1997 | 1998 | 1999 | 2000 |
|---|---|---|---|---|---|
| 全市 GDP/亿元 | 2902.20 | 3360.21 | 3688.20 | 4034.96 | 4551.15 |
| 房地产业 GDP/亿元 | 124.26 | 147.51 | 185.40 | 210.53 | 251.70 |
| 贡献率/% | 7.5 | 5.1 | 11.6 | 7.2 | 8.0 |
| 年　　份 | 2001 | 2002 | 2003 | 2004 | |
| 全市 GDP/亿元 | 4950.84 | 5408.76 | 6250.81 | 7450.27 | |
| 房地产业 GDP/亿元 | 316.85 | 373.63 | 463.93 | 622.59 | |
| 贡献率/% | 16.3 | 12.4 | 10.7 | 13.2 | |

　　资料来源：根据有关年份《上海统计年鉴》数据计算。

　　特别是自 2000 年以来，房地产业对上海 GDP 增长的贡献率进一步提高，2000—2004 年房地产业对上海 GDP 增长的贡献率为 12.8%，在六大支柱产业中仅次于信息产业（17.6%），而分别比金融业、商贸流通业、汽车制造业和成套设备制造业对上海 GDP 增长的贡献率高出 10.8、6.7、4.6 和 6.2 个百分点（参见表 2-6）。

　　另外必须指出的是，在"十五"期间，房地产业对上海经济增长的贡献率的波动也较为平缓，而不似金融业、汽车制造业、商贸流通业等那样大起大落，从而在某种程度上担当起了城市经济增长稳定器的作用（参见图 2-1）。例如与同为第三产业的金融业和商贸流通业相比，房地产业不仅从未出现过负增长，而且其对上海经济增长的贡献率也一直保持在较为稳定的状态；相反，"十五"期间上海金融业对经济增长的贡献率虽然一直呈上

---

　　① 某产业对全市 GDP 增长的贡献率＝（某产业 GDP 的增长额/全市同期 GDP 的增长额）×100%。

| 年　份 | 2001 | 2002 | 2003 | 2004 |
|---|---|---|---|---|
| 信息产业 | 21.1 | 14.5 | 15.8 | 18.9 |
| 金融业 | −16.3 | −7.7 | 4.8 | 9.7 |
| 商贸流通业 | 14.2 | 9.0 | 4.9 | 3.3 |
| 汽车制造业 | 13.1 | 14.5 | 20.4 | −4.3 |
| 成套设备制造业 | 6.5 | 5.1 | 8.4 | 6.0 |
| 房地产业 | 16.3 | 12.4 | 10.7 | 13.2 |

资料来源：根据有关年份《上海统计年鉴》数据计算。

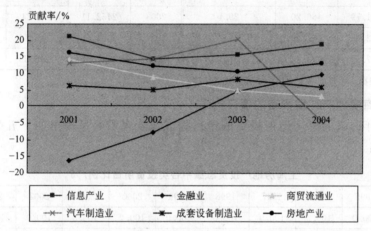

图 2-1　2001—2004 年上海六大支柱产业对全市 GDP 增长的贡献率波动

升态势，但其中有两年（2001 和 2002 年）却出现过显著的负增长，从而必然对当年上海经济的增长产生较为显著的负面影响；至于商贸流通业，"十五"期间其对上海经济增长的贡献率却出现了迅速的下滑，如果不是其仍占有上海 GDP 较高的比重，其是否还具有支柱产业的地位显然是值得怀疑的。

### 2.1.2.3　房地产开发投资占全市固定资产投资的比例持续提高，并已占据较高比例

　　如表 2-7 所示，随着房地产业的兴起，除了少数宏观调控年份之外，1990 年以来上海房地产开发投资规模基本处于持续高速扩张之中。1990—2005 年，上海房地产开发投资增长了 152.8 倍，年平均增长 42.6%，比同期上海全社会固定资产投资总额的年平均增长率（20.5%）竟高出 22.1 个百分点。作为这一超高速增长的结果，2000 年以来上海房地产开发投资占全市固定资产投资总额的比例一直保持在 30% 以上，其中 2004 年更是达到了创纪录的 38.1%。毫无疑问，房地产业不仅已是上海固定资产投资的第一个行业，而且其投资规模更是对全市固定资产投资规模有着无可替代的关键性影响。

### 2.1.3　上海房地产业高速增长的若干特征

　　在 20 世纪 90 年代中期以来上海房地产业高速增长过程中，呈现出一系列的特点。这些特点既是期间政府战略、政策和房地产业供求关系的变化所致，又充分反映了上海经济在步入市场化轨道之后整个房地产业的基本态势。

上海市全社会固定资产投资和房地产开发投资的变化　　表 2-7

| 年份 | 全社会固定资产投资/亿元 | | 房地产开发占全社会固定资产投资的比重/% | 年份 | 全社会固定资产投资/亿元 | | 房地产开发占全社会固定资产投资的比重/% |
|---|---|---|---|---|---|---|---|
| | 总额 | 房地产开发投资 | | | 总额 | 房地产开发投资 | |
| 1990 | 227.08 | 8.16 | 3.6 | 1998 | 1964.83 | 577.12 | 29.4 |
| 1991 | 258.30 | 7.59 | 2.9 | 1999 | 1856.72 | 514.83 | 27.7 |
| 1992 | 357.38 | 12.71 | 3.6 | 2000 | 1869.67 | 566.17 | 30.3 |
| 1993 | 653.91 | 22.03 | 3.4 | 2001 | 1994.73 | 630.73 | 31.6 |
| 1994 | 1123.29 | 117.43 | 10.5 | 2002 | 2187.06 | 748.89 | 34.2 |
| 1995 | 1601.79 | 466.20 | 29.1 | 2003 | 2452.11 | 901.24 | 36.8 |
| 1996 | 1952.05 | 657.79 | 33.7 | 2004 | 3084.66 | 1175.46 | 38.1 |
| 1997 | 1977.59 | 614.23 | 31.1 | 2005 | 3542.55 | 1246.86 | 35.2 |

资料来源：根据有关年度《上海统计年鉴》数据计算。

### 2.1.3.1 上海房地产开发投资的项目构成

从 1995 年以来上海房地产投资的项目构成演变来看，呈现出如下五个方面的特点（参见表 2-8）：

上海房地产投资总额中各类投资所占比例/%　　表 2-8

| 年份 | 1995 | 1996 | 1997 | 1998 | 1999 | 2000 | 2001 | 2002 | 2003 | 2004 |
|---|---|---|---|---|---|---|---|---|---|---|
| 投资总额 | 100.0 | 100.0 | 100.0 | 100.0 | 100.0 | 100.0 | 100.0 | 100.0 | 100.0 | 100.0 |
| (1) | 61.4 | 69.1 | 84.0 | 76.3 | 78.0 | 84.1 | 84.9 | 87.7 | 91.5 | 81.2 |
| (2) | 11.4 | 10.3 | 6.8 | 3.2 | 2.6 | 4.6 | 4.4 | 4.5 | 4.7 | 5.8 |
| (3) | 60.1 | 54.1 | 54.4 | 55.6 | 63.0 | 72.2 | 69.6 | 75.8 | 75.0 | 76.6 |
| (4) | 17.5 | 22.9 | 22.8 | 21.1 | 15.8 | 10.2 | 4.2 | 4.5 | 7.4 | 7.1 |
| (5) | 6.9 | 9.5 | 8.8 | 10.6 | 11.7 | 9.1 | 9.9 | 8.3 | 7.5 | 6.7 |

注：(1) 商品房屋建设投资额；(2) 土地开发投资额；(3) 住宅投资额；(4) 办公楼投资额；(5) 商业营业用房投资额。

资料来源：根据有关年度《上海统计年鉴》数据计算。

　　第一，商品房屋建设投资额在全部房地产开发投资中所占比例的显著上升，2000 年后一直保持在 80% 以上，在 2003 年突破 90% 以后，2004 年降至 81.2%，比 1995 年上升了 19.8 个百分点。

　　第二，土地开发投资额占全部房地产开发投资额的比重自 90 年代中后期开始有了明显的下降，2004 年为 5.8%，比 1995 年下降了 5.6 个百分点，这与上海城市建设和各开发区建设的实际进程基本相一致。

　　第三，住宅开发已成为上海房地产业发展的主要支柱。2004 年全市住宅开发占全部房地产开发投资额的比例达到了 76.6% 这一历史最高水平，比 1995 年上升了 16.5 个百分点。值得关注的是，2003 年上海住宅开发投资竟然占据了商品房屋开发投资 94.3% 的份额。

　　第四，自 1999 年达到历史最高水平之后，商业营业用房产开发占全部房地产开发投资额的比重在最近五年中出现了下降趋势，其中 2004 年的水平基本与 1995 年持平。

第五，从 1997 年起，办公楼开发占全市房地产开发投资额的比重则发生了显著的下降，2004 年时仅为 7.1%，分别比 1995 年和 1996 年下降了 10.4 和 15.8 个百分点。

### 2.1.3.2 上海房地产开发投资的资金来源构成

从房地产开发投资的资金来源来看，1995—2004 年间上海出现了三个明显的变化（参见表 2-9）：

首先，目前不包括自筹资金、国内贷款和引进外资在内的其他资金来源提供了上海房地产开发投资所需资金的一半以上，2004 年其所占当年全部资金来源的份额高达 51.8%，比 1995 年上升了 27.6 个百分点。在近年来国家预算内资金、债券几乎绝迹的条件下，这些急剧增加的所谓其他资金显然大多来源于包括顾客银行按揭贷款在内的预售款项。

**上海房地产投资资金来源中各类资金所占比例/%**　　　表 2-9

| 年份 | 1995 | 1996 | 1997 | 1998 | 1999 | 2000 | 2001 | 2002 | 2003 | 2004 |
|------|------|------|------|------|------|------|------|------|------|------|
| 合计 | 100.0 | 100.0 | 100.0 | 100.0 | 100.0 | 100.0 | 100.0 | 100.0 | 100.0 | 100.0 |
| (1) | 21.9 | 23.5 | 24.3 | 24.7 | 20.7 | 23.4 | 21.6 | 22.6 | 21.8 | 21.1 |
| (2) | 9.3 | 14.5 | 18.4 | 14.2 | 14.7 | 4.2 | 3.1 | 3.2 | 2.6 | 1.7 |
| (3) | 6.2 | 6.6 | 8.9 | 8.2 | 7.1 | 2.4 | 1.9 | 2.1 | 1.3 | 0.8 |
| (4) | 38.4 | 34.2 | 29.7 | 29.3 | 29.3 | 31.9 | 31.2 | 26.6 | 24.2 | 24.6 |
| (5) | 24.2 | 21.2 | 18.7 | 23.6 | 28.2 | 38.1 | 42.2 | 45.5 | 50.1 | 51.8 |

注：本表计算的是本年资金来源，未计入上年末结余资金。(1) 国内贷款；(2) 利用外资；(3) 利用外资中外商直接投资部分；(4) 自筹资金；(5) 其他资金。

资料来源：根据有关年度《上海统计年鉴》数据计算。

其次，一度成为上海房地产开发重要资金来源的外资则早已失去了其重要地位。2000 年以后，上海当年房地产开发资金中外资所占比例迅速下降至 5% 以下，2004 年外资占当年房地产开发资金来源的份额更是降到了 1.7%，其中直接利用外资所占比例则更低至 0.8%，分别比历史最高水平的 1997 年下降了 16.7 和 8.1 个百分点。

第三，自筹资金在全市房地产投资所需资金来源中的份额也出现了较为显著的下降，2004 年时仅为 24.6%，比 1995 年下降了 13.8 个百分点。鉴于国内贷款所占比例相对较为稳定、同时引进外资的比例下降的情况，我们有理由认定自筹资金比例的下降显然是由于其他来源资金的充分供应。

### 2.1.3.3 上海房地产业的经济效益显著

20 世纪 90 年代以来，相对于绝大多数上海产业来说，上海房地产业的总体经济效益，则基本保持在较高的水平。一方面，虽然期间发生了政府宏观调控和产业增长的相对衰退，但是 1995—2003 年全市房地产业的经营收入却基本保持了持续快速增长，九年间增长了 4.2 倍，年平均增长率高达 23.0%。另一方面，由政府的宏观调控和产业不景气所致，上海房地产业的利润水平在 1999 年跌至低谷之后逐年反弹，2003 年时达到了 193.64 亿元，在全市各行业中排名仅次于金融业和交通运输设备制造业（参见表 2-10）。

另外，上海市第一次经济普查主要数据公报（第三号）披露的数据显示，2004 年上海房地产业完成主营业务收入 2579.5 亿元，实现利润 422.7 亿元。其利润总额高居全市各行业第二，比金融业（299.5 亿元）和交通运输设备制造业（205.8 亿元）分别高出 123.2

| 年份 | 经营收入/亿元 | 利润总额/亿元 | 利润总额/经营收入/% | 年份 | 经营收入/亿元 | 利润总额/亿元 | 利润总额/经营收入/% |
|------|------|------|------|------|------|------|------|
| 1995 | 297.57 | 44.39 | 14.9 | 2000 | 783.69 | 34.30 | 4.4 |
| 1996 | 438.78 | 58.50 | 13.3 | 2001 | 970.89 | 45.29 | 4.7 |
| 1997 | 429.42 | 33.52 | 7.8 | 2002 | 1330.77 | 113.37 | 8.5 |
| 1998 | 567.01 | 43.00 | 7.6 | 2003 | 1557.53 | 193.64 | 12.4 |
| 1999 | 583.69 | 13.42 | 2.3 | | | | |

注：表中 2004 年经营收入和利润总额两项在《上海统计年鉴（2005）》中未作统计。

资料来源：根据有关年度《上海统计年鉴》数据计算。

亿元和 216.9 亿元，而仅低于批发零售业（462.1 亿元）。[①] 不仅如此，就主营业务收入利润率而言，房地产业不仅远高于上海其他五大支柱产业，而且在所有产业中也只比烟草制品业低。

## 2.2　上海房地产业的产业关联效应分析[②]

基于前述分析，以下我们将运用产业经济分析的实证方法，从产业关联角度进一步揭示上海房地产业支柱效应的基本特征，并结合理论和经验分析，深入剖析这种支柱效应的实质所在。

### 2.2.1　后向关联效应

如上一章所述，后向关联度是指某一产业与向该产业提供生产投入物的产业之间的关联程度，由此可进一步揭示房地产业的增长对这些后向关联产业经济的影响。

#### 2.2.1.1　后向直接关联效应

我们根据 2002 年上海投入产出表所列 40 个部门的数据，计算了房地产业对各产业的直接消耗系数。分析结果显示：在 40 个部门中，与房地产业后向关联相对密切的产业有 6 个，这些产业在房地产业直接消耗总量中的总消耗比例已达 80%，其中其他制造业、交通运输设备制造业、煤炭开采和洗选业、金属制品业是房地产业的主要直接消耗产业，三者所占比例之和约为 75%（参见表 2-11）。

#### 2.2.1.2　后向完全关联效应

我们根据 2002 年上海投入产出表所列 40 个部门的数据，计算了房地产业对各产业的完全消耗系数。分析结果显示：上海房地产业的后向完全关联效应并不是很大。在 40 个部门中，与房地产业后向关联密切的产业有 14 个。除金融保险业外，其他 13 个部门的完全消耗系数都较小，依次为：租赁和商务服务业、房地产业、化学工业、信息传输、计算机服务和软件业、造纸印刷及文教用品制造业、交通运输及仓储业、金属冶炼及压延加工

---

① 《上海市第一次经济普查主要数据公报》（第三号），上海市第一次经济普查领导小组办公室和上海市统计局，2005 年 12 月 24 日。

② 需要说明的是，由于迄今为止上海公布的最新投入产出表中是 2002 年的，为此我们也只能采用 2002 年的数据。

| 产 业 名 称 | 房地产业直耗系数 | 房地产业直耗系数结构比例累加 | 直接关联度排序 |
|---|---|---|---|
| 其他制造业 | 0.465137 | 0.465136977 | 1 |
| 交通运输设备制造业 | 0.130144 | 0.595281243 | 2 |
| 煤炭开采和洗选业 | 0.101610 | 0.696891644 | 3 |
| 金属制品业 | 0.047791 | 0.744682998 | 4 |
| 纺织业 | 0.030677 | 0.775359633 | 5 |
| 交通运输及仓储业 | 0.030645 | 0.806004505 | 6 |

业、批发和零售贸易业、金属制品业、通信设备、计算机及其他电子设备制造业、住宿和餐饮业、电力、热力的生产和供应业、建筑业。这些产业在房地产业直接和间接消耗总量中的消耗比例达 79 ％（参见表 2-12）。

**2002 年上海房地产业后向完全关联度较大的产业及完全后向关联度　　　表 2-12**

| 产 业 名 称 | 房地产业完全消耗系数 | 房地产业完全消耗系数结构比例 | 房地产业完全消耗系数结构比例累加 | 直接关联度排序 |
|---|---|---|---|---|
| 金融保险业 | 0.203191705 | 0.269168373 | 0.269168373 | 1 |
| 租赁和商务服务业 | 0.057230738 | 0.075813649 | 0.344982022 | 2 |
| 房地产业 | 0.047823322 | 0.06335163 | 0.408333652 | 3 |
| 化学工业 | 0.043308254 | 0.057370512 | 0.465704164 | 4 |
| 信息传输、计算机服务和软件业 | 0.033665283 | 0.044596454 | 0.510300618 | 5 |
| 造纸印刷及文教用品制造业 | 0.033284460 | 0.044091977 | 0.554392595 | 6 |
| 交通运输及仓储业 | 0.033126506 | 0.043882734 | 0.598275329 | 7 |
| 金属冶炼及压延加工业 | 0.030366723 | 0.040226846 | 0.638502176 | 8 |
| 批发和零售贸易业 | 0.027068519 | 0.035857709 | 0.674359885 | 9 |
| 金属制品业 | 0.021425536 | 0.028382441 | 0.702742326 | 10 |
| 通信设备、计算机及其他电子设备制造业 | 0.020213298 | 0.026776588 | 0.729518914 | 11 |
| 住宿和餐饮业 | 0.016089806 | 0.021314191 | 0.750833105 | 12 |
| 电力、热力的生产和供应业 | 0.016055373 | 0.021268578 | 0.772101683 | 13 |
| 建筑业 | 0.015493061 | 0.020523682 | 0.792625365 | 14 |

### 2.2.2　前向关联效应

上一章也已经指出，前向关联度分析的是房地产业与将其产品和服务作为投入物的产业的关联程度，由此可进一步揭示房地产业的增长对这些前向关联产业经济的影响。

### 2.2.2.1　前向直接关联度

我们利用 2001 年上海投入产出表中 40 个部门的直接消耗系数矩阵、价值流量数据计算直接分配系数矩阵，然后进一步对直接分配系数矩阵进行行向结构分析，选择与房地产业关联度较大的前向直接关联产业，选择方法与后向关联产业相同。在 40 个部门中，与房地产业有直接前向关联相对密切的产业仅有 6 个，其中金融保险业是房地产业的主要直接供给对象，为 46.5%，其余 5 个产业依次为租赁和商务服务业、房地产业、信息传输、计算机服务和软件业、建筑业、金属制品业，它们合计在上海房地产业直接分配系数结构中占了 80% 的比例（参见表 2-13）。

2002 年上海房地产业前向直接关联度相对密切的产业和前向直接关联度　　　表 2-13

| 产　业　名　称 | 房地产业直接分配系数 | 房地产业直接分配系数结构比例 | 房地产直接分配系数结构比例累加 | 直接关联度排名 |
|---|---|---|---|---|
| 金融保险业 | 0.469971081 | 0.465136985 | 0.465136985 | 1 |
| 租赁和商务服务业 | 0.131496838 | 0.130144269 | 0.595281254 | 2 |
| 房地产业 | 0.102666423 | 0.101610402 | 0.696891656 | 3 |
| 信息传输、计算机服务和软件业 | 0.048288043 | 0.047791355 | 0.744683011 | 4 |
| 建筑业 | 0.030995454 | 0.030676636 | 0.775359647 | 5 |
| 金属制品业 | 0.030963359 | 0.030644872 | 0.806004519 | 6 |

### 2.2.2.2　前向完全关联度

我们采用 2002 年中国投入产出表中 40 个部门完全消耗系数表、总产出数据，计算出完全分配系数表，并用同样的判定方法从上海经济众多产业中选择出房地产业的前向完全关联产业。结果显示，上海房地产业的前向完全关联效应也不是特别大。在 40 个部门中，与房地产业有相对密切前向完全关联关系的有 14 个产业，它们在上海房地产业完全分配系数结构中的比例达到了 79%。这些产业依次包括：批发和零售贸易业、金融保险业、化学工业、通信设备、计算机及其他电子设备制造业、交通运输设备制造业、交通运输及仓储业、建筑业、房地产业、住宿和餐饮业、通用、专用设备工业、电气机械及器材制造业、金属冶炼及压延加工业、服装皮革羽绒及其制品业、食品制造及烟草加工业（参见表 2-14）。

2002 年上海房地产业前向完全关联相对密切的产业及前向完全关联度　　　表 2-14

| 产　业　名　称 | 房地产业直接分配系数 | 房地产业直接分配系数结构比例 | 直接分配系数结构比例累加 | 前向直接关联度排序 |
|---|---|---|---|---|
| 批发和零售贸易业 | 0.207566 | 0.190428 | 0.190428 | 1 |
| 金融保险业 | 0.093898 | 0.086145 | 0.276573 | 2 |
| 化学工业 | 0.064577 | 0.059245 | 0.335818 | 3 |
| 通信设备、计算机及其他电子设备制造业 | 0.064475 | 0.059151 | 0.394969 | 4 |
| 交通运输设备制造业 | 0.060274 | 0.055297 | 0.450266 | 5 |
| 交通运输及仓储业 | 0.056559 | 0.051889 | 0.502155 | 6 |
| 建筑业 | 0.051608 | 0.047347 | 0.549502 | 7 |
| 房地产业 | 0.047823 | 0.043875 | 0.593376 | 8 |
| 住宿和餐饮业 | 0.043452 | 0.039864 | 0.633241 | 9 |
| 通用、专用设备工业 | 0.042935 | 0.039390 | 0.672630 | 10 |
| 电气机械及器材制造业 | 0.037811 | 0.034689 | 0.707319 | 11 |
| 金属冶炼及压延加工业 | 0.031239 | 0.028660 | 0.735979 | 12 |
| 服装皮革羽绒及其制品业 | 0.030757 | 0.028217 | 0.764196 | 13 |
| 食品制造及烟草加工业 | 0.028968 | 0.026576 | 0.790772 | 14 |

### 2.2.3 影响力与影响力系数

如上所述，在产业关联体系中，任何一个产业的产出变化都会通过直接和间接的产业关联对其他产业产生影响。理论上把某一产业产出变化对其他产业的波及作用称之为影响力。所谓影响力方法，就是在综合前向和后向关联分析的基础上，运用产业影响力系数这一指标，在总体上判断某一产业产出变化对整个国民经济的影响。

所谓影响力系数，是指当国民经济某一产业增加一个单位最终使用时，它对国民经济各部门所产生的生产总需求波动及程度。计算公式为：

$$某产业的影响力系数 K_{B(J)} = \frac{该产业在里昂惕夫逆矩阵中的列系数均值}{全部产业在里昂惕夫逆矩阵中的列系数均值的平均值}$$

$$= n(\sum_{i=1}^{n} q_{ij}) / (\sum_{i=1}^{n}\sum_{j=1}^{n} q_{ij}) \quad (i, j = 1, 2, \cdots, n)$$

其中，$q_{ij}$ 为里昂惕夫逆矩阵 $(I-A)^{-1}$ 的元素。如果影响力系数大于 1，表明该行业对其他行业产出的影响力超过全部行业的平均水平，反之则低于全部行业的平均水平。

为了进一步判断上海房地产业的高速增长对上海经济的波及效应，同时也为了更完整地揭示上海房地产业经济增长的关联效应，我们在此引入影响力分析方法。如前所述，影响力指的是具体产业的经济活动对其他产业的波及作用，影响力系数则是判断产业成长波及效应的一项基本衡量指标。

我们根据《上海统计年鉴（2004）》所列的 2002 年上海投入产出表，计算了 2002 年上海市各行业的影响力系数和感应度系数，结果如表 2-15 所示。

**2002 年上海各行业影响力系数**　　　　　　　表 2-15

| 行　业 | 影响力系数 | 行　业 | 影响力系数 |
|---|---|---|---|
| 第一产业 | 1.0053 | 纺织业 | 1.2613 |
| 煤炭开采和洗选业 | 0.6662 | 化学工业 | 1.1247 |
| 石油和天然气开采业 | 0.6304 | 非金属矿物制品业 | 1.0551 |
| 交通运输设备制造业 | 1.1547 | 非金属矿采选业 | 0.8921 |
| 食品制造及烟草加工业 | 1.0673 | 金属制品业 | 1.1916 |
| 金属冶炼及压延加工业 | 0.9861 | 通用、专用设备工业 | 1.1881 |
| 服装皮革羽绒及其制品业 | 1.2576 | 其他制造业 | 1.1356 |
| 木材加工及家具制造业 | 1.2656 | 燃气生产和供应业 | 0.9585 |
| 造纸印刷及文教用品制造业 | 1.1994 | 水的生产和供应业 | 0.9936 |
| 石油加工炼焦及核燃料加工业 | 0.9215 | 建筑业 | 1.1755 |
| 电气、机械及器材制造业 | 1.2321 | 交通运输及仓储业 | 1.0712 |
| 通信设备、计算机及其他电子设备制造业 | 1.2989 | 信息传输、计算机服务和软件业 | 0.8279 |
| 仪器仪表及文化办公用机械制造业 | 1.2214 | 批发和零售贸易业 | 0.7441 |
| 教育事业 | 0.6668 | 住宿和餐饮业 | 0.9780 |
| 电力、热力的生产和供应业 | 0.7800 | 金融保险业 | 0.7036 |
| 邮政业 | 0.8249 | 房地产业 | 0.6272 |
| 卫生、社会保障和社会福利业 | 0.9545 | 租赁和商务服务业 | 0.9874 |
| 文化、体育和娱乐业 | 0.9480 | 旅游业 | 1.2213 |
| 公共管理和社会组织 | 0.8840 | 科学研究事业 | 0.8982 |
| 综合技术服务业 | 1.0681 | 其他社会服务业 | 0.9325 |

根据这一计算结果，2002年上海房地产业在上海经济中的影响力系数仅为0.6272，不仅远小于1，而且在当年全市所有40个行业中排名最后。也就是说，在2002年，上海房地产业是全市各行业中对其他行业的产出影响最弱的行业。

相对而言，在上海其他五大支柱产业中，汽车制造业、信息产业和成套设备制造业的影响力系数虽然暂时无法得到准确反应，但从表2-15所显示的相关行业的数据来看，交通运输设备制造业的影响力系数为1.1547，通信设备、计算机及其他电子设备制造业的影响力系数为1.2989，信息传输、计算机服务和软件业的影响力系数为0.8279，电气、机械及器材制造业的影响力系数为1.2321，由此我们可以肯定这三个支柱产业的影响力系数至少大于1，对上海其他行业的产出有着比较显著的影响。另一方面，金融保险业的影响力系数为0.7036，批发和零售贸易业的影响力系数为0.7441，虽然都小于1，但都高于房地产业。

就此我们可以认为，上海房地产业对上海经济的其他产业影响力较弱的主要原因大致有三：

第一，房地产业本身属于第三产业，其大多数产品和服务又属于基础部门。虽然房地产业是现代经济不可缺少的重要组成部分，但理论分析和发达国家的经验都早已表明，房地产业对经济增长的影响乃至推动作用即使较为明显，也与汽车、电子、机械等制造业部门的作用有着性质上的差别。对于现代经济增长过程来说，房地产业起到的是"润滑剂"的作用，而确实无法扮演"火车头"的角色。

第二，2002年上海房地产业的前向和后向关联分析表明，房地产业在上海经济中的产业关联度并不高，其产业关联效应只是对少数几个产业（如金融保险业、批发和零售业等）较为显著。这样，房地产业对上海经济增长的整体推动效应就不可能较为明显。

第三，上海经济是典型的大城市经济，受资源禀赋和比较优势的限制，在理论上与房地产业关联较为密切的一些产业，如非金属矿物制品业、建筑业、木材加工及家具制造业等，不仅不是上海经济的强项，而且产业规模都很小。这样，即使上海房地产业的高速增长对这些产业的产品和服务有着强大的需求，也往往大多由上海以外地区的相关企业来实现供给。

## 2.3  从国民收入核算看上海房地产业的支柱效应

国民经济核算是通过一系列科学的核算原则和方法描述国民经济各个方面的基本指标的统计方法。国民经济核算体系的核心，乃是所谓GDP核算。由GDP等于各行业增加值之和这一国民经济核算的最基本公式，便引出了运用国民经济核算方法进一步分析各产业对GDP的贡献及其特征的可能性。按照国民经济核算的一般方法，产业增加值可以分别采用支出法和收入法进行核算。为此，进一步剖析房地产业的增加值构成，无疑会有助于我们清晰认识房地产业在上海经济增长中所谓支柱效应的实质。

### 2.3.1  从收入法看上海房地产业增加值的构成

我们根据《上海统计年鉴（2004）》所刊载的2002年上海投入产出表和《上海统计年鉴（2003）》所列的2000年上海投入产出表，分析2002年和2000年上海房地产业的增加值构成（参见表2-16）。

表 2-16

**2000 和 2002 年上海房地产业增加值构成**

| 2000 年: | 金额/亿元 | 比重/% | 2002 年: | 金额/亿元 | 比重/% |
|---|---|---|---|---|---|
| 固定资产折旧 | 79.22 | 31.5 | 固定资产折旧 | 113.11 | 30.3 |
| 劳动者报酬 | 59.39 | 23.6 | 劳动者报酬 | 89.17 | 23.9 |
| 生产税净额 | 41.10 | 16.3 | 生产税净额 | 81.08 | 21.7 |
| 营业盈余 | 71.99 | 28.6 | 营业盈余 | 90.27 | 24.2 |
| 合计 | 251.70 | 100.0 | 合计 | 373.63 | 100.0 |

从收入法的计算结果来看，期间上海房地产增加值构成及其变化大致呈现出如下特征：

第一，2000 和 2002 年上海房地产业增加值中各项所占比例的变化幅度较为有限，各自的份额排序也未见有变化，但各项对期间房地产业增加值的贡献率排名则与各项所占份额的排名并不一致（参见图 2-2）。

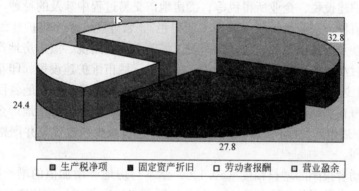

图 2-2　2000—2002 年各项对上海房地产业增加值增长的贡献率（单位：%）

第二，固定资产折旧在上海房地产业增加值中所占比例稳中略降，与 20 世纪 90 年代中期以来上海房地产开发竣工面积的持续增长高度吻合。因为从国民经济核算角度来说，房地产业的固定资产折旧表面上反映了固定资产在当期生产中的转移价值，但实质上主要揭示了房地产开发规模的变化和累积程度。据统计，2000 和 2002 年上海房地产业增加值中的固定资产折旧，还分别占了同期全市 GDP 中固定资产折旧总额的 12.5% 和 14.3%，比同期房地产业在上海 GDP 中的比重分别高出 7.0 和 7.4 个百分点。不仅如此，20 世纪 90 年代中期以来，房地产开发在全市新增固定资产总额中的比重也显著提高，2001 年以后其一直保持了 40% 以上的高水平，2003 年甚至还超过了 50%（参见表 2-17）。因此，假定折旧率不变，那么在 2002 年以后的若干年中，由以往房地产开发规模的持续扩张所致，固定资产折旧一项对上海房地产业增加值的贡献仍会继续保持在一个较高的水平，甚至还完全可能继续上升。

第三，生产税净项是期间上海房地产业增加值中增长最快的部分，2002 年比 2000 年增长了 97.3%，几乎翻了一番，其对期间上海房地产 GDP 增长的贡献率更是高达 32.8%，在各项中位居第一。同时，其在上海房地产业增加值中的份额也迅速上升至 21.7%，比 2000 年提高了 5.4 个百分点。1994 年税制改革以来，我国在房地产业的各个

表 2-17

1995—2004 年上海新增固定资产及房地产开发所占比重

| 年 份 | 新增固定资产/亿元 | 其中房地产开发/亿元 | 房地产开发所占比重/% | 年 份 | 新增固定资产/亿元 | 其中房地产开发/亿元 | 房地产开发所占比重/% |
|---|---|---|---|---|---|---|---|
| 1995 | 826.94 | 127.08 | 15.4 | 2000 | 1493.35 | 477.39 | 32.0 |
| 1996 | 1199.10 | 318.58 | 26.6 | 2001 | 1178.24 | 519.20 | 44.1 |
| 1997 | 1316.43 | 427.19 | 32.5 | 2002 | 1207.33 | 536.22 | 44.4 |
| 1998 | 1534.90 | 508.32 | 33.1 | 2003 | 1618.45 | 812.56 | 50.2 |
| 1999 | 1858.70 | 427.66 | 23.0 | 2004 | 2122.14 | 825.23 | 44.4 |

资料来源：根据《上海统计年鉴（2005）》有关数据计算。

环节存在着不同的相关税种，主要有：①房地产开发过程中涉及的各项税收，包括耕地占用税、土地使用税、印花税、固定资产投资方向调节税（已从 2000 年开始暂停征收）、营业税、城市维护建设税、企业所得税等。②房地产交易过程中涉及的税种，包括契税、印花税、土地增值税、企业所得税（或个人所得税）、营业税、城市维护建设税等。③房地产静态保有中涉及的各项税收，包括房产税、城镇土地使用税、城市房地产税等税种。④在房地产出租时涉及的税收，包括营业税、房产税、城市维护建设税、印花税、土地使用税等税种。除上述各环节的税收外，涉及房地产业的各种收费项目更是名目繁多。考虑到当时国家和上海在房地产业中推行的各种税收优惠政策，以及部分房地产企业事实上的偷漏税问题①，上述生产税净项的数额可以说偏低，通过减少税收优惠并严格征税，其仍有一定的上升空间。

第四，劳动者报酬的增长幅度（50.1%）基本与房地产增加值的增长幅度（48.4%）持平，但营业盈余的增长幅度仅为 25.4%，比同期房地产业增加值的增长幅度低 23 个百分点；同时营业盈余对上海房地产业增加值增长的贡献率也只有 15.0%，不及生产税净项贡献率的一半。另一方面，这两项之和占 2002 年上海房地产业增加值的比例为 48.1%，比 2000 年下降了 4.1 个百分点。这表明，在上海房地产业持续高速增长过程中，企业盈利水平和劳动者工资水平的增长其实要相对低于产业增加值增长率。这样，一旦在周期性增长波动过程中上海房地产业陷入紧缩乃至萧条阶段，那么上述两项的增长率很可能还将继续下滑，其对房地产业增加值的贡献率也很可能会进一步下降。

### 2.3.2 从支出法看上海房地产业增加值的构成

为了进一步揭示房地产业在上海经济增长中支柱效应的实质，我们根据上海投入产出流量表中的有关数据，计算了房地产业的最终使用构成（参见表 2-18）。

---

① 目前房地产业内常见的偷漏税途径大致包括：（1）瞒报或少报预收售楼收入；（2）利用关联企业的业务往来避缴税款；（3）财务和会计核算比较混乱，导致成本和企业所得税无法准确核算；（4）有挂靠关系的房地产企业之间应缴未缴税费现象；（5）企业合作建房不按规定申报纳税；（6）回迁房部分未按销售不动产缴纳相关税费；（7）将自行开发的房产分给投资方部分未按规定申报缴纳税费；（8）以房产物业抵偿劳务款未作收入申报纳税；（9）对连续滚动开发的项目，不划分成本负担对象，模糊应纳税所得额；（10）房地产开发商将收到的银行按揭挂往来账，隐匿收入，不缴或少缴税款。

表 2-18

**2000 年和 2002 年上海投入产出流量表中房地产业最终使用构成**

| 2000 年 | 金额/亿元 | 比重/% | 2002 年 | 金额/亿元 | 比重/% |
|---|---|---|---|---|---|
| 最终消费 | 98.71 | 46.1 | 最终消费 | 101.65 | 29.2 |
| 资本形成总额 | 98.82 | 46.1 | 资本形成总额 | 246.13 | 70.8 |
| 净流出 | 16.75 | 7.8 | 净流出 | | |
| 合计 | 214.27 | 100.0 | 合计 | 347.78 | 100.0 |

注：不知何故，2002 年投入产出表中未统计净流出。

如表 2-18 所示：2000—2002 年间上海房地产业最终使用构成及其变化存在着两个非常鲜明的特点：

### 2.3.2.1 资本形成总额及其变化已经成为决定上海房地产业增加值规模及其增长的关键因素

据统计，2002 年上海房地产业最终使用额中，资本形成总额高达 246.13 亿元，比 2000 年增长了 1.5 倍，其在最终使用构成中的比重也由 2000 年的 46.1%，上升到 2002 年的 70.8%，两年内提高了 24.7 个百分点。不仅如此，在上海经济全部最终使用额的资本形成总额中，房地产业所占的比例也由 2000 年的 4.7%，上升至 2002 年的 10.2%。

**2002 年上海房地产业主要经济指标与 2000 年的比较 （增长率）[①]** 表 2-19

| 主要经济指标 | 2002 年比 2000 年增长/% | 主要经济指标 | 2002 年比 2000 年增长/% |
|---|---|---|---|
| 房地产业增加值 | 48.4 | 住宅竣工面积 | 23.1 |
| 房地产开发投资 | 32.3 | 房地产经营收入 | 69.8 |
| 商品房屋建设投资 | 37.8 | 商品房屋销售收入 | 84.1 |
| 住宅开发投资 | 38.9 | 住宅销售收入 | 89.3 |
| 房屋施工面积 | 24.1 | 商品房销售面积 | 26.5 |
| 住宅施工面积 | 34.3 | 住宅销售面积 | 27.7 |
| 房屋竣工面积 | 20.8 | 房屋销售价格指数 | 12 |

进一步观察显示，与 2000 年相比，上海房地产业的实物量增长幅度远低于价值量增长幅度。在房屋施工面积、房屋竣工面积、商品房销售面积等实物量指标中，2002 年较之 2000 年的增长幅度都在 20%～27% 之间，与此同时，房地产增加值、房地产开发投资、房地产经营收入等价值量指标的增幅却都在 32% 以上，其中房地产增加值的增幅为 48.4%，房地产经营收入的增幅更是高达 69.8%。显然，2002 年上海房地产业增加值特别是资本形成总额的大幅增长，实际上还受到了期间上海房地产价格迅速上扬的明显影响。另外，对期间上海房地产业资本形成总额成倍增长很可能有较大影响的两个因素是：

第一，土地转让。如前所述，土地使用权的商品化是上海房地产业高速增长的重要来源。据统计，2002 年上海土地出让面积为 6729.94 万 m²，比 2000 年增长了 2.1 倍；土地转让收入为 61.08 亿元，比 2000 年增长了 1.7 倍。由于有关统计数据未能披露其中有多少属于二次转让，即被转让土地在转让之前其使用权价值是否已经计入资本形成项，所

---

① 资料来源：《上海统计年鉴（2003）》。

以我们还无法准确判断这种土地使用权转让规模的大幅扩张所产生的推动增长效应。

第二，存量房交易。众所周知，在房地产业完全市场化之前，上海已经形成了庞大的存量房资源。这些存量房的账面价值与市场价值之间大多存在着数倍的差距，一旦转入交易，必然会引起数倍的资本增值。据统计，2002 年全市存量房交易量为 1790.50 万 m²，比 2000 年增长了 1.3 倍。但由于有关统计也没能披露交易房屋的具体性质和交易金额，所以我们自然也无法准确估计其对上海房地产 GDP 增长和资本形成的推动效应。

### 2.3.2.2 最终消费虽然保持了极高的水平，但其对于上海房地产业经济增长的重要性已显著削弱

2002 年上海房地产业最终使用额中最终消费金额虽然比 2000 年有所增长（增长幅度仅为 3.0%），但其所占比例却出现了明显的下降，2002 年比 2000 年下降了 16.9 个百分点。

按照国民经济核算办法，居民的购房和建房支出当计入资本形成项，房地产业的最终消费主要是指包括租房支出、房地产交易费用和物理管理费用在内的各项房地产维持、交易和租赁的费用。因此，在交易费用（包括中介和政府收费）和物业管理费用价格未出现明显上涨的条件下，上述最终消费额略有增长的现象，实际上反映了 2000—2002 年上海各类租房交易、房地产交易和物业管理服务等房地产维持、交易和租赁规模相对稳定的局面。

不过有关统计结果显示，与 2000 年相比，2002 年上海房地产业中与上述最终消费项有关的经济指标都出现了显著的增长（参见表 2-20），这与最终消费额略有增长的局面显然存在着一定的偏差。受统计资料的限制，对此我们暂时也无法给出完全的解释。

2002 年上海房地产业若干指标与 2000 年的比较　　　表 2-20

| 指　　标 | 2002 | 2000 | 增长幅度/% |
|---|---|---|---|
| 物业管理面积/万 m² | 30726.10 | 23493.81 | 30.8 |
| 其中：住宅 | 25829.89 | 20171.81 | 28.0 |
| 办公楼 | 2590.84 | 1570.07 | 65.0 |
| 存量房交易面积/万 m² | 1790.50 | 778.52 | 130.0 |
| 其中：住宅 | 1341.60 | 648.23 | 107.1 |
| 商品房销售面积/万 m² | 1941.47 | 1557.87 | 24.6 |
| 商品房销售额/亿元 | 815.03 | 555.45 | 46.7 |
| 商品房出租面积/万 m² | 597.39 | 358.38 | 66.7 |
| 房屋出租收入/亿元 | 55.25 | 29.68 | 86.2 |

资料来源：《上海统计年鉴（2003）》。

当然，这两年中上海房地产业每年 100 亿左右的最终消费额也表明了上海房地产市场交易和物业管理规模的极其庞大，看似琐碎的物业管理、房地产交易收费、租房支出等，在 2002 年时居然创造了占全市 1.9% 的 GDP，其绝对额甚至还高于不少制造业部门，相当于当年六大支柱产业之一的成套设备制造业增加值的 56.8%。换而言之，上海庞大的城市空间和人口规模，同样也是保证上海房地产业提供较大 GDP 的重要因素。

另外需要特别指出的是，房地产业与制造业相比的一个突出特点是，前者的市场主要是本地市场，无论竞争程度如何，无论竞争结果如何，上海房地产业的增加值都是产业有效供给的真实反应，影响其规模的主要是市场需求和有效供给能力。这就是为什么在支出

法国民经济核算中，上海房地产业的所谓净流出几乎可以忽略不计的原因所在。相反，对于上海制造业部门来说，由于几乎所有的制造业部门的产品市场都远不止于本地市场，一些制造业部门甚至还是全球性产业，因此在市场竞争过程中，本地制造业企业的产出规模不仅受到市场需求的约束，而且还面临非本地企业的竞争压力。例如，20世纪90年代以来上海纺织业的相对衰退便直接导致了其对上海经济增长贡献率的急剧下降。所以，相对于制造业部门来说，房地产业对上海经济增长的支柱效应显然要稳定得多。

## 2.4 上海房地产业支柱效应的若干问题

可以完全明确的是，作为上海现阶段经济增长中的六大支柱产业之一，房地产业在上海是一种强直接贡献而弱关联效应的产业，它能够为上海GDP的持续增长提供最为直接的贡献，但带动上海其他产业部门共同推进上海经济增长的能力却极为薄弱。在此我们需要指出的是，尽管同样属于支柱产业，但由房地产业在上海经济增长中支柱效应的某些特质所致，从推动经济增长的立场来说，房地产业的进一步发展其实并不需要政府的刻意扶持。政府需要做的，乃是制度环境的规范和对房地产市场的有效管理。

### 2.4.1 被低估的支柱地位

事实上，由于统计方面的原因，目前我国官方统计所公布的房地产业的增加值在一定程度上被低估了。

现行国民经济核算体系中房地产业的核算对象只是房地产开发企业和单位进行的商品房屋建设和土地开发经营活动，其核算范围包括四个部分：①房地产开发经营业所从事的房地产业活动；②城市房地产业管理部门提供的居民住房服务；③城乡居民自有住房服务；④房地产经纪与代理活动。由此，在我国房地产业增加值统计中，存在着如下四个方面的问题：①

第一，受资料来源限制，现行房地产业增加值核算未能包括房地产开发经营企业和单位以外的各种类型单位以及城乡居民住户以营利为目的的提供的住房出租服务；关于非营利性住房服务，只包括城市房地产管理部门提供的住房服务，而没有包括企业、事业和行政单位向本单位职工及其家属提供的住房服务。虽然推行住房制度改革后已将一部分公有住房出售给个人，但公有住房仍然占一定的比例。

第二，城市房地产管理部门提供的是一种国家补贴的低房租的福利性住房，20世纪80年代初每一平方米房租仅几分钱，1995年时全国平均水平大致为每一平方米0.60元，而目前的平均房租也只有每一平方米两元钱左右。现行的核算办法是以其营业性收入作为总产出，这就低估了房地产管理部门的总产出，从而低估了增加值。而且这部分的资料范围一直覆盖不全，也影响了其总产出和增加值的完整性。

第三，受公有住房房租普遍偏低的影响和资料来源的限制，城乡居民自有住房服务目前仅按住房原值的2%～4%计算的虚拟固定资产折旧作为总产出，同时作为增加值。由

---

① 本部分借鉴了李启明的有关见解。参见李启明：《论中国房地产业与国民经济的关系》，载于《中国房地产》2002年6月号。

于按收入法计算的增加值应该包括劳动者报酬、间接税净额、营业赢余和固定资产折旧四个部分，因此这样估算出的城乡居民自有住房建设和服务的增加值没有包括人工费、利润等等，从而必然导致我国城乡居民自有住房服务的总产出和增加值估算偏低。

第四，按照国民经济核算的要求，固定资产折旧应该按固定资产当期购置的市场价格进行重估的价值进行计算，但目前能够搜集到的固定资产折旧数据一般都是按历史成本计算的，这就导致了我国房地产业固定资产折旧的低估。

综上所述，按照现行官方统计口径计算出的上海房地产业增加值无疑是被低估了，从而使其支柱地位也存在着相应被低估的问题。至于被低估的程度，由缺乏足够的数据和资料所致，在此我们只能进行部分估算。

#### 2.4.1.1 城乡居民以赢利为目的的租房服务

在上海房地产业增加值统计中，所谓房屋出租服务仅统计了房地产开发经营企业的出租服务，而未能统计上海市城乡居民以赢利为目的的租房服务。为此，我们根据表2-21所列有关数据，对该部分租房服务的实际收入做了估算。

2004 上海市居民家庭情况　　　　　　　　　　　　　表 2-21

| 指　　标 | 数　量 | 指　　标 | 数　量 |
|---|---|---|---|
| 总户数/万户 | 490.58 | 非农业人口/万人 | 1097.60 |
| 总人口/万人 | 1352.39 | 城市居民人均住房借贷收入/元 | 1057 |
| 农业人口/万人 | 254.79 | 农村居民人均租金收入/元 | 142 |

资料来源：《上海统计年鉴（2005）》。

根据上海市统计局公布的抽样调查数据，2004 年上海城市居民家庭人均可支配收入中，住房借贷收入为 1057 元，当年全市非农业人口为 1097.60 万人。照此推算，2004 年上海城市居民家庭出租房屋的收入约为 116 亿元。另外，2004 年上海农村居民人均可支配收入中，人均租金收入为 142 元，当年全市农业人口为 254.79 万人。假设这些租金收入全部来自房屋出租，则照此推算，2004 年上海农村居民家庭出租房屋的收入约为 3.6 亿元。两者合计共 119.6 亿元。

由于居民出租房屋的成本极其低廉（其主要是指房屋的必要修缮费用和中介费用），因此上述居民租房收入的绝大部分可计入营业盈余项。若我们假定 2004 年全市居民出租房屋的盈余为 100 亿元，则意味着当年上海房地产业增加值将由此增加 100 亿元，达到 722.59 亿元，比官方正式公布的统计数据高出 16.1%。

#### 2.4.1.2 城乡居民自有住房服务

如前所述，在现行房地产增加值统计中，城乡居民自有住房服务目前仅按住房原值的 2%～4% 计算虚拟固定资产折旧作为总产出，同时作为增加值。由于这一统计方法未能反映房屋的实际价值，因此不可避免地会低估居民自有住房的折旧额，特别是居民新建的自有住房的折旧额和劳动者报酬、营业盈余等。据统计，仅 1998—2003 年，全市城乡居民私人新建住宅的投资额总计 59.8 亿元，占同期全市住宅建设投资总额的 2%；私人新建住宅竣工面积累计 886.6 万 m²，占同期全市住宅竣工面积总和的 7.9%（参见表 2-22）。显然，由于绝大多数城乡居民私人建住宅的土地来源属于免费供给（如农村的所谓宅基地），同时私人建住宅的劳动投入中只有一部分计入了建房投资等原因，以致私人建住宅的价值实际上被低估了。

| | 1998 | 1999 | 2000 | 2001 | 2002 | 2003 |
|---|---|---|---|---|---|---|
| 全市住宅投资额/亿元 | 377.0 | 378.8 | 443.9 | 466.7 | 584.51 | 694.3 |
| 其中私人建住宅 | 14.2 | 6.8 | 11.9 | 10.3 | 8.0 | 8.6 |
| 全市住宅施工面积/万 m² | 4775.4 | 4608.5 | 4804.1 | 5236.9 | 5994.7 | 6974.3 |
| 其中私人建住宅 | 234.3 | 118.8 | 189.6 | 153.2 | 122.0 | 94.7 |
| 全市住宅竣工面积/万 m² | 1867.1 | 1731.6 | 1724.0 | 1743.9 | 1880.5 | 2280.8 |
| 其中私人建住宅 | 234.0 | 118.8 | 189.6 | 132.6 | 116.9 | 94.7 |

**1998—2003 年上海私人建住宅情况** 表 2-22

资料来源：有关年度《上海统计年鉴》。

为了进一步评估私人建住宅被低估的增加值数额，我们在此以 2003 年为例。2003 年全市私人建住宅实现了当年施工当年竣工，竣工面积为 94.7 万 m²。考虑到私人建住宅的规格和质量通常相对低于非私人建住宅，同时考虑到部分劳动者报酬未计入私人建住宅的名义造价，在此我们假设当年私人建住宅的实际造价相当于非私人住宅名义造价的 50％。参照《上海统计年鉴（2004）》公布的 2003 年全市房地产开发企业平均住宅造价 2987 元/m²，我们可以估算出当年私人建住宅的实际造价大致为 1500 元/m²。这样，当年全市城乡居民私人建住宅的实际竣工价值约为 14.2 亿元，比名义投资额高出 5.6 亿元。同时，实际应计的折旧额（假定折旧率为 3％）约为 0.4 亿元。也就是说，若以竣工价值计，则 2003 年上海被低估的私人建住宅所产生的房地产增加值为 6 亿元左右，相当于当年官方统计公布的全市房地产业增加值的 1.3％。

若以市场价值计算，则上海城乡居民私人建住宅活动被低估的房地产增加值则更大。我们同样以 2003 年为例。根据《上海统计年鉴（2004）》公布的数据，当年全市个人住宅商品房平均价格为 4956 元/m²。鉴于绝大多数私人建住宅发生于市郊农村，同时规格、质量及附属设施等方面也存在较大差距，故我们假设这些私人住宅的市场价格为全市个人住宅商品房平均价格的 50％。照此推算，2003 年全市城乡居民私人建住宅的市场价值约为 23.5 亿元，比实际投资额高出 14.9 亿元。这样，2003 年上海城乡居民私人建住宅被低估的增加值约为 15.6 亿元（含按 3％折旧率计算的当年折旧 0.7 亿元），相当于当年全市房地产业增加值的 3.4％。

## 2.4.2 较为有限的就业效应

任何产业的增长都会创造新的就业机会。所谓产业增长的就业效应，反映的是某产业增长过程中新产生的就业机会数量的多少。其中，某产业增长所直接导致的该产业就业人口的增加，属于该产业增长的直接就业效应；而某产业增长通过产业关联效应导致其他产业就业人口增加的现象，则被称为该产业增长的间接就业效应。鉴于我们已经在上文中讨论过上海房地产业的产业关联效应，故在此我们主要分析上海房地产业增长的直接就业效应。

如表 2-23 所示，2004 年上海房地产业的从业人员为 8.5 万人，比 1995 年增加了 49.1％，年平均增长率仅为 4.5％，比同期上海房地产业增加值的年平均增长率（23.8％）低 19.3 个百分点。与此同时，房地产业在上海从业人员中所占的份额也几无变化，10 年来基本维持在 1％左右。就此而言，我们可以认定 20 世纪 90 年代中期以来上海房地产业经济的高速增长实际上并没有带来与之相称的就业人口的增加，其经济增长的直接就业效应似乎可以说是极为有限的。

上海房地产业从业人员的变化① 表 2-23

上海房地产业从业人员的变化① 表 2-23

| | 1995 | 1996 | 1997 | 1998 | 1999 |
|---|---|---|---|---|---|
| 房地产业从业人数/万人 | 5.7 | 6.6 | 7.4 | 7.5 |
| 全市从业人数/万人 | 768.0 | 764.3 | | 670.0 | 677.3 |
| 房地产业在全市从业人数中的比重/% | 0.7 | 0.9 | | 1.1 | 1.1 |
| | 2000 | 2001 | 2002 | 2003 | 2004 |
| 房地产业从业人数/万人 | 8.0 | 8.1 | 8.8 | 8.3 | 8.5 |
| 全市从业人数/万人 | 673.1 | 692.4 | 742.8 | 771.5 | 812.3 |
| 房地产业在全市从业人数中的比重/% | 1.2 | 1.2 | 1.2 | 1.1 | 1.0 |

资料来源：有关年度《中国统计年鉴》。

不仅如此，与金融保险业、批发零售贸易和餐饮业这两个支柱产业相比，上海房地产业在从业人员数量方面却有着十分悬殊的差距。如 2002 年时，上海金融保险业以及批发零售贸易和餐饮业这两个产业的从业人员数量分别为 12.6 万人和 115.5 万人，分别比当年上海房地产业的从业人员数量高出 43.2% 和 12.1 倍。这至少表明在提供就业机会方面，上海房地产业的贡献远不及同为支柱产业的批发零售贸易和餐饮业及金融保险业（参见表 2-24）。

1995—2002 年上海有关产业从业人员数量的变化 表 2-24

| | 1995 | 2002 | 年平均增长率 |
|---|---|---|---|
| 制造业/万人 | 356.2 | 268.5 | -4.0% |
| 建筑业/万人 | 32.0 | 31.7 | -0.1% |
| 第三次产业/万人 | 302.1 | 352.5 | 2.2% |
| 其中:批发零售贸易和餐饮业 | 91.8 | 115.5 | 3.3% |
| 交通运输仓储和邮电通信业 | 36.0 | 32.3 | -1.5% |
| 金融保险业 | 5.6 | 12.6 | 12.3% |
| 社会服务业 | 35.1 | 60.0 | 8.0% |

资料来源：有关年度《中国统计年鉴》。

不过，与同期上海第三产业就业人口数量的变化相比，上海房地产业从业人员数量的增长应当说还是比较正常的。由于统计数据发布方面的原因，在此我们计算了 1995—2002 年上海有关产业从业人员数量的变化。结果显示，期间上海房地产业从业人员的年平均增长率高于全市第三产业从业人员年平均增长率；在几个比较重要的第三产业部门中，房地产业的从业人员年平均增长率低于金融保险业和社会服务业，而高于批发零售贸易和餐饮业。

另一方面，与同一时期全国房地产业相比，上海房地产业的直接就业效应应当说还是比较相似的，并无显著的差异。据统计，1995—2004 年，全国房地产业从业人员数量增加了 53 万人，年平均增长率为 5.8%，比同期上海房地产业从业人员数的年平均增长率高出 1.8 个百分点。尽管如此，2004 年房地产业在全国从业人数总量中的比重也只有 0.2%，10 年间仅增长了 0.1 个百分点，并且比当年上海房地产业在全市从业人口数中的比重也低 0.8 个百分点。

① 不知何故，历年《上海统计年鉴》中"全市从业人员"、"房地产业从业人员"两项指标与历年《中国统计年鉴》中的相应数据并不一致。在此我们采用了历年度《中国统计年鉴》中的有关数据。

全国及上海房地产业从业人员情况    表2-25

|  | 1995 | 1996 | 1997 | 1998 | 1999 |
|---|---|---|---|---|---|
| 全国房地产业从业人员/万人 | 80 | 84 | 87 | 94 | 96 |
| 全国从业人员/万人 | 62388 | 68850 | 69600 | 69957 | 70586 |
| 房地产业在全国从业人员中的比重/% | 0.1 | 0.1 | 0.1 | 0.1 | 0.1 |
| 上海占全国房地产业从业人员的份额/% | 7.1 | 7.9 |  | 7.9 | 7.8 |
|  | 2000 | 2001 | 2002 | 2003 | 2004 |
| 全国房地产业从业人员/万人 | 100 | 107 | 118 | 120 | 133 |
| 全国从业人员/万人 | 71150 | 73025 | 73740 | 74432 | 75200 |
| 房地产业在全国从业人员中的比重/% | 0.1 | 0.1 | 0.2 | 0.2 | 0.2 |
| 上海占全国房地产业从业人员的份额/% | 8.0 | 7.6 | 7.5 | 6.9 | 6.5 |

资料来源：有关年度《中国统计年鉴》。

众所周知，在主流产业结构理论中，有所谓"配第—克拉克定理"一说。它解释的是经济增长过程中三次结构的变动规律。其中，第三产业在就业人口和GDP中的比重将随着以人均GDP为主导衡量指标的经济增长而逐步上升，并且第三产业在就业人口中所占份额通常要高于其在GDP中所占的份额。也正因为如此，在经济增长达到一定水平之后，第三产业往往成为国民就业的最大领域。经济越发达，第三产业在就业人口中所占的比重也往往越高。20世纪90年代以来上海经济增长和就业结构的变化也早已证实了这一点。至于为什么上海房地产业从业人员数量增长速度会远远低于其增加值增长速度，我们认为大致存在着如下两方面的原因：

第一，房地产业的固有特性使其难以提供与其经济规模相应的就业机会。与大多数第三产业部门不同的是，房地产业并不是一个"劳动密集"的产业。在房地产的开发和经营过程中，实际上并不需要太多的劳动投入。至少与其投资规模、开发规模和经营规模相比，由房地产开发和交易活动的社会分工以及特定流程所致，真正由房地产企业投入的劳动力规模其实是相当有限的。例如在一个销售收入上亿的楼盘开发经营过程中，房地产企业实际上只需要在销售、投融资和企业内部管理等环节上投入足够的劳动力，而在规划设计、土建、房屋施工等环节上，其主要借助于社会分工的力量。这样，对于房地企业来说，即使是上亿的销售收入，往往也只需要数十人的投入就够了。相反，对于一个销售收入同样过亿的商业零售企业来说，其所需要的劳动力投入就远不止数十人的规模了。

第二，上海房地产业高速增长的特殊性必然导致其GDP增长率与从业人员数量增长率之间的悬殊差距。如前所述，造成20世纪90年代以来上海房地产业经济高速增长的首要因素，乃是由制度变迁所致的房地产迅速商品化和房地产业的迅速市场化。也正因为如此，这一高速增长在本质上属于非常规增长。这样，房地产业GDP增长率显著高于从业人员数量的增长率就是一个很正常的现象了。另外，由于历史的原因，上海房地产业中几乎所有的企业都是20世纪80年代以后新建的，其既不存在计划体制所造成的所谓"冗员"包袱，又大多从企业建立的初期开始就形成了较有效率的劳动力任用机制，从而在一定程度上促成了上海房地产业就业规模扩张速度较慢的结果。

既然上海房地产业经济增长的直接就业效应较小，那么从政府的角度来说，显然就没必要把房地产业作为一个吸纳就业、实施充分就业战略的重要领域。

# 3 中国房地产业的区域性差别

我们在第一章中已经指出，位置的固定性导致了房地产不可能被大量复制、运输乃至异地制造，异质性则使得相距较远的房地产之间的可替代程度较低。因此，从竞争的角度来看，房地产的市场空间就不可能覆盖较广。在类似中国这样一个大国中，其实并不存在全国统一的市场，而是由众多区域性市场所组成的。由于区域房地产市场的需求和供给主要发生于区域内部，因此影响该区域房地产市场和该区域房地产业的主要因素显然也以该区域内部因素为主，从而导致了各个区域房地产业的发展程度和特点也出现相应的差别。

本章拟从房地产市场的区域性这一基本判断出发，通过对20世纪90年代以来各区域及代表性城市房地产业发展的实证分析，全面揭示中国房地产业发展过程中所存在的区域性差别，并进一步剖析中国房地产业区域性差别的主要成因，并就国家房地产业政策的有关问题展开进一步的讨论。

## 3.1 我国31个省级行政区的房地产业：现状与差别

从经济学分析的立场来说，市场区域的形成有其自身的规律，并不与行政区划相吻合。我国地域广大，人口众多，房地产业究竟当分为多少个区域性市场，似乎也难有定论。不过，如果暂不考虑不同区域房地产市场之间的相互影响，而仅仅是从统计意义上考察不同区域房地产业的产出水平及其特点，那么根据行政区划设置考察对象，似乎就是唯一接近合理的办法。本节以中国大陆31个省级行政区（不包括香港、澳门、台湾地区）房地产业为考察对象，并以其产出水平为考察重点，旨在初步揭示它们之间可能存在的有关差别或特征。

### 3.1.1 31个省级行政区的房地产业增加值与GDP

2005年全国31省市的GDP与房地产业增加值/亿元　　　　表 3-1

| | GDP | 房地产业增加值 | | GDP | 房地产业增加值 |
|---|---|---|---|---|---|
| 广东 | 22366.54 | 1456.14 | 黑龙江 | 5511.50 | 163.47 |
| 江苏 | 18305.66 | 731.01 | 重庆 | 3070.49 | 143.88 |
| 浙江 | 13437.85 | 695.82 | 云南 | 3472.89 | 143.87 |
| 上海 | 9154.18 | 676.12 | 天津 | 3697.62 | 128.77 |
| 山东 | 18516.87 | 653.66 | 吉林 | 3620.27 | 112.29 |
| 北京 | 6886.31 | 455.31 | 山西 | 4179.52 | 106.48 |
| 福建 | 6568.93 | 321.74 | 陕西 | 3675.66 | 105.53 |
| 河南 | 10587.42 | 298.19 | 内蒙古 | 3895.55 | 98.32 |

|  | GDP | 房地产业增加值 |  | GDP | 房地产业增加值 |
|---|---|---|---|---|---|
| 河北 | 10096.11 | 291.51 | 贵州 | 1979.06 | 79.53 |
| 四川 | 7385.11 | 286.23 | 甘肃 | 1933.98 | 63.78 |
| 辽宁 | 8009.01 | 243.99 | 新疆 | 2604.19 | 55.79 |
| 湖南 | 6511.34 | 234.93 | 海南 | 894.57 | 33.61 |
| 安徽 | 5375.12 | 219.19 | 宁夏 | 606.10 | 22.61 |
| 湖北 | 6520.14 | 217.17 | 青海 | 543.32 | 14.1 |
| 江西 | 4056.76 | 171.88 | 西藏 | 251.21 | 9.93 |
| 广西 | 4075.75 | 164.26 |  |  |  |

资料来源：《中国统计年鉴（2006）》。

如表 3-1 所示，2005 年我国 31 个省、市、自治区房地产业的增加值存在巨大差别。其中，房地产业增加值最大的广东省为 1456.14 亿元，竟比房地产业增加值最小的西藏自治区（9.93 亿元）高出 145.6 倍。另外，在全部 31 个省、市、自治区中，房地产业增加值超过 1000 亿元的有 1 个，在 500～1000 亿元之间的有 4 个，在 100～500 亿元之间的有 18 个，在 100 亿元以下的有 8 个。各省、市、自治区 GDP 与房地产业增加值的分布如图 3-1 所示。

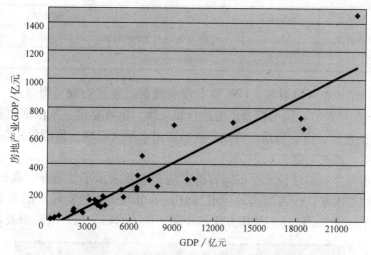

图 3-1　2005 年全国各省、市、自治区的 GDP 与房地产业增加值

图 3-1 显示，2005 年全国 31 省市 GDP 与各省市的房地产业增加值之间似乎存在较大的正相关性，即 GDP 较高的省市房地产业增加值往往也较高，而且其趋势较接近于线性。为此，我们采用计量横截面分析方法，试图揭示两者之间的相关性程度。

我们首先采用的方程式为：

$$Y = \alpha X + C \tag{3-1}$$

其中，$Y$ 表示 GDP，$X$ 表示房地产业增加值。表 3-2 为回归结果：

回归结果一　　　　　　　　　　　　　　　表 3-2

|  | 变量 | GDP | $C$ | DW | F统计量 | Adj. $R^2$ |
|---|---|---|---|---|---|---|
| 回归一 | 系数或值 | 0.050847 | −53.47889 | 1.951427 | 158.9434 | 0.840377 |
|  | T 值 | 12.60727 | −1.590909 |  |  |  |

从回归结果来看，GDP 的回归系数为正，且通过 5％显著性水平的 T 检验，这证实了房地产业增加值与 GDP 之间的正相关关系。调整的 $R^2$ 值说明回归方程有较高的拟合优度，DW 值和 F 统计量都能通过假设检验，说明残差不存在一阶自相关，所有系数的联合检验也显著。但是常数项没有通过 T 检验，说明常数项并不显著。

为此，我们对回归分析方程的形式进行了变换，看是否会带来其他更优的结果，包括选用对数形式（$Y=\alpha\ln X+C$）、双对数形式（$\ln Y=\alpha\ln X+C$）、双曲线形式（$Y=\alpha/X+C$）、二次方根形式（$Y=\alpha\sqrt{X}+C$）和三次方根形式（$Y=\alpha\sqrt[3]{X}+C$），以及二次多项式（$Y=\alpha_1 X^2+\alpha_2 X+C$）和三次多项式形式（$Y=\alpha_1 X^3+\alpha_2 X^2+\alpha_3 X+C$）等。

分析结果表明，双对数形式（$\ln Y=\alpha\ln X+C$）的常数项通过了 T 检验，且拟合优度也有所提高达到 90％以上，但是其 DW 值没有通过假设检验，说明这种形式下的拟合方程存在自相关性，为此，我们采用计量经济学中的科克伦—奥克特迭代法，即在解释变量中引入 AR（1）（随机误差项的一阶自回归）来消除自相关性，结果如表 3-3 所示：

回归结果二 表 3-3

| | 变量 | ln(GDP) | $C$ | DW | F 统计量 | Adj. $R^2$ |
|---|---|---|---|---|---|---|
| 回归二 | 系数或值 | 1.055997 | −3.790635 | 1.846665 | 254.4686 | 0.945889 |
| | T 值 | 20.82791 | −8.890481 | | | |

从以上回归结果中可以看出，DW 值有较大改善，通过查表可得 $d_U=1.49<\text{DW}=1.846665<4-d_U=2.51$，说明模型已消除自相关性。也就是说，从横截面分析的角度来看，2005 年我国各省、市、自治区房地产业的产出水平（以增加值衡量）与其 GDP 总量水平高度正相关，相关系数为 0.9459。

为了进一步考察经济增长水平不同省份房地产业发展水平的差异，我们以人均 GDP 表示实际经济增长水平，以人均房地产增加值表示房地产业的实际产出水平（参见图 3-2），并采用与上述式 3-1 同样的分析方法和步骤，作了回归分析，结果如表 3-4 所示。

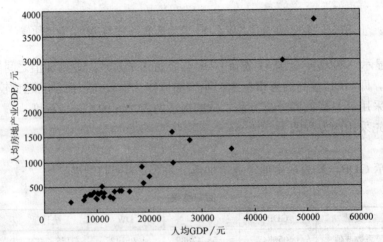

图 3-2  2005 年全国各省、市、自治区的人均 GDP 与人均房地产业增加值

| 回归三 | 变量 | 人均 GDP | $C$ | DW | F 统计量 | Adj. $R^2$ |
|---|---|---|---|---|---|---|
| | 系数或值 | 0.069508 | −414.6376 | 1.892137 | 244.3585 | 0.890254 |
| | T 值 | 15.63197 | −4.792891 | | | |

从回归结果来看，人均 GDP 的回归系数为正，且通过 5％ 显著性水平的 T 检验，这证实了人均房地产业增加值与人均 GDP 之间的正相关关系。调整的 $R^2$ 值说明回归方程有较高的拟合优度，同时常数项、DW 值和 F 统计量都能通过假设检验，说明常数项显著，残差不存在一阶自相关，所有系数的联合检验也显著。也就是说，从 2005 年来看，我国各省、市、自治区房地产业的产出水平与其经济增长水平还是较为吻合的。不过，较之前述房地产增加值与 GDP 的相关关系，2005 年我国各省、市、自治区人均 GDP 与人均房地产业增加值的相关程度显得要弱一些。

### 3.1.2　经济增长水平与房地产业的相对发展

从理论上来说，由于房地产兼具投资和消费两种功能，以致作为基础性部门的房地产业的发展水平主要取决于当地市场的需求，从而与当地经济增长水平有着一定程度的关联。我们以人均 GDP 衡量经济增长水平，以房地产业在 GDP 中所占比重来衡量房地产业的相对发展水平，统计结果如表 3-5 和图 3-3 所示。

观察表明，尽管 2005 年各省、市、自治区人均 GDP 的差别较为悬殊，但房地产业占

**2005 年各省、市、自治区的人均 GDP 与房地产业占 GDP 的比重**　　　表 3-5

| | 人均 GDP/元 | 房地产业增加值占 GDP 的比重/% | | 人均 GDP/元 | 房地产业增加值占 GDP 的比重/% |
|---|---|---|---|---|---|
| 上海 | 51474 | 7.39 | 湖南 | 10426 | 3.61 |
| 北京 | 45444 | 6.61 | 山东 | 20096 | 3.53 |
| 广东 | 24435 | 6.51 | 天津 | 35783 | 3.48 |
| 浙江 | 27703 | 5.18 | 湖北 | 11431 | 3.33 |
| 福建 | 18646 | 4.90 | 甘肃 | 7477 | 3.30 |
| 重庆 | 10982 | 4.69 | 吉林 | 13348 | 3.10 |
| 江西 | 9440 | 4.24 | 辽宁 | 18983 | 3.05 |
| 云南 | 7835 | 4.14 | 黑龙江 | 14434 | 2.97 |
| 安徽 | 8675 | 4.08 | 河北 | 14782 | 2.89 |
| 广西 | 8788 | 4.03 | 陕西 | 9899 | 2.87 |
| 贵州 | 5052 | 4.02 | 河南 | 11346 | 2.82 |
| 江苏 | 24560 | 3.99 | 青海 | 10045 | 2.60 |
| 西藏 | 9114 | 3.95 | 山西 | 12495 | 2.55 |
| 四川 | 9060 | 3.88 | 内蒙古 | 16331 | 2.52 |
| 海南 | 10871 | 3.76 | 新疆 | 13108 | 2.14 |
| 宁夏 | 10239 | 3.73 | | | |

资料来源：《中国统计年鉴（2006）》。

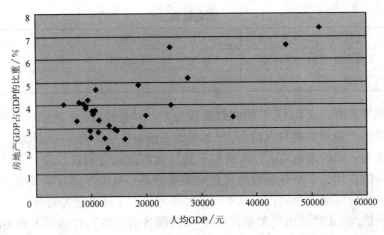

图 3-3　2005 年全国 31 省市的人均 GDP 与房地产业占 GDP 中的比重

GDP 的比重分布相对集中，其中比重最高的是上海（7.39％），比重最低的是新疆（2.14％），两者仅相差 5.25 个百分点。不过值得关注的是，各省、市、自治区房地产业占 GDP 的比重与其人均 GDP 之间，似乎并不存在明显的关联。在房地产业占 GDP 比重较高的省、市、自治区中，既有人均 GDP 较高的，如上海、北京、广东、浙江等，又有人均 GDP 较低的，如重庆、江西、云南、安徽等；同样，一些人均 GDP 较高的省、市，如天津、江苏和山东，其房地产业占 GDP 的比重却相对较低。

为了进一步考察房地产业占 GDP 的比重与人均 GDP 之间的关系，我们同样采取了回归分析的方法。方程为：

$$G_A = tR + C \tag{3-2}$$

式中，$G_A$ 表示人均 GDP，$R$ 表示房地产业在 GDP 中所占比重，结果如表 3-6 所示。

回归结果四　　　　表 3-6

| | 变量 | 人均 GDP | $C$ | DW | F 统计量 | Adj. $R^2$ |
|---|---|---|---|---|---|---|
| 回归四 | 系数或值 | 7.35E-05 | 2.675923 | 1.166289 | 22.05732 | 0.412425 |
| | T 值 | 4.696522 | 8.791447 | | | |

从回归结果来看，人均 GDP 的回归系数为正，且通过 5％ 显著性水平的 T 检验，这证实了房地产业占 GDP 比重与人均 GDP 之间的正相关关系。常数项和 F 统计量都能通过假设检验，说明常数项显著，所有系数的联合检验也显著。但是调整的 $R^2$ 值较小说明回归方程拟合优度较低，DW 值没有通过假设检验说明残差很可能存在一阶自相关。

为此，我们同样采用计量经济学中的科克伦—奥克特迭代法来消除自相关性，结果如表 3-7 所示：

回归结果五　　　　表 3-7

| | 变量 | 人均 GDP | $C$ | DW | F 统计量 | Adj. $R^2$ |
|---|---|---|---|---|---|---|
| 回归五 | 系数或值 | 9.55E-05 | 5.364755 | 1.89889 | 10.96635 | 0.407349 |
| | T 值 | 2.271575 | 5.428966 | | | |

从表 3-7 所示的回归结果中可以看出，DW 值有较大改善，通过查表可得 $d_U=1.49<$ DW$=1.89889<4-d_U=2.51$，说明模型已消除自相关性。

之后，我们对模型的形式进行了变换，看是否会带来其他更优的结果。于是，选用对数形式、双对数形式、双曲线形式、二次方根形式和三次方根形式，以及二次多项式和三次多项式形式等。从拟合结果看出，这些形式并没有很大改善模型拟合情况，虽然多项式形式能提高拟合优度，但同时使得解释变量系数不显著。不过不同形式回归结果解释变量的系数符号中都表明，人均 GDP 与房地产业增加值占 GDP 的比重这两个变量之间存在一定的正相关性，只是相关性较弱。

### 3.1.3 居住水平的区域性差别

居民居住水平是居民生活水平的一个重要方面，它既与经济增长水平相关，又可以是当地住宅业发展的一个反映。在住宅业构成房地产业主要部分的条件下，居住水平自然也可以看作是对当地房地产业的一个真实反映。

我们以人均居住面积作为衡量居住水平的指标，以人均可支配收入作为衡量居民实际生活水平的指标，对 2005 年全国 31 个省、市、自治区的居住水平作了统计，结果如表 3-8 和图 3-4 所示。

观察表明，在 31 个省、市、自治区中，2005 年人均可支配收入居于上游水平地区的人均居住水平大致也较高，如上海、北京、浙江、天津、广东、江苏等，但是在人均可支配收入处于中游和下游的地区中，人均居住水平的分布与人均可支配收入之间的相关性却明显减弱。

2005 年各省、市、自治区人均可支配收入与人均居住水平　　表 3-8

| | 可支配收入/(元/人·年) | 人均住宅建筑面积/(m²/人) | | 可支配收入/(元/人·年) | 人均住宅建筑面积/(m²/人) |
|---|---|---|---|---|---|
| 上海 | 18645.03 | 21.37 | 河 北 | 9107.09 | 7.62 |
| 北京 | 17652.95 | 18.80 | 新 疆 | 7990.15 | 7.61 |
| 浙江 | 16293.77 | 15.24 | 山 东 | 10744.79 | 7.56 |
| 天津 | 12638.55 | 13.46 | 湖 南 | 9523.97 | 7.16 |
| 黑龙江 | 8272.51 | 11.65 | 四 川 | 8385.96 | 6.78 |
| 广东 | 14769.94 | 10.92 | 海 南 | 8123.94 | 6.56 |
| 辽宁 | 9107.55 | 10.66 | 江 西 | 8619.66 | 6.50 |
| 江苏 | 12318.57 | 10.15 | 青 海 | 8057.85 | 6.08 |
| 吉林 | 8690.62 | 9.36 | 河 南 | 8667.97 | 6.04 |
| 内蒙古 | 9136.79 | 9.14 | 陕 西 | 8272.02 | 5.86 |
| 福建 | 12321.31 | 9.14 | 甘 肃 | 8086.82 | 5.85 |
| 山西 | 8913.91 | 8.54 | 云 南 | 9265.90 | 5.08 |
| 广西 | 9286.70 | 8.39 | 安 徽 | 8470.68 | 5.06 |
| 宁夏 | 8093.64 | 8.37 | 西 藏 | 9431.18 | 4.13 |
| 重庆 | 10243.46 | 8.26 | 贵 州 | 8151.13 | 3.44 |
| 湖北 | 8785.94 | 7.67 | | | |

资料来源：《中国统计年鉴（2006）》。

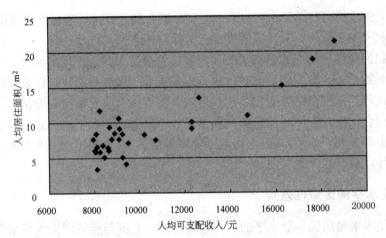

图 3-4  2005 年全国 31 个省、市、自治区人均可支配收入与人均居住面积

为进一步分析人均居住面积和人均可支配收入之间的相关关系，我们同样对两者进行了回归分析。方程为：

$$S_a = rW_a + C \qquad (3\text{-}3)$$

其中，$S_a$ 表示人均居住面积，$W_a$ 表示人均可支配收入。回归结果如表 3-9 所示。

**回归结果六**　　　　　　　　　　　　表 3-9

| | 变量 | 人均可支配收入 | $C$ | DW | F 统计量 | Adj. $R^2$ |
|---|---|---|---|---|---|---|
| 回归六 | 系数或值 | 0.001171 | −3.148656 | 0.78998 | 85.08226 | 0.737032 |
| | T 值 | 9.224004 | −2.341139 | | | |

从回归结果来看，人均可支配收入的回归系数为正，虽然这一值的绝对值不大，但仍能通过 5% 显著性水平的 T 检验，这证实了人均居住面积与人均可支配收入之间的正相关关系。调整的 $R^2$ 值说明回归方程有较高的拟合优度，常数项和 F 统计量都能通过 5% 显著性水平的假设检验，说明常数项显著，所有系数的联合检验也显著。但是较小的 DW 值说明残差很可能存在自相关性。

为此，我们采用计量经济学中的科克伦—奥克特迭代法来消除自相关性，结果如表 3-10 所示：

**回归结果七**　　　　　　　　　　　　表 3-10

| | 变量 | 人均可支配收入 | $C$ | DW | F 统计量 | Adj. $R^2$ |
|---|---|---|---|---|---|---|
| 回归七 | 系数或值 | 0.001047 | −2.019763 | 2.13752 | 55.45116 | 0.789706 |
| | T 值 | 9.843619 | −1.593616 | | | |

从以上回归结果中可以看出，DW 值有较大改善，通过查表可得 $d_U = 1.49 < DW = 2.13752 < 4 - d_U = 2.51$，说明模型已消除自相关性。但是此结果显示常数项没有通过 T 检验。

之后，我们对模型的形式进行了变换，看是否会带来其他更优的结果。我们选用了对数形式、双对数形式、双曲线形式、二次方根形式和三次方根形式，以及二次多项式和三次多项式形式等。其中拟合优度最好，同时也能通过所有检验的一个回归结果是二次方根形式，其相关系数为 0.783253。

## 3.2 我国房地产业区域性差异的进一步透视

上一节我们主要从经济增长和居住水平两个方面，对 31 个省级行政区房地产业的现状与差别作了比较和分析，本节我们拟从房地产业的市场化程度、历史背景、房地产价格等方面，对我国房地产业的区域性差异作出进一步的透视。

### 3.2.1 住宅供给市场化程度的区域性差异

虽然自 20 世纪 90 年代以来，我国的城市化进程开始加速，但我国仍然是一个以农业人口居多的国家，2005 年时乡村人口比重仍占到 57.1%。在城乡二元体制下（最关键的在于城乡二元土地制度），这首先意味着我国的住房体系被分隔为城镇住房和农村住房，商品住宅市场被限于城镇范围内。因此，一个区域的农业人口越大，相应地商品住房在该区域住房建设中的比重也越小。如图 3-5 所示，如果按全社会住宅竣工面积衡量各省市的住房总供给，则 2005 年时全国商品住宅所占比重只有 32.9%，仅有上海、北京、天津、江苏和宁夏等五省市的商品住宅占到了 50% 以上的比重。

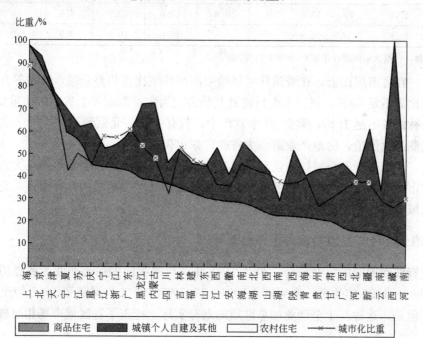

资料来源：《中国统计年鉴（2006）》。

图 3-5　2005 年各省市全社会各类住宅竣工面积比重

表 3-11 则又显示，在 1995 年至 2005 这一我国城市化进程和房地产业成长加速的阶段，农村住宅比重从 65.1% 降到 50.2%，其中农村个人自建住宅的比重从 61.6 降到 41.9%，分别减少了 14.9 和 14.8%，大致与期间全国城市化比重增幅相当（13.95%）。

不仅如此，虽然商品住宅已成为城镇住宅供给的主体，而且 2002 年后在统计指标上反映出来的基本建设、更新改造以及城镇集体合作建房等其他城镇建房已大幅下降甚至可说濒于消失（2003 年时已从上年度的 8.8％急剧降到 1.3％，2004 年时只有 0.8％），但是至少从 1995 年以来，城镇工矿区个人自建住宅的比重却一直保持上升趋势，2005 年时占到全社会新建住宅的 16.9％，城镇新建住宅的 34％。

我国历年全社会各类住宅竣工面积比重（1995—2005）[①]       表 3-11

| 年份 | 商品住宅 | 城镇和工矿区个人自建住宅 | 城镇其他 | 城镇住宅合计 | 农村自建住宅 | 农村其他 | 农村住宅合计 |
|------|------|------|------|------|------|------|------|
| 1995 | 11.1 | 12.4 | 11.4 | 34.9 | 61.6 | 3.5 | 65.1 |
| 1996 | 10.0 | 11.9 | 10.4 | 32.4 | 65.2 | 2.4 | 67.6 |
| 1997 | 10.3 | 12.5 | 10.7 | 33.5 | 63.8 | 2.7 | 66.5 |
| 1998 | 11.1 | 14.3 | 12.0 | 37.3 | 60.4 | 2.3 | 62.7 |
| 1999 | 12.7 | 13.8 | 13.6 | 40.1 | 55.1 | 4.8 | 59.9 |
| 2000 | 15.3 | 14.1 | 11.4 | 40.8 | 56.1 | 3.1 | 59.2 |
| 2001 | 18.9 | 14.9 | 10.3 | 44.1 | 52.8 | 3.2 | 55.9 |
| 2002 | 21.3 | 14.5 | 8.8 | 44.6 | 52.1 | 3.3 | 55.4 |
| 2003 | 25.9 | 15.0 | 1.3 | 42.2 | 53.6 | 4.2 | 57.8 |
| 2004 | 27.8 | 17.0 | 0.8 | 45.6 | 49.9 | 4.5 | 54.4 |
| 2005 | 32.9 | 16.9 | | 49.8 | 46.9 | 3.3 | 50.2 |

资料来源：根据《中国统计年鉴》（历年）计算。

另外，在省市层面上，在城镇住宅供给中商品住宅比重相差悬殊，贵州等九个省市的商品住宅比重不足 50％，仍以个人自建及其他方式为主；海南等七省市的比重低于 60％，山东、吉林两省不足 70％；剩余 13 个省市中，只有上海、北京和天津接近于实现完全的城镇住宅商品化供给，房地产业第一大省的广东也仅有 72％（参见图 3-6）。

总之，房地产开发、城镇自建和农村自建构成了目前我国住宅供给的三大方式，并且在不同省市，三种方式的结构相差悬殊。至少就城镇住宅供给结构差异而言，它实际上反映了各区域的市场化程度差别。

### 3.2.2 增长路径与发展阶段的区域性差异

从投资波动周期的角度来看，20 世纪 80 年代以来我国的房地产业大致经历了三个周期，即 1983—1990 年的第一个周期、1991—1997 年的第二个周期和 1997 年至今的第三个周期。但是，这种基于全产业加总性质的划分实际上掩盖了各区域市场相对独立的增长特性。

如前所述，由于早期改革的试点性质，我国房地产业的导入仅限于少数省份，且主要集中在深圳、广州等东部沿海城市，因此更为确切地说，第一个周期是这些少数区域市场

---

① 《中国统计年鉴（2006 年）》未公布 2005 年度城镇工矿个人自建住房数据，因此表中 2005 年度数据全部非商品城住宅合计值。2004 年起，《中国统计年鉴》改变统计口径，不再公布城镇基本建设、更新改造住宅和城镇集体单位建房数据。

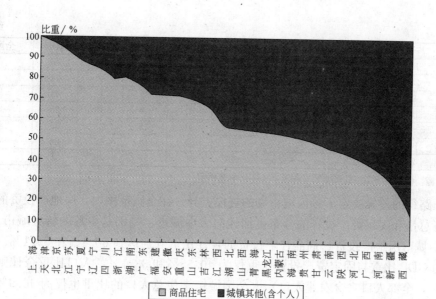

比重/%

图例: □ 商品住宅　■ 城镇其他(含个人)

资料来源：根据《中国统计年鉴（2006）》绘制

图 3-6　2005 年各省市城镇各类住宅竣工面积比重

的周期。在第二个周期中，随着土地、住房制度的改革，特别是邓小平南巡讲话后，我国的房地产业出现了一波爆发式增长，大部分省市和各大中城市的房地产业都开始了正式的起步，然后它们大部分也都在随之而来的宏观调控中放慢了增长的速度，海南、广西等前期泡沫较严重的区域市场甚至出现了大幅的负增长。但也正是经过这一阶段的超高速增长，国内最大城市基本完成了各自房地产业的导入阶段。例如，到 1997 年末，表 3-12 中所列示的九大城市的房地产投资合计额占到全国房地产投资总额的 52.4%，并且之后历年的房地产增长率大多在 10%～40% 范围内波动，远低于前期成倍以上的增长。但是，第二周期中这些大城市的投资波动并不一致，如四大一线城市深圳、广州、上海、北京的周期性波峰分别相隔一年，实际上它们在前一周期中也表现出类似的特征，并且在目前的周期中亦是如此（参见表 3-12）。其他五大二线城市似乎也有着自己的波动增长轨迹。

九大城市历年房地产投资增长率（1986—2005）/%　　　表 3-12

| 年份 | 广州 | 上海 | 北京 | 深圳 | 武汉 | 杭州 | 成都 | 青岛 | 重庆 | 全国平均 |
|---|---|---|---|---|---|---|---|---|---|---|
| 1986 | 13 | | | | | | | | | |
| 1987 | 33 | | | −7 | | | | | | 48 |
| 1988 | 100 | 73 | 15 | −25 | | | | | | 72 |
| 1989 | 9 | 10 | 15 | 79 | | | | | | 6 |
| 1990 | −23 | 341 | −7 | −9 | | | | | | −7 |
| 1991 | 33 | −7 | 7 | 130 | 2 | 24 | 4 | | 10 | 33 |
| 1992 | 154 | 67 | 40 | 180 | 63 | 66 | 204 | | 77 | 118 |
| 1993 | 215 | 73 | 73 | 44 | 341 | 420 | 120 | | 264 | 165 |
| 1994 | 51 | 433 | 70 | 27 | 132 | 47 | 63 | | 127 | 32 |
| 1995 | 10 | 297 | 255 | −21 | 61 | 65 | 62 | | 68 | 23 |
| 1996 | 10 | 41 | −7 | 21 | 6 | 8 | 25 | −19 | 19 | 2 |
| 1997 | 4 | −7 | 1 | 9 | 10 | 0 | 7 | −6 | 21 | −1 |
| 1998 | 13 | −6 | 14 | 32 | 0 | 16 | 10 | 3 | 44 | 14 |

| 年份 | 广州 | 上海 | 北京 | 深圳 | 武汉 | 杭州 | 成都 | 青岛 | 重庆 | 全国平均 |
|---|---|---|---|---|---|---|---|---|---|---|
| 1999 | 10 | −11 | 12 | 44 | −9 | 27 | 18 | 44 | 16 | 14 |
| 2000 | 20 | 10 | 24 | 4 | 5 | 20 | 37 | 7 | 24 | 21 |
| 2001 | 9 | 11 | 50 | 19 | 14 | 39 | 32 | 37 | 41 | 27 |
| 2002 | 10 | 19 | 26 | 10 | 15 | 41 | 19 | 12 | 25 | 23 |
| 2003 | −2 | 20 | 22 | 16 | 28 | 31 | 21 | 23 | 33 | 30 |
| 2004 | 14 | 30 | 23 | 5 | 38 | 27 | 19 | 27 | 24 | 30 |
| 2005 | 7 | 6 | 4 | −3 | 28 | 25 | 55 | 38 | 28 | 21 |

资料来源：根据《中国统计年鉴》及相关省市统计年鉴绘制。

　　增长路径的差异决定了各区域市场的规模差异。在全国范围内，房地产投资的分布较地区经济总量和固定资产投资的分布更加偏向大中城市，特别是少数的特大城市。例如，35 个大中城市房地产投资、商品住宅投资的合计比重分别达到 60.4％和 59.1％，相比它们合计的 GDP 比重与固定资产投资比重仅为 40.55％和 38.1％，人口比重合计则更是低至 17.6％，全部人口（含农业人口）占全国城镇常住总人口的比重也仅为 40.9％；前十大城市的房地产投资、商品住宅投资的合计比重分别为 38.4％和 36.7％，GDP、固定资产投资、人口合计比重分别为 23.2 和 20.1％和 8.3％；四大一线城市的房地产投资、商品住宅投资的合计比重分别为 23.3％和 21.3％，GDP、固定资产投资、人口合计比重分别为 14.3％和 10.2％和 2.7％。相比之下，2003 年时全国共有 660 个城市，其中市辖区人口超过 100 万的有 174 个，50～100 万的城市 274 个，即有 625 个城市的房地产总规模只占全国的 40％。[①] 既然上述大中型城市中都仍有相当部分处在快速成长阶段，那么至少对大多数中小城市而言，其发展水平和阶段也就更低了（参见表 3-13）。

偏向大型城市的房地产开发规模分布（2005 年）　　　　　　　表 3-13

| | 房地产投资合计比重 | 住宅投资合计比重 | 地区生产总值合计比重 | 固定资产投资比重 | 人口合计比重 |
|---|---|---|---|---|---|
| 北京、上海 | 9.6％ | 7.2％ | 3.8％ | 3.2％ | 0.9％ |
| 前四大城市 | 23.3％ | 21.3％ | 14.3％ | 10.2％ | 2.7％ |
| 前六大城市 | 29.4％ | 26.8％ | 17.3％ | 14.1％ | 5.9％ |
| 前十大城市 | 38.5％ | 36.7％ | 23.2％ | 20.1％ | 8.3％ |
| 35 个大中城市 | 60.4％ | 59.1％ | 40.5％ | 38.1％ | 17.8％ |

资料来源：根据《中国统计年鉴（2006）》计算。

### 3.2.3　区域房价水平与波动差异

　　区域房地产市场状态的相互作用存在两个层次。在第一层次，市场从根本上受区域基础因素（经济、规模、区位、环境等）和住宅供求倾向（消费倾向、建造成本、税费等）两方面因素的影响，产生了区域房地产市场规律，表现为长期的价格水平与趋势；在第二层次，市场规律在市场效率、随机因素的作用下，形成了市场现状，反映为短期的实际市

---

　　① 相比之下，1990 年时美国市区人口超过 100 万以上的城市仅有 8 个。此类国情上的巨大差异，要求我们在借鉴国际经验时须持谨慎态度，如对比发达国家战后建设高峰期时约 7％～8％左右的住房投资比重水平，当前我国的水平无疑超出了一大块，但这未必就意味着存在过度投资，而需要结合历史欠账、人口等特殊国情因素深入考察。

场价格，它可能是均衡的也可能是非均衡的。从比较区域房地产市场差别的角度，显然考察长期的价格水平和波动趋势差异要更有意义。[①]

### 3.2.3.1  1987—1999 年的房价水平与波动差异

与前述投资波动曲线相比，以真实商品房销售均价反映的全国及四大城市的波动趋势有所差异。首先，自 1987 年至 1993 年，各城市房价总体处于上升周期，如全国和广州分别上涨了 68％和 79％。但是在启动宏观调控后，全国平均房价领先下落到 1995 年的谷底，相比广州、北京、上海的平均房价仅经历了 1995 年的短暂下滑，并且广州和北京都是通过 1992—1994 及 1996—1997 年间的上涨拉大了与全国及包括上海在内的大多数城市的房价差距。[②③④]  相比之下，全国及上述城市的房地产投资都在 1997 年时处于周期性底部。

全国及四城市真实商品房销售均价比较/(元/m²)　　　　　　　　表 3-14

| 年份 | 全国平均 | 广州市 | 北京市 | 上海市 | 重庆市 |
|---|---|---|---|---|---|
| 1987 | 1246 | 2140 | | | |
| 1988 | 1272 | 2230 | | | |
| 1989 | 1247 | 2505 | | | |
| 1990 | 1508 | 2582 | 3064 | | 1626 |
| 1991 | 1605 | 2735 | 2917 | | 1487 |
| 1992 | 1870 | 2619 | 3014 | | 1692 |
| 1993 | 2092 | 3827 | 3649 | | 1829 |
| 1994 | 1825 | 4437 | 4642 | | 1548 |
| 1995 | 1765 | 4331 | 4035 | 2853 | 1129 |
| 1996 | 1842 | 5209 | 4485 | 3263 | 1165 |
| 1997 | 1975 | 5008 | 5579 | 3164 | 1187 |
| 1998 | 2052 | 5096 | 5213 | 3475 | 1324 |
| 1999 | 2069 | 4339 | 5694 | 3449 | 1388 |
| 2000 | 2112 | 4296 | 4261 | 3565 | 1351 |
| 2001 | 2155 | 4262 | 5026 | 3839 | 1433 |
| 2002 | 2257 | 4213 | 4778 | 4147 | 1561 |
| 2003 | 2345 | 4186 | 4709 | 5088 | 1587 |
| 2004 | 2612 | 4366 | 4863 | 6245 | 1685 |
| 2005 | 3000 | 5083 | 5943 | 6481 | 2022 |

资料来源：根据相关年度《中国统计年鉴》及省市统计年鉴绘制。

---

① 不论是政策制订还是学术研究和民间讨论，当前面临的最大困难之一就是房地产价格数据质量问题。涵盖早期发展阶段的价格数据序列最长都是非同质同类的、经简单平均处理的销售均价，加之统计口径的变动使其序列可比性较差。接近同质同类的价格数据序列最早的为 1995 年起发布的中房指数，但其早期覆盖的城市数也较少；官方发布的近同质同类的价格数据序列则更迟，全国数据为 1999 年，上海等地方数据最早至 1997 年。鉴于这一情况，并考虑到研究的目标是区域房地产价格的相对水平和变动趋势差异而非精确的衡量，因此以下分析我们将结合具体情况选用不同的房地产价格数据。

② 我们未能获得上海和深圳早期的销售均价数据，但据《上海房地志》记载，1994 年为局部高点；据《深圳地产年鉴》及其他信息，深圳商品房价格是在 1995 年达到局部高点，但价格水平为全国第一，并一直延续至今。

③ 实际上，如果以名义房价衡量，全国和四城市的商品房销售均价始终处在上涨阶段。如与 1992 年相比，1997 年广州和北京分别上涨了 2.63 倍和 2.52 倍，全国则上涨了 1 倍；1992 年时广州和北京的销售均价分别是全国的 1.4 倍和 1.6 倍，到 1997 年时上升到 2.54 倍和 2.82 倍。其中，自 1994 年起，广州市商品住宅个人购买比重就开始持续下降，如从 1993 年最高比重的 86.3％下滑到 1996 年时的不到 50％，到 1998 年时仅回升到 57.3％。

④ 自 1994 年起，广州市商品住宅个人购买比重就开始持续下降，如从 1993 年最高比重的 86.3％下滑到 1996 年时的不到 50％，到 1998 年时仅回升到 57.3％。因此可以推断，单位购买应是推动期间广州市房价持续、大幅上扬的一个主要原因。

考虑到均价指标的固有缺陷，表 3-14 和表 3-15 分别给出三大一线城市和八个二线城市在 1995 年至 1999 年期间的中房价格指数变动情况，结果确实有别于销售均价指标反映的情况。其中，深圳和北京的房价下跌至 1996 年初就开始缓慢上涨，从 1998 年 3 季度再次小幅下滑，至 1999 年末，深圳累计下跌了 7%，北京则只有 4%。与之相比，上海则经历了一次大的衰退，仅从 1995 年 2 月至 1999 年 10 月，累计跌幅达到 23.4%，剔除物价因素后实际跌幅高达 43.6%。由于中房指数是横向可比的，这意味着北京房价仅比上海高 4.8%，到 1999 年 12 月时差距已拉大到 35%；1995 年四季度深圳房价比上海高 9.5%，到 1999 年 12 月时差距已拉大到 34%。考虑到三城市的经济、规模等情况较为接近，衰退初期的差距也并不明显，那么上述明显的房价波动差异就很难归因于基本因素解释。

**天津等八城市中房住宅指数变动（1995—1999）**  表 3-15

| | 天津市 | 大连市 | 武汉市 | 西安市 | 重庆市 | 成都市 | 郑州市 | 石家庄市 |
|---|---|---|---|---|---|---|---|---|
| 95. Q1 | 465 | 470 | 318 | | | | | |
| 95. Q2 | 450 | 463 | 310 | | | | | |
| 95. Q3 | 443 | 478 | 301 | | | | | |
| 95. Q4 | 419 | 495 | 302 | 419 | 247 | 237 | | 196 |
| 96. Q1 | 416 | 480 | 293 | 413 | 247 | 237 | 247 | 196 |
| 96. Q2 | 411 | 482 | 293 | 410 | 242 | 235 | 244 | 197 |
| 96. Q3 | 414 | 477 | 290 | 406 | 249 | 230 | 243 | 199 |
| 96. Q4 | 415 | 476 | 289 | 411 | 256 | 229 | 241 | 201 |
| 97. Q1 | 417 | 471 | 287 | 416 | 266 | 226 | 241 | 204 |
| 97. Q2 | 415 | 474 | 285 | 422 | 272 | 228 | 241 | 204 |
| 97. Q3 | 414 | 469 | 283 | 420 | 272 | 227 | 240 | 204 |
| 97. Q4 | 416 | 469 | 284 | 422 | 278 | 230 | 241 | 204 |
| 98. Q1 | 422 | 472 | 286 | 421 | 281 | 232 | 240 | 204 |
| 98. Q2 | 427 | 475 | 291 | 426 | 282 | 234 | 242 | 208 |
| 98. Q3 | 429 | 476 | 286 | 432 | 283 | 232 | 243 | 210 |
| 98. Q4 | 432 | 474 | 287 | 433 | 279 | 234 | 244 | 215 |
| 99. Q1 | 433 | 474 | 290 | 429 | 277 | 235 | 242 | 219 |
| 99. Q2 | 431 | 474 | 293 | 433 | 277 | 239 | 244 | 217 |
| 99. Q3 | 428 | 474 | 291 | 435 | 273 | 235 | 242 | 214 |
| 99. Q4 | 430 | 474 | 295 | 432 | 275 | 237 | 240 | 218 |

资料来源：http://www.soufun.com。

1995—1999 年期间，天津、西安等八城市商品住宅价格的变动趋势总体上差别不大。除大连外，在此轮衰退中，其他城市都在 1995 年末和 1996 年时达到谷底。此后至 1999 年末则大多保持稳定，成为直辖市的重庆也仅上涨了 13.6%。但是，结合图 3-7 和表 3-15，我们可将各城市的房价水平分为三档：第一档为北京和深圳，第二档包括天津、大连、西安，第三档则包括武汉、重庆、成都、郑州、石家庄等五城市。第一档的房价比第二档高 80％左右，比第三档高 2 倍左右。并且这种差距是长期存在的，因此主要反映了城市之间基础因素和住宅供求倾向上的差异。

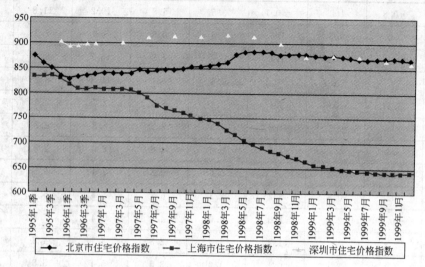

资料来源：http://www.soufun.com。

图 3-7　北京、上海、深圳中房住宅指数变动（1995—1999）

### 3.2.3.2　2000 年以来的房价水平与波动差异

2000 年以来，我国各城市房价陆续步入了上涨通道。根据国家发改委、国家统计局发布的《35 个大中城市房屋销售价格指数》，2006 年四季度商品房屋销售价格较 1999 年四季度累计上涨了 39％，且从 2003 年起增幅一直保持 5％以上，2004 年时最高达到 10.8％。其中，上涨最快的主要集中在以上海为代表的长江三角洲地区、山东及沈阳，并引发了延续至今的宏观调控（参见表 3-16）。

**35 个大中城市房屋销售价格同比增长情况（2000—2006）/%　　表 3-16**

|  | 2000 | 2001 | 2002 | 2003 | 2004 | 2005 | 2006 | 累计 |
|---|---|---|---|---|---|---|---|---|
| 全国 | 1.2 | 1.8 | 3.5 | 5.1 | 10.8 | 6.5 | 5.3 | 139.2 |
| 青岛 | 3.3 | 2.2 | 11.5 | 17.6 | 19.8 | 8.5 | 6.1 | 190.9 |
| 宁波 | 6.5 | 9.0 | 17.8 | 13.4 | 11.1 | 2.6 | 2.2 | 180.7 |
| 上海 | −0.5 | 5.1 | 9.7 | 29.1 | 10.4 | 1.7 | −0.1 | 166.1 |
| 南昌 | 2.4 | 4.5 | 14.6 | 6.1 | 8.5 | 5.9 | 5.8 | 158.2 |
| 杭州 | 4.7 | 4.3 | 6.6 | 9.0 | 13.4 | 3.4 | 3.3 | 156.7 |
| 沈阳 | 2.1 | 1.9 | −0.1 | 15.8 | 12.0 | 6.1 | 6.8 | 152.7 |
| 南京 | 2.7 | 0.2 | 2.5 | 13.4 | 15.2 | 5.0 | 4.7 | 151.5 |
| 重庆 | 2.7 | 0.4 | 3.5 | 10.9 | 10.3 | 6.5 | 3.7 | 144.2 |
| 济南 | 2.5 | 1.6 | 3.0 | 5.2 | 13.7 | 7.1 | 4.1 | 143.0 |
| 厦门 | 1.6 | 3.9 | 2.6 | 4.0 | 9.7 | 5.4 | 7.6 | 140.1 |
| 成都 | 0.0 | 1.3 | 1.4 | 5.9 | 11.4 | 7.8 | 7.0 | 139.8 |
| 兰州 | 0.1 | 1.9 | 5.4 | 6.1 | 8.7 | 5.7 | 4.6 | 137.1 |

| | 2000 | 2001 | 2002 | 2003 | 2004 | 2005 | 2006 | 累计 |
|---|---|---|---|---|---|---|---|---|
| 深圳 | −0.8 | 1.2 | −0.1 | 3.5 | 6.8 | 10.2 | 11.8 | 136.6 |
| 天津 | 0.0 | 0.7 | 1.6 | 7.5 | 9.5 | 5.6 | 7.2 | 136.3 |
| 呼和浩特 | 2.0 | 0.3 | 1.7 | 0.7 | 7.3 | 13.7 | 5.8 | 135.2 |
| 大连 | 4.7 | −3.4 | −0.1 | 0.4 | 4.1 | 12.4 | 8.2 | 128.4 |
| 太原 | 1.5 | −0.9 | 3.4 | 3.6 | 8.8 | 3.7 | 4.5 | 127.0 |
| 武汉 | 3.1 | 0.6 | 1.6 | 4.5 | 7.8 | 3.8 | 2.8 | 126.7 |
| 银川 | 3.4 | 4.7 | 3.5 | 2.2 | 4.8 | 2.6 | 2.8 | 126.6 |
| 北京 | −0.3 | 1.0 | −1.0 | 0.6 | 6.3 | 7.4 | 9.5 | 125.4 |
| 郑州 | −1.5 | 0.8 | 3.3 | 2.3 | 6.2 | 5.4 | 6.5 | 125.1 |
| 福州 | −0.8 | 2.8 | 2.0 | 1.0 | 4.9 | 3.4 | 7.8 | 122.8 |
| 贵阳 | 5.3 | 1.7 | 1.2 | 1.5 | 2.8 | 3.1 | 4.8 | 122.2 |
| 石家庄 | 2.9 | 3.1 | 0.1 | 1.0 | 3.5 | 5.4 | 3.8 | 121.5 |
| 西安 | 0.9 | 1.3 | 1.2 | 1.7 | 4.9 | 4.5 | 3.9 | 119.8 |
| 哈尔滨 | 2.0 | 2.5 | −0.2 | 0.6 | 4.1 | 5.4 | 3.2 | 118.9 |
| 长沙 | 0.3 | 2.2 | 0.1 | 1.2 | 3.3 | 4.4 | 5.9 | 118.6 |
| 合肥 | −0.2 | 0.4 | 3.9 | 2.9 | 5.2 | 3.8 | 0.4 | 117.4 |
| 南宁 | −5.8 | 0.5 | 4.2 | 1.7 | 7.1 | 5.5 | 3.6 | 117.4 |
| 西宁 | 1.8 | 0.4 | 1.7 | 2.5 | 3.4 | 3.5 | 2.6 | 117.0 |
| 海口 | 0.9 | 0.4 | 2.1 | 4.3 | 2.8 | −0.6 | 2.7 | 113.2 |
| 广州 | −1.3 | 0.3 | −0.4 | −2.2 | 5.0 | 3.6 | 7.0 | 112.2 |
| 长春 | 9.5 | 0.1 | −3.5 | −0.7 | 1.3 | 2.2 | 2.1 | 111.0 |
| 昆明 | 0.3 | 0.1 | 0.4 | 0.3 | 3.4 | 1.6 | 0.6 | 106.9 |
| 乌鲁木齐 | 2.7 | 0.7 | −0.9 | 0.4 | 0.4 | 0.1 | 2.0 | 105.5 |

资料来源：根据国家发改委、国家统计局《四季度35个大中城市大中城市房地产价格指数表（2000—2006）》整理。

但是，无论是从累计房价增幅还是从其波动路径考察，各地区仍然是存在着较显著的差异，总体上呈现出两极分化的态势。

图3-8表明四大一线城市仍然延续了前期各自相对独立的趋势。上海房价在2000年初开始走出低谷，到2003年时加速上涨，同比增长29.1%，此后因受宏观调控影响增长持续下滑，2005—2006年时基本上为零涨幅。深圳和北京则延续了自1999年中期以来的近乎同步的波动趋势，在2003年之前都基本上是小幅的涨跌波动，2004年后上涨速度开始加快，2006年四季度同比增长率已分别达到11.8%和9.5%，较1999年四季度累计增长37%和25%。从2000至2003年，广州房价有三年同比小幅下跌，2004年后开始加速上涨，滞后于北京、深圳一年，并且2006年的最高同比涨幅也仅7%，期间累计涨幅为12%。

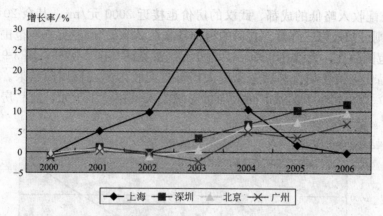

资料来源：根据国家发改委、国家统计局《四季度 35 个大中城市大中城市房地产价格指数表（2000—2006）》绘制。

图 3-8　四大一线城市四季度房价同比增长率（2000—2006）

　　表 3-17 则给出了 2000—2006 年间房价累计涨幅超过全国平均水平的 11 个大中城市的房价波动情况。与上海相比，至少在 2004 年宏观调控前，宁波、青岛、南昌、重庆和沈阳等五城市似乎有着自己的波动轨迹；2002 年、2003 年和 2004 年间达到最高增幅的分别有 2 个、3 个和 5 个。

累计涨幅较大的二线城市四季度房价同比增长率（2000—2006）/%　　表 3-17

|  | 2000 | 2001 | 2002 | 2003 | 2004 | 2005 | 2006 | 累计涨幅 |
|---|---|---|---|---|---|---|---|---|
| 全国 | 1.2 | 1.8 | 3.5 | 5.1 | 10.8 | 6.5 | 5.3 | 39.2 |
| 青岛 | 3.3 | 2.2 | 11.5 | 17.6 | 19.8 | 8.5 | 6.1 | 90.9 |
| 宁波 | 6.5 | 9 | 17.8 | 13.4 | 11.1 | 2.6 | 2.2 | 80.7 |
| 上海 | −0.5 | 5.1 | 9.7 | 29.1 | 10.4 | 1.7 | −0.1 | 66.1 |
| 南昌 | 2.4 | 4.5 | 14.6 | 6.1 | 8.5 | 5.9 | 5.8 | 58.2 |
| 杭州 | 4.7 | 4.3 | 6.6 | 9 | 13.4 | 5.4 | 3.3 | 56.7 |
| 沈阳 | 2.1 | 1.9 | −0.1 | 15.8 | 12 | 6.1 | 6.8 | 52.7 |
| 南京 | 2.7 | 0.2 | 2.5 | 13.4 | 15.2 | 5 | 4.7 | 51.5 |
| 重庆 | 2.7 | 0.4 | 3.5 | 10.9 | 10.3 | 6.5 | 3.7 | 44.2 |
| 济南 | 2.5 | 1.6 | 3 | 5.2 | 13.7 | 7.1 | 4.1 | 43.0 |
| 厦门 | 1.6 | 3.9 | 2.6 | 4 | 9.7 | 5.4 | 7.6 | 40.1 |
| 成都 | 0 | 1.3 | 1.4 | 5.9 | 11.4 | 7.8 | 7 | 39.8 |

资料来源：根据国家发改委、国家统计局《四季度 35 个大中城市房地产价格指数表（2000—2006）》绘制。

　　经过这 6 年的价格变动，各大中城市房价平均水平仍然大致保持了三层次结构。深圳房价继续领跑第一阵营，上海则在大幅上涨后重新回到第一集团，此外，杭州、厦门、宁波的房价都已接近四大一线城市中最低的广州。上述七个城市的城镇家庭人均可支配收入也居全国前列，最低的厦门也达到 17400 元，最高的深圳达到 21494 元。第二层次与第三层次的界限并不十分明晰。在城镇家庭人均可支配收入进入 12000～15000 元范围的七个城市中，除长沙外，其他各城市商品住宅销售均价基本在 3000～4000 元/m² 范围内。此外，人均可支配收入略低的成都、武汉的房价也接近 3000 元/m²。其余 20 个大中城市（包括长沙）则可归入第三阵营。它们的房价基本在 2000～3000 元/m² 范围内，人均可支配收入的范围较大，大致在 8500～10500 元（参见图 3-9）。另外，图 3-9 还同时给出了各城市商品住宅销售均价与城镇家庭人均可支配收入的线性回归结果。两变量的相关性系数为 0.39，相当于两城市间人均可支配收入每相差 1 千元，商品房销售均价相差 390 元/m²。

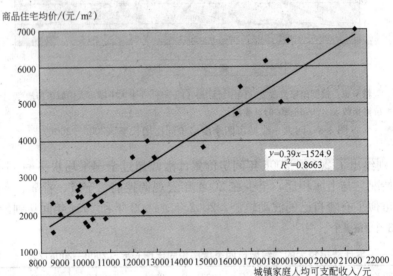

资料来源：根据《中国统计年鉴（2006）》计算。

图 3-9  2005 年 35 个大中城市商品住宅销售均价与人均可支配收入

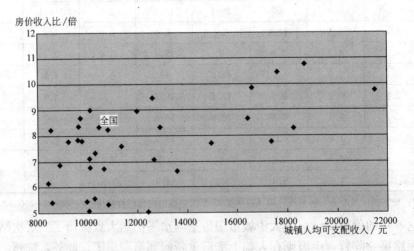

资料来源：根据《中国统计年鉴（2006）》计算。

图 3-10  2005 年 35 个大中城市房价收入比与人均可支配收入①

----

①  按照建筑面积 90m²、户均 3 人计算。

值得注意的是，在这 35 个大中城市中，房价收入比的差异也较大。如图 3-10 所示，各城市的房价收入比似乎与其城镇可支配收入的相关性非常弱。如果按照 8 倍作为可支付能力上限衡量，则满足条件的 20 个大中城市，它们的城镇人均可支配收入分布在 8500～17500 元间。但是，也有太原、沈阳等人均可支配收入低于全国平均水平的五个城市的房价收入比大于 8，其中沈阳达到 9 倍。

### 3.2.3.3  房价 vs 地价

从 2002 年 5 月 9 日国土资源部下发 11 号文件《招标拍卖挂牌出让国有土地使用权规定》起，新一轮土地制度改革和地根紧缩政策对于房价的影响一直是各方争论的焦点之一。

表 3-18 给出了 2000—2006 年间房屋销售价格累计涨幅与土地交易价格累计涨幅的关系图。在房价累计涨幅低于全国平均水平的 24 个城市中，有 14 个城市房价累计涨幅高于地价累计涨幅，其中兰州房价累计涨幅比地价累计涨幅高 30%，而太原的房价累计涨幅比地价累计涨幅低 44.6%。并且，超出地价累计涨幅的程度相对较高，特别是在房价累计涨幅最小的城市群，因此该组别总体上房价的累计涨幅要大于地价的累计涨幅。在房价累计涨幅高于全国平均水平的 11 个城市中，7 个城市的房价累计涨幅高于地价累计涨幅，并且总体上房价涨幅与地价涨幅的相关性似乎要弱于前一组。其中，杭州和青岛分列两端，前者房价累计涨幅比地价累计涨幅低 77%，而后者的房价累计涨幅比地价累计涨幅高出近 50%。需要指出的是，该阶段经历了商用土地严格执行"招、拍、挂"的制度改革和土地清理整顿，因此各地区地价累计涨幅的一大影响因素是改革前协议用地的规模，而此方面的信息极度不透明，使得我们难以准确判断各区域市场上房价与地价的关系，以及相互之间差异的来源。

**35 个大中城市 2000—2006 期间房屋销售价格与土地交易价格累计涨幅**　　表 3-18

| | 城市 | 商品房累计涨幅 | 土地交易价格累计涨幅 | | 城市 | 商品房累计涨幅 | 土地交易价格累计涨幅 |
|---|---|---|---|---|---|---|---|
| 1 | 青岛 | 90.9% | 41.4% | 19 | 银川 | 26.6% | 22.4% |
| 2 | 宁波 | 80.7% | 41.6% | 20 | 北京 | 25.4% | 8.0% |
| 3 | 上海 | 66.1% | 62.1% | 21 | 郑州 | 25.1% | 28.0% |
| 4 | 南昌 | 58.2% | 70.9% | 22 | 福州 | 22.8% | 45.5% |
| 5 | 杭州 | 56.7% | 133.5% | 23 | 贵阳 | 22.2% | 4.9% |
| 6 | 沈阳 | 52.7% | 102.9% | 24 | 石家庄 | 21.5% | -4.3% |
| 7 | 南京 | 51.5% | 29.5% | 25 | 西安 | 19.8% | 13.6% |
| 8 | 重庆 | 44.2% | 30.1% | 26 | 哈尔滨 | 18.9% | 8.0% |
| 9 | 济南 | 43.0% | 24.2% | 27 | 长沙 | 18.6% | 21.5% |
| 10 | 厦门 | 40.1% | 39.3% | 28 | 合肥 | 17.4% | 17.3% |
| 11 | 成都 | 39.8% | 55.2% | 29 | 南宁 | 17.4% | 23.9% |
| 12 | 兰州 | 37.1% | 6.1% | 30 | 西宁 | 17.0% | 15.8% |
| 13 | 深圳 | 36.6% | 11.4% | 31 | 海口 | 13.2% | 25.3% |
| 14 | 天津 | 36.3% | 32.5% | 32 | 广州 | 12.2% | -2.2% |
| 15 | 呼和浩特 | 35.2% | 37.9% | 33 | 长春 | 11.0% | 35.9% |
| 16 | 大连 | 28.4% | 14.1% | 34 | 昆明 | 6.9% | 7.3% |
| 17 | 太原 | 27.0% | 71.6% | 35 | 乌鲁木齐 | 5.5% | 10.1% |
| 18 | 武汉 | 26.7% | 11.4% | | 全国平均 | 39.2% | 40.7% |

资料来源：根据国家发改委、国家统计局《四季度 35 个大中城市房地产价格指数表（2000—2006）》绘制。

## 3.3  中国房地产业区域性差别的主要成因

从理论上来说，我国不同区域房地产业存在差异乃是必然现象。其中，经济发展水平的差异、体制改革的不同进程以及城市化水平等，可以说是造成我国房地产业在各区域之间存在明显差异的重要原因。

### 3.3.1  经济发展水平——基本决定因素

毫无疑问，从长期过程来看，不同地区经济发展水平乃是导致区域房地产差异的最基本因素。以下我们构建一个较简单的计量模型，以考察这种基本关系。

经济发展水平主要通过收入—需求—供给—价格的关系链作用于房地产业。考虑到目前人均收入指标统计方面的缺陷，我们选择国民生产总值作为地区经济发展水平的衡量指标，研究其对区域房地产总需求的影响。对于后者，我们选用了能够较好反映有效需求的商品房销售总面积指标。利用这两个指标，我们建立以下对数回归模型：

$$\ln Q_t^d = C + \beta_t \ln \text{GDP}_t + \mu_t \tag{3-4}$$

鉴于数据的可得性和准确性，我们利用 31 个省、市自治区 1997—2005 年 9 年的数据进行截面分析。由于采用的是截面数据分析，考虑到异方差问题，我们直接选择加权最小二乘法（WLS）。根据样本数据我们首先考察 2005 年度的情况，得到如下估计结果：

$$\hat{\ln Q}_{2005}^d = -1.236933 + 0.996857 \times \ln \text{GDP}_{2005}$$

$$\text{s. e.} = (0.061778)(0.006280)$$

$$t = (-20.02218)(146.1674)$$

$$R^2 = 0.999992 \quad \overline{R}^2 = 0.999991 \quad \text{S. E.} = 0.054344$$

通过对 OLS 统计结果进行 J-B 检验，如图 3-11 所示，在给定 5% 显著性水平下，J-B 值 $0.3114 <$ 临界值 $\chi^2 (2) = 5.991$，故不能拒绝残差正态分布的原假设，即可以认为该回归模型的残差服从正态分布。

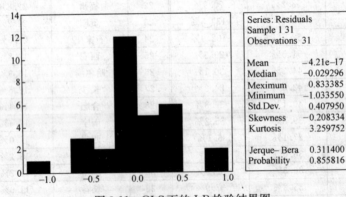

图 3-11  OLS 下的 J-B 检验结果图

上述回归结果表明：区域总产出差异对区域商品房需求量差异的解释能力达到 99.9%（5% 显著水平）；弹性约为 0.997，即当其他条件不变时，2005 年度各省市间的总产出每相差 1‰，商品房销售面积将相差 0.997‰，近乎单位弹性。由于我国各省市的区域总产出相差悬殊，如 2005 年时 GDP 最大的江苏省是排名居中的江西省的 3.11 倍，仅此就可造成两者的商品房销售面积相差 3.1 倍。如果进一步考虑到两地区的地价差异等投资成本因素，那么这种总需求上的差异就会导致更大的投资绝对量差异，如 2005 年时实际达到 5.13 倍。

不过，如图 3-12 和图 3-13 给出的 $\ln Q_{2005}^d$ 实际值、拟合值和残差情况，31 个样本的残差分布差异较明显，基本处于带状区域以外。其中，只有 7 个地区的样本残差值落在了带状区内（残差绝对值小于 0.1），说明这 7 个区域的实际情况与模型估计拟合得很好，它们分别是（5 内蒙古，10 江苏，13 福建，17 湖北，18 湖南，21 海南，31 新疆）；有 6 个地区样本残差值离带状区较远（残差绝对值大于 0.5），说明这 6 个区域的实际情况与模型估计差别较大，它们分别是（3 河北，4 山西，16 河南，22 重庆，26 西藏，30 宁夏）。换句话说，对于这些残差较大的省市，除经济发展水平因素外，还有着其他解释因素导致了它们的房地产需求差异。例如，2005 年时重庆的 GDP 仅比福建高 5%，但当年商品房销售面积却只有后者的 46.7%。

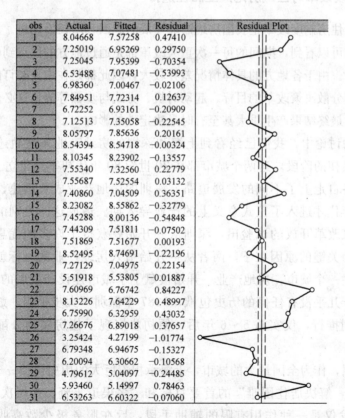

图 3-12　实际值、拟合值和残差（Ⅰ）

另外，通过对 1997—2004 年数据分别进行 WLS 回归分析，我们也发现历年来西藏、宁夏、北京、河北、上海、浙江、河南、湖南和重庆等地区的残差绝对值始终较大，即导致这些地区房地产需求有别于其他地区的其他因素的影响是长期存在的。

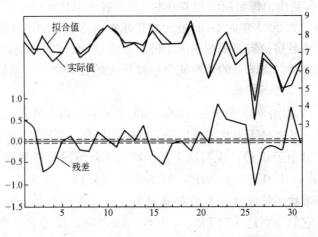

图 3-13　实际值、拟合值和残差（Ⅱ）

### 3.3.2　住房制度改革与区域房地产业路径选择

客观地说，住房制度改革是我国房地产业发展的起因和增长发动机。从前述住房制度改革的历程我们可以看到，期间的每一次重大改革都是通过地方的试点到中央决策再到各地方的推广执行。由于各地方的具体情况差异较大，因此都是在中央制订的政策原则框架下，由地方政府分散决策改革的目标、起动时机、方式与步骤等等，这必然会对区域房地产的发展路径及最终结果产生重大甚至有时是决定性的影响。

如在前面的讨论中，我们已经看到上海和深圳的房地产业发展轨迹有着显著的差异。特别是在最初的阶段，这两个城市都在 20 世纪 80 年代初率先建立了房地产开发企业，但随后就各自走上了不同的发展道路：深圳的房地产业成长迅速，而上海则延迟到 20 世纪 90 年代才进入了正式意义上的产业导入期。造成这一差别的原因是多方面的，如作为国家改革开放的试验田，深圳从一开始就获得了许多的优惠政策支持。不过我们认为更为关键的原因在于，两者从一开始引入房地产业的目标就不相同。深圳几乎是完全新建一个城市，房地产业一开始被赋予了城市建设和发展的重大历史使命。不仅如此，由于几乎没有任何的历史包袱，1987 年深圳"大步提租，鼓励买房"的房改方案得以顺利推行，仅实施 5～6 年后，便初步实现了住房实物分配向货币分配的转变。

与此相对照，作为全国最大的城市，上海承担着巨大的历史负债——住房短缺，在"加快住宅建设，解决居住困难"的首要目标和"多渠道集资、多层次建房"原则下，引入房地产开发仅是一种作用有限的辅助手段，旨在服务极少数高收入人群。如在 1986 年提出的《上海市推行住宅商品化实施办法的研究报告》中，基本思路还是"分步提租，超标加租，到 2000 年达到成本租金。"直至 1980 年代末，上海都未形成清晰而系统的住房制度改革框架，如补贴出售商品住宅、出售旧公房试点、推动"联建公助"和"合作建房"联建、改革住宅建设体制都是试点性质的单项改革。到了 1990

年，在经过多年研究、论证和广泛咨询意见后，上海才提出了"推行公积金，提租发补贴，配房买债券，买房给优惠，建立房委会"为主要内容的住房制度改革方案，并于 1992 年 2 月经国务院批准实施，标志着一个国家、集体、个人三结合的住房筹资机制开始运行。1992 年 4 月，上海明确提出了"要用改革的办法促进住宅建设，充分利用城市级差地租优势，利用外资改造旧区，建设一批内销或外销商品住宅"，确立了调整产业结构、发展房地产业等第三产业的战略目标。随后，上海的房地产业就出现了爆发式的增长。虽然作为一个比较对象，深圳可算是特例，但绝大多数大中城市在早期阶段中都有着与上海类似的经历，虽然它们在改革起动的时间、方案选择、执行力度等方面存在着较大的差异。如北京几年前还面临着较严重的住房产权问题，以致影响到其二级市场的发展。

初始路径选择的影响还是长期的。如前所述，在 20 世纪 90 年代中期的房地产业衰退中，上海的波动特征有别于国内所有城市，包括在发展水平、规模等方面最具可比性的其他三大一线城市，并且这一阶段的发展还进一步影响到进入 21 世纪以来的产业增长路径。可以设想的是，如果上海没有发生长达近五年的房价大幅下跌情况，而是像其他三大城市那样小幅地波动，那么也就不太可能出现 2003—2004 年那样的暴涨情况。对于上海房地产业在 20 世纪 90 年代中后期的独特波动成因，我们将在后面章节作具体的分析，这里仅简单指出两点：一是对于上海这种规模级的城市而言，由于前期发展的滞后和房地产投资周期长等固有特性，一旦条件成熟所出现的爆发式增长会是一把双刃剑。二是与上海市政府"九五"期间加快商品住宅建设决策及住房制度改革暂时放缓有密切联系，它们共同导致了长期存在供给增加、房价下跌情况的衰退特例。

### 3.3.3 区域住宅供给结构差异的起源

导致目前我国住宅供给格局区域性差异的原因有多方面，其中主要涉及城乡二元结构、城市化进程和住房制度改革路径选择等。

#### 3.3.3.1 城乡二元体制下的中国特色城市化进程

改革开放以来，虽然我国的城乡二元体制一定程度上受到了削弱，但并未真正打破，各个方面的城乡差距仍然是巨大的，某些方面（如收入）甚至还在进一步扩大。这既是我国的国情、发展历史所决定的，也与当前的土地、社会保障、收入分配等诸多基本制度密切相关。限于篇幅，我们这里着重讨论城乡土地二元结构问题。

自 1980 年以来，我国房地产业的引入与成长始终伴随着土地制度的改革与完善。其中最根本性的改革就是形成了城乡土地二元结构下的土地使用权制度，它恢复了土地的生产要素属性并赋予所有者参与剩余分配的权力。但是，拥有城镇土地的国家和集体拥有农村及城郊土地的农民的产权性质进而参与剩余分配的能力是不同的。一方面，城镇土地的所有权属于国家，除部分行政划拨外，城镇土地的使用权可以通过"招标拍卖"的形式转让和租售，形成土地所有权的产权市场。即城镇土地可以通过产权市场实现土地使用权的排他性、流通性和可分割性，进而实现土地产权的价值。因此，城镇土地产权一经获得就是完全产权；另一方面，农村集体土地所有权属于农村集体组织，是集体产权，从权利的行使来看，集体产权对资源各种权利的决定就必须由一个集体作出，受到规则和规范的约束，不存在个人产权的让渡。并且，按土地法规定农民集体所有的土地的使用权不得出让、转让或者出租用于非农业建设。① 因此，农村集体土地所有权是不完全产权。我国对土地使用和配置建立在这种城乡土地产权二元结构的基础上，主要表现在城镇土地产权按市场价格进行配置，农村集体土地产权按计划手段进行配置。

同时，作为经济增长进程中的一种必然趋势，自20世纪80年代中期以后，我国城市化进入了快速发展阶段，在将大量的原农村私有住宅并入城镇的同时，也为我国房地产的迅速发展提供了巨大的推动力和平台。然而，我国城乡土地产权二元体制下的城市化路径却是极其独特的。主要表现为：①城市用地的超高速扩展：1985—2000年我国城市建成区用地年均扩展速度为850km²，"十五"期间建成区面积更是以年均2016km²的速度扩张，出现了大量以新城区和开发区为主体的城市发展模式；② ②农村城市化：改革开放后，一种自下而上的，以农村工业化和农村建设用地大量形成为特征的城市化过程，农村城市化对我国经济发展起了重要的作用；③城中村现象：即伴城市发展过程出现的城市建设用地包围原有农村聚落的现象。对于这种城市化发展路径的选择，城乡土地二元结构起到了关键的作用。由于将农村土地转化为各种使用性质的城镇土地时会产生巨额的剩余租金，在现行财政分权和政府官员考核体制下，土地租金剩余对城市政府建设新城区，快速推进自上而下的城市化产生了激励，同时也推动了农村集体组织扩大农村集体建设用地、实现土地租金剩余的积极性，形成自下而上的城市化，其中就包括所谓的"小产权房"；当这两种激励在城市化过程中相遇的时候，城市政府为了最低成本地获取土地租金剩余，选择了"获取农村耕（土）地、绕开村落居民点"的迂回发展路径；同时，作为补偿政府为被征地农民留下了一定比例的农村建设用地，从而在城市国有土地范围内存在部分农村集体产权土地，就出现了所谓的城中村。③ 此后，随着城市化的进程，城中村周边的国有土地价值开始上升，并对集体土地产生正的外部性，这激励农村集体产权组织通过加大非农产业的发展，如出租住房、出租宅基地、合作办厂、建设商业街等，实现周边国有土地外部性的内部化，最大限度地获取自身的土地租金剩余。

于是，我们就看到了在中国式的城市化进程中，一边通过高速扩张将大量的农村私宅转化为城镇住宅，一边又在激励着高水平的合法和不合法的私人自建活动。最典型的一个例子当属深圳。一方面，从1980年成立特区至2005年，深圳建设用地已经超过467km²，占全部可建设用地的67%，并且总人口从1995年的300万迅速扩张至1000多万。④ 另一方面，在政府难以向大量涌入的廉价劳动力提供住宅保障的背景下，作为低成本扩张结果的城中村以高水平自建活动有效满足了这一市场需求。据估计，2005年时深圳市共有241个城中村，总面积达到1亿m²，其中出租屋面积有8000多万m²，占全市1.5亿m²出租屋总面积一半以上。⑤ 事实上，这种现象并非深圳所独有，它存在于近乎当代中国所有城

---

① 农村集体土地可以分为农用地、建设用地、未利用地，国家规定农村集体范围内的农民都享有对土地的承包权，同时国家鼓励土地承包权的流转，但只限于农业用途，而且具有地域的限制，农村土地及土地的承包权不能抵押；建设用地是指农民集体所有的、一般是地处农村、并经依法批准使用的兴办乡镇企业用地、村民建住宅用地、乡（镇）村建设公共服务设施和公益事业建设用地。

② 有关年度《中国统计年鉴》。

③ 李郇，徐现祥，罗诗媚：《基于城乡土地二元产权结构的我国城市化机制》，2006。

④ 2004年底官方公布的常住人口为597万，其中户籍人口165万，另据估计还有居住不满一年的流动人口至少有600万。

⑤ 《深圳城中村改造——成缓解饥渴楼市的救命稻草！》，21世纪经济报道，2005-06-13。

市的扩张进程中，差别只在于程度问题。

最后，我国仍然是一个农业人口居多的国家，因此农村住宅比重总体上高于城镇住宅比重以及农业人口越多的地区比重也越高等现象都是合理的。然而问题在于，农村住宅与城镇住宅的相对比重应随着城市化的进程而此消彼长，但是城乡土地二元体制及其他制度安排却导致了另一种具有中国特色的城市化现象：农村人口并未真正意义上地转化为城镇人口。按现行法规，农民进入城市工作和生活，其所承包的土地必须交回村集体，不再享有作为集体成员的那种抽象的土地所有权，而且宅基地也不能自由转让，即便以所谓的"小产权房"形式交易也因其不完全的、得不到法律保护的产权性质而导致交易价格大大低于产权房。同时，现行的城镇社会保障制度又未对进城务工人员开放。在此背景下，农民在进入城市以后得不到放弃土地财产权的任何补偿，农民也不愿意放弃土地，从而不得不选择定居农村、在城市打工的生活，并回过头来将在城镇赚取的收入用于居住地的消费，其中最重要的一项就是住宅，于是也就出现了高水平的农村住房建设活动，甚至出现城市、农村两套房的现象。例如，1990—2005 年间，我国城镇住宅累计竣工 69.8 亿 $m^2$，而农村住宅累计竣工 115 万 $m^2$，为前者的 1.6 倍，即使是在城市化进程明显加速的"十五"时期，两类建房竣工面积分别为 35 亿 $m^2$ 和 43.7 亿 $m^2$，差距仍然达到 1.2 倍。[①] 另据报道，在北京居住 15 年以上的 50 万外地人大多拥有两套住房，城里一套、农村一套。[②]

### 3.3.3.2  其他城镇住宅供给方式：历史与反思

从增量的角度来看，虽然在最新的统计口径中城镇住宅供给只有包括经济适用房在内的商品住宅和城镇工矿个人自建住宅等两大类，但实践中曾起过重要作用并占有相当比重的城镇集体建设、基本建设等供给方式实际上并没有退出历史舞台，而是以经济适用房、重大工程配套商品房等各种形式出现。可以说，在城镇住宅供给体系中，近年来商品住宅比重的上升相当程度上是源于对之前基本建设、更新改造和城镇集体建设住宅的替代，甚至有一部分纯粹是名目的简单变更。然而，作为一种介于个人自建和完全商品化之间的住房，它们直接关系到地区住房保障，关系到区域房地产业的市场化程度。

自住房改革以来，单位集资合作建房一直是我国城镇住宅供给的主要方式之一，在改革的早期阶段曾一度被视为一种解决住房短缺问题的主要手段而被予以各种优惠政策。1998 年国家宣布停止福利分房后，针对一些实际困难，集资建房的"优惠"政策仍得以保留，但对其单位性质、建设标准等作了严格界定：住房困难户较多的工矿区和困难企业，经批准可以在符合土地利用总体规划等前提下，利用单位自用土地进行集资、合作建房，对象限定在单位无房户和住房困难家庭。实质上，单位集资合作建房属于经济适用房体系，只是尚未纳入经济适用房管理体系。由于实践中这些规定普遍未被严格遵守，单位集资合作建房成为各地变相搞实物分房或房地产开发经营的主要途径。例如 1998 年时，我国单位集资合作建房仍占到城镇新建住宅的 7.3％，2003 年时仍达到 6.8％；[③] 1998—2003 年期间，仅北京一市，经批准公开建设的经济适用房为 2246 万 $m^2$，而非公开销售

---

①　限于数据原因，这里我们采用了增量比较，但是更为准确的方式应是比较城乡住房存量结构的变动。
②　《当住房保障遭遇制度困境》，21 世纪经济报道，2007-07-03。
③　《中国统计年鉴（2004）》。

的单位集资合作建房达到了 2560 万 m²。① 在此背景下，国务院在 2003 年下发的《关于促进房地产市场持续健康发展的通知》中，明确规定集资建房是经济适用房建设的组成部分，建设标准、参加对象和优惠政策，按照经济适用房的有关规定执行，任何单位不得以此名义，变相搞实物分房或房地产开发经营。此后虽然统计数据上取消了城镇集体单位建房项目，但实践中，大量的单位集资建房变相地以经济适用房或"委托代建"、"定向开发"商品房等面目出现，尤其是各地党政机关建房，有的甚至占到当地经济适用房建设总量的三分之一，经济适用房建筑面积平均达百多平方米的现象也与此有着莫大的关系。为此，2006 年建设部、监察部、国土资源部联合下发了《关于制止违规集资合作建房的通知》，停止审批党政机关集资合作建房。但是随着各地房价的持续上扬，广州等部分地方正在重新开闸。

显然，问题不在于集资建房本身，也不在于政策，而是出在政策的执行上。通过在公平原则上完善现行制度，恢复其住房保障的性质，减少对市场的扭曲程度，集资建房完全有可能重新发挥历史上其在城镇住宅供给中的作用。

以上研究表明，虽然成长于特殊的转轨背景下，前期的改革也在不同区域房地产业的增长路径上留下深深的烙印，但是房地产业本质上是一种区域性产业，其增长、波动以及经济贡献主要取决于区域内部的基本因素。在住房货币化改革已经基本结束、产业已经进入了市场化轨道的时候，继续对有着不同发展阶段、不同波动周期、不同规模结构的区域房地产市场实行统一政策干预的可能绩效是有极大疑问的。例如，在一个经济高速增长的环境下，当试图为抚平局部市场的波动而实行全局的调控政策时，会严重干扰到正处于不同波动阶段的其他局部市场的正常运行。因此，国家应将促进区域房地产业健康发展的主要职责交予地方政府承担，而将主要精力放在一些影响产业发展的基本制度的改革与完善上。其中，最重要的当属继续深化土地制度改革和完善住房保障制度。

---

① 《当住房保障遭遇制度困境》，21 世纪经济报道，2007-07-30。

# 4 房价的长期波动：理论、经验及对上海的初步观察

房价上涨是近几年来我国房地产业中最为引人注目同时也是争议最多的问题。抑制房价上涨不仅是近年来我国政府调控房地产业的重要目标，而且也是我国政府推行公共住房政策的出发点之一。

理论和经验表明，住房长期供求及价格决定与国民（区域）经济及收入、人口总量与结构、住房存量与流量、金融与税收以及政府规制与住房制度等多种因素存在着密切的相关关系，但是这种由多种因素共同作用且随时间发生变动的住房价格形成机制无疑是极其复杂的，现有的理论和经验分析工具都还存在着相当的缺陷，以致国内外的相关研究尤其是经验性研究成果往往存在着许多不一致之处，甚至不时地引发激烈的争论。就此而言，作为一次有限的尝试，本章和第六章的主要目的并不在于评价各主要房价决定因素的具体影响，而是在理论评述基础上，以上海为例，较系统地总结在一个较长时间框架下房价波动的基本规律，识别在不同条件下各主要因素的作用与机理。

## 4.1 房价波动及其决定因素：OECD 国家的经验

发达国家有着相对成熟的房地产业与市场，制度环境也相对的稳定（除了偶尔发生的重大变革），因此其经验能够较好地揭示长期房价波动的基本规律。而集合了当今世界主要发达国家的 OECD 组织，已成为当代跨国比较研究的主要对象。①

### 4.1.1 经验性描述

#### 4.1.1.1 周期性波动

经过战后重建和发展，到 20 世纪 60 年代末大多数 OECD 国家都基本实现了工业化，城市化进程基本完成或速度明显放缓，住房需求也从战后的短缺转向满足增量需求和提高住房质量的平稳发展阶段。

在 1970 至 1995 年期间，各 OECD 国家的房价波动呈现出一种与宏观经济周期紧密相关的波动趋势。如图 4-1 所示，OECD 国家整体的真实房价的波动周期与宏观经济周期基本一致，并且由扩张到紧缩、由萧条到复苏的转折要滞后于商业周期。

Girouard 等（2006）发现，在 1970 年至 1990 年代中期，OECD 国家整体的真实房价周期长度在 10~15 年范围内，平均约十年左右，其中扩张阶段约为 6 年，平均累计涨幅

---

① OECD 为 Organisation for Economic Co-operation and Development 的缩写，现成员计 18 个国家，分别为美国、英国、荷兰、芬兰、丹麦、爱尔兰、德国、意大利、法国、西班牙、挪威、瑞典、澳大利亚、新西兰、日本、韩国、加拿大、瑞士。

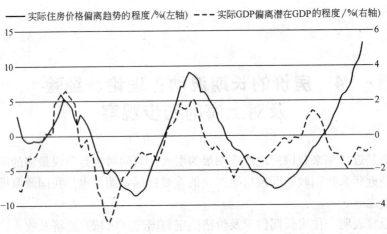

资料来源：Girouard 等（2006），9 页。

图 4-1 OECD 国家房价周期与商业周期

为 45.6％；衰退阶段约 5 年，平均累计跌幅约在 25％左右。如果将真实房价至少连续六个月内累计上升或下跌 15％以上作为衡量基准，则期间 OECD 国家总共发生了 37 次大的上涨和 24 次大的下跌，其中 20 世纪 70、80 和 90 年代分别出现了 12 次、15 次和 8 次大的上涨；各国平均上升 2.1 次和下跌 1.3 次，这也反映出真实房价波动的长周期性质。在 2/3 的完整周期中，大的上升后出现了跌幅达到 15％以上的大下跌，之前的累计涨幅有 1/3 至 100％被抵消掉。

#### 4.1.1.2 波动上升的总体趋势

自 1970 年以来，OECD 国家的真实房价呈现出一种波动上升的趋势。如表 4-1 所示，1970—1995 年期间，OECD 国家整体的真实房价累计上涨了 57.4％，年均增长 2.3％，这通常被认为是源于人均收入增长、人口增长、土地稀缺、规划限制、质量改进、相对较低的建筑生产率等供需因素共同作用的结果。

但是，各国之间的差异却非常显著。有 7 个国家的累计增幅超过 100％，其中最高的是新西兰，高达 313.1％；有 2 个国家的累计增幅为负数，最低的芬兰，为－47.2％；德国、挪威和瑞典三国的累计增幅只有一位数，这再次反映出各国在房价基本决定因素方面的巨大差异。

#### 4.1.1.3 房价的调整

OECD 国家的经验表明，当房价处于上升周期时，增长速度往往很快，但向下调整时则往往较缓慢，特别是以名义价格衡量时尤其明显。同时，当出现大的转折时，通货膨胀率越高，则真实价格下跌速度也越快，反之则越慢；通货膨胀率越高，则调整的时期越短，反之则越长。这一不对称的调整特性主要是由于住房的高度异质性、高搜寻成本和高交易成本等固有特征。当市场环境不利时，住房所有者倾向于退出市场而不是降价抛售。相反，当市场景气时，住房所有者更倾向于快速地提高售价。此外，近期对英国、美国房价的研究表明（Meen，2006），预期也是导致这种调整不对称性的一个原因，即预期对上升时的价格有显著的正面影响，但下跌时却没有显著的影响。

**OECD 国家住房真实价格年均变动率（1970—2005）** 表 4-1

| | 1970—1975 | 1975—1980 | 1980—1985 | 1985—1990 | 1990—1995 | 1995—2000 | 2000—2005 | 1970—1995 | 1970—2005 |
|---|---|---|---|---|---|---|---|---|---|
| 美国 | 1.6 | 1.4 | 1.2 | 1.1 | −1.1 | 2.3 | 6.4 | 22.1 | 79.7 |
| 日本 | 3 | 2.1 | 1.2 | 0.5 | −2.9 | −2.6 | −4.6 | 18.0 | −20.9 |
| 德国 | 0.5 | 0 | −0.4 | −0.7 | 0.8 | −1.6 | −2.8 | 0.8 | −20.2 |
| 法国 | 1.8 | 2.2 | 2.7 | 3.2 | −2.7 | 2.1 | 9.4 | 37.8 | 123.8 |
| 意大利 | 6.4 | 6.4 | 6.6 | 7.1 | −1.8 | −0.9 | 6.6 | 185.7 | 262.9 |
| 英国 | 5 | 4.4 | 4 | 3.7 | −4.4 | 8.1 | 9.9 | 69.1 | 255.3 |
| 加拿大 | 6.6 | 6.8 | 6.8 | 6.9 | −1 | 0 | 5.9 | 205.1 | 295.2 |
| 澳大利亚 | 4.6 | 4.3 | 4 | 3.6 | −0.2 | 3.5 | 7.7 | 109.5 | 240.9 |
| 丹麦 | 3.9 | 4 | 3.8 | 3.4 | 1.8 | 6.7 | 5.5 | 117.6 | 270.4 |
| 芬兰 | 0.9 | 0.4 | 0.2 | 0 | −10.2 | 7.8 | 3.8 | −47.2 | −12.7 |
| 爱尔兰 | 1.3 | 1.2 | 1 | 0.7 | 1 | 17.6 | 7.8 | 28.8 | 236.6 |
| 荷兰 | | 3.4 | 4 | 4.9 | 4.6 | 10.8 | 2.6 | 147.3 | 330.3 |
| 新西兰 | 8.4 | 7.8 | 7.3 | 6.9 | 2.8 | 1.7 | 9.8 | 313.1 | 567.9 |
| 挪威 | 0.5 | 0.4 | 0.6 | 0.7 | −0.6 | 9.3 | 4.5 | 8.1 | 94.0 |
| 西班牙 | 3.8 | 2.5 | 2.4 | 2.5 | −1.6 | 2.6 | 12.2 | 55.2 | 182.3 |
| 瑞典 | 1.2 | 1.7 | 2 | 2.5 | −5.8 | 6.3 | 6 | 1.1 | 72.7 |
| 瑞士 | 0.8 | 0 | −0.6 | −1.3 | −6 | −2.7 | 1.5 | −34.0 | −38.6 |
| 平均 | 3.1 | 2.9 | 2.8 | 2.7 | −1.6 | 4.2 | 5.4 | 57.4 | 141.9 |
| 不含日本、德国平均 | 3.3 | 3.1 | 3.1 | 3.1 | −1.7 | 5 | 6.6 | 64.2 | 173.1 |

资料来源：Paul（2006），5 页。

根据 Meen 的研究，在 20 世纪 70 年代的普遍高通胀环境下，德国、日本等国的真实房价向下调整的速度非常快，年均下跌达到 9％～10％，调整的周期也较短，大多在 3～4 年内完成。但是在进入 20 世纪 90 年代后，由于各国的通货膨胀率普遍较低，从而使得调整的速度较慢，调整的时间也越长，特别是日本、德国和瑞士三国。

### 4.1.1.4 新一轮房价上升趋势

自 1995 年左右以来，除日本、德国和瑞士等少数国家的房价继续低迷外，其他 OECD 国家都先后进入了一个延续至今的超周期上涨阶段。与过往 20 年的经验相比，目前的繁荣表现出三个突出的特征（参见表 4-2）：

一是上涨幅度惊人。如截至 2005 年第四季度，13 个成员国的平均累计真实涨幅达到 110％，年均增长 7.7％；最高的爱尔兰达到 265％，年均增长 10.3％；最低的芬兰因起动时间较晚也达到了 29％，年均增长 6.1％。并且除芬兰外，其他国家的累计增长幅度都超过了各自的历史最高水平。

| | 持续时间 /季度 | 真实房价 | | | 持续时间 /季度 | 真实房价 | |
|---|---|---|---|---|---|---|---|
| | | 累计增长 | 年均增长 | | | 累计增长 | 年均增长 |
| 爱尔兰 | 53 | 265% | 10.30% | 法国 | 35 | 90% | 7.60% |
| 荷兰 | 81 | 194% | 5.50% | 新西兰 | 20 | 69% | 11.10% |
| 挪威 | 51 | 142% | 7.20% | 美国 | 43 | 60% | 4.50% |
| 英国 | 40 | 140% | 9.20% | 意大利 | 30 | 54% | 5.90% |
| 丹麦 | 50 | 134% | 7.00% | 加拿大 | 29 | 38% | 4.50% |
| 西班牙 | 36 | 130% | 9.70% | 芬兰 | 17 | 29% | 6.10% |
| 瑞典 | 38 | 91% | 7.10% | 平均 | 40 | 110% | 7.70% |

资料来源：Paul（2006），11 页。

二是上升周期普遍较长，其中的大部分国家都超过了历史水平，如荷兰、澳大利亚、挪威、瑞典和美国的上升时间至少是以往的 2 倍。特别是荷兰达到了 81 个季度，累计增长了 194%，年均增长 5.5%。② 更重要的是，由于 2000 年后期发生了由高科技泡沫破灭引发的经济衰退，目前的房价增长周期明显脱离了前期仅略滞后于商业周期的波动轨迹。

三是各国间房价增长的联动性明显加强。如 20 世纪 70 年代中期以来的第一个周期中，17 个 OECD 成员国中，在某年度中 5 年内真实房价累计增幅超过 25% 的国家数最高为 1976 年的 5 个国家；在 80 年代中期开始的第二个周期中，最高的是 1990 年的 9 个国家；2004—2005 年时则达到 13 个。③ 考虑到各国房价决定因素的差异性，这种联动性的增强表明一个或多个共同的因素在发生重要的作用。

### 4.1.2　房价的决定因素

导致 OECD 国家最近一轮超越趋势的房价上升周期的原因，现已成为各国政策部门、监管部门和学术界研究的重点，而争论的焦点集中在是基本因素变动所致还是一场最终要回归趋势的房产泡沫，对此直至目前都没有一致的结论。例如，当解释房价的变动时，各类研究或者归因为存在投机性泡沫，或者认为是解释因素与房价的相关关系不稳定所致。从本质上来说，这些争论既源自各种经济理论之间的分歧，也源于计量经济学等方法论和工具的固有缺陷，特别是在面对极其复杂的房价形成机制时。这里，我们先抛开这些争论，而主要关注两个基本问题：一是那些在长期中是否存在某些与住房供求进而价格决定形成某种相对稳定关系且具有较大影响力的基本因素，其二是那些可能导致上述基本因素的影响发生某些重大变化的结构性变动。

#### 4.1.2.1　长期弹性关系

在国家加总层次上，理论和经验表明长期中决定住房供求及价格的基本因素主要包

---

① 真实价格，截至 2005 年第四季度。

② 在 2005 年，英国和荷兰的房价增长一度放缓，但 2006 年后开始再次上扬。

③ Girouard 等（2006）。

括国民经济及收入、人口总量与结构、住房存量与流量、金融与税收以及政府规制与住房制度等等。Meen & Andrews（1998）在综合各国经验研究成果的基础上，发现在国家层次上存在着以下一些长期弹性关系。[①] 房价对真实利率的弹性为−0.02 至−0.04，即真实利率下降一个百分点，房价会上升2～4个百分点；房价对真实收入的弹性为1.7 至3.0，即真实收入增加1%，房价上升1.7%到3.0%；类似地，房价对住房存量的弹性为−2.0 至−3.0，对家庭量的弹性为2.0 至3.0。通常，这些弹性之间是相互影响的。如 Meen（2006）指出，无弹性的供给会产生较高的价格收入弹性和价格利率弹性，而在经济周期中收入和利率都是波动的，因此我们可以观察到房价的更大波动。至于住房需求的收入弹性，在截面模型中得到的经验性结果一般为0.5～1，在时间序列模型中可高至1.5，表明相对于收入的增长而言中短期内住房需求可能缺乏弹性，即消费者在一定时期内可以延迟住房消费，但长期中会随着收入的增长提高自己的住房消费水平；需求的价格弹性在−0.5 左右，表明缺乏弹性。此外，大量的经验研究表明由于存在着高交易成本，住房市场表现出明显的弱有效市场特性，即使是在住房市场高度发达、制度完善的美、英等国，其中一个最显著的特征就是历史价格变动对未来价格变动通常都有很高的解释力。

### 4.1.2.2　房价生命周期模型与经验解释

在国家房价的相关经验研究中，历史上曾先后出现过四类研究方法。一是只包含有限的经济理论基础的早期特定模型，二是衡量价格与建造成本的加成模型，三是简化形式的住房供需结构方程，四是家庭行为生命周期模型。当代的大多数研究都采用第四种模型，主要是因为它能够较好地把握住房需求的消费与投资二重性。

在常见的生命周期模型中，从一阶条件，住房需求与合成消费品的边际替代率（$\mu_h/\mu_c$）由方程（4-1）给出：[②]

$$\mu_h/\mu_c = g(t)[(1-\theta)i(t)-\pi+\delta-\dot{g}^e/g(t)] \tag{4-1}$$

$$\mu_h/\mu_c = g(t)[(1-\theta)i(t)-\pi+\delta-\dot{g}^e/g(t)+\lambda(t)/\mu_c] \tag{4-2}$$

式中　$g(t)$——真实房价；

$\qquad\theta$——家庭的边际税率；

$\qquad i(t)$——市场利率；

$\qquad\delta$——住房折旧率；

$\qquad\pi$——通货膨胀率；

$\dot{g}^e/g(t)$——预期的房价增长率。

式（4-1）的右边即自有住房服务的各期真实成本（即住房所有者的资本成本）。如果消费者受到信贷限制，则式（4-2）成立，其中$\lambda(t)$为信贷配给限制的影子价格。在完美的市场上，通过套利，房价将是未来各期租金的净现值，如式（4-3）：

$$g(t)=R(t)/[(1-\theta)i(t)-\pi+\delta-\dot{g}^e/g(t)+\lambda(t)/\mu_c] \tag{4-3}$$

其中$R(t)$为住房服务的估计租金价格。式（4-3）表明，如果存在信贷限制，则贴现率上升（分母），从而市场价格会低于无信贷限制条件下的价格水平。

---

① 在区域层面上，各种弹性关系差异很大，反映出区域住房市场的特殊性和复杂性。

② 这是标准的资产定价模型用于房产定价时的一种变形。

式（4-3）构成了一个传统观点的基础，即房价与租金之间存在着固定的关系，而这需要贴现率保持恒定。然而现实中，我们需要进一步考虑以下影响因素：首付要求和交易成本意味着家庭可能长期处于非均衡状态，即要考虑信贷限制；预期的房价影响贴现率；与住房相关的税收优惠和交易成本（如契税）也会影响贴现率。这些因素变动的总体影响可能是难以识别的，但有理由相信自20世纪80年代以来放松金融规制所带来的影响将是一种长期的结构性影响。由式（4-3）可知，当代放松住房抵押贷款限制及相关创新可降低贴现率，从而提高了房价租金比。

式（4-3）意味着是真实利率而不是名义利率决定长期房价。但经验上，名义利率和首付要求（属于一种信贷限制形式）可能都是重要的决定因素，那么这将意味着不存在固定的房价租金关系。如图4-2所示，自20世纪90年代以来，世界各国的利率水平普遍持续走低。Girouard等（2006）等许多研究都发现尽管房价上升幅度巨大，但低名义利率水平使得实际债务偿还负担并没有明显高于20世纪90年代（见表4-3）。并且，在有着固定利率传统的欧美各国，在本次房价上升周期中，浮动利率贷款的比重明显增加，反映出低名义利率确实影响到购房者的选择。当然，对于这种低通胀、低名义利率条件下的消费者行为是源于货币幻觉还是因为长期的低真实利率趋势，目前仍有相当大的争论。实际上，近期经验研究中的一个共同发现就是房价是否高估及高估程度的经验判断对利率变动极其敏感，即都与所估计的未来长期利率水平高度相关。

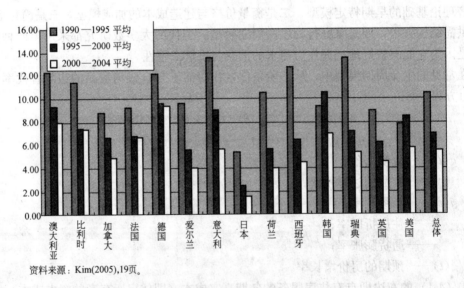

资料来源：Kim(2005),19页。

图4-2　全球利率变动（1990—2004）

第三，通常认为房价与收入之间存在着长期稳定的关系，如美英等国都基于此设定支付能力标准，房价收入比指标也被常常用来判断房地产泡沫，但是式（4-3）及各国的经验都没有表明必然存在着这种关系（参见图4-3）。

第四，经验表明家庭财富与房价之间存在着正相关关系，而当代各国的住房制度改革往往都伴随着公有住房的私有化以及较租赁而言对自有住房的明显支持倾向（如抵押贷款利息抵税等）。因此，已经拥有住房的家庭往往是改革和高房价的受益者，首次购房者或不拥有房产的家庭将面对更高的房价而利益受损。

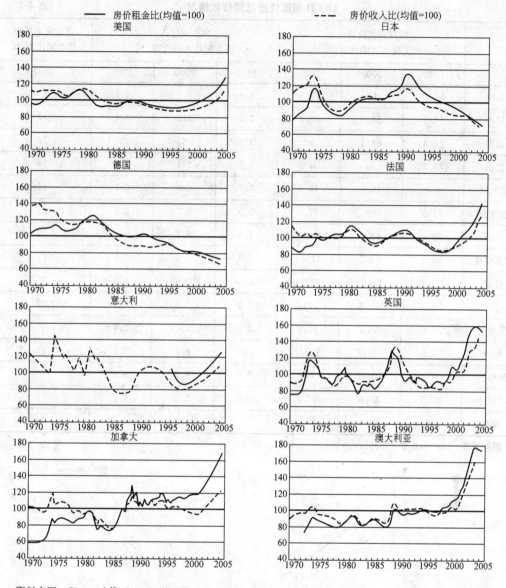

资料来源：Girouard 等（2006）；17 页。

图 4-3　部分 OECD 国家的房价租金比与房价收入比变化趋势（1970—2005）①

　　第五，包括规划在内的各种政府规制可能会导致长期供给弹性的降低，会引致较高的价格收入弹性、利率弹性等等，进而增加房价的波动性和波动幅度（如图 4-4）。如大量研究表明规划等因素是导致英国和美国部分城市近期高房价的主要原因之一。例如，国际比较显示英国的住房供给弹性只有法国的 1/2、美国的 1/3、德国的 1/4；纵向研究显示英国战前的住房供给弹性是战后的 4 倍，20 世纪 90 年代时几乎降至零，这意味着供给对房价无反应，任何需求的增加都会导致更高的房价。②

---

①　收入为包含社保等支出的税前总收入。
②　Barker（2003）。

| | 抵押贷款负债占可支配收入的比重/% | | | 利息支付占可支配收入的比重/% | | | 浮动利率抵押贷款的比重/% |
|---|---|---|---|---|---|---|---|
| | 1992 | 2000 | 2003 | 1992 | 2000 | 2003 | 2002 |
| 美国 | 58.7 | 65 | 77.8 | 4.9 | 5.2 | 4.5 | 33 |
| 日本 | 41.6 | 54.8 | 58.4 | 2.5 | 1.3 | 1.4 | |
| 德国 | 59.3 | 84.4 | 83 | 3.9 | 4 | 3 | 72 |
| 法国 | 28.5 | 35 | 39.5 | 1.7 | 1.4 | 1.1 | 20 |
| 意大利 | 8.4 | 15.1 | 19.8 | 0.7 | 0.8 | 0.7 | 56 |
| 加拿大 | 61.9 | 68 | 77.1 | 5.9 | 5.7 | 4.9 | 25 |
| 英国 | 79.4 | 83.1 | 104.6 | 4.4 | 3.7 | 3 | 72 |
| 澳大利亚 | 52.8 | 83.2 | 119.5 | 4.8 | 6.4 | 7.9 | 73 |
| 丹麦 | 118.6 | 171.2 | 188.4 | 10.6 | 9.9 | 8.3 | 15 |
| 芬兰 | 56.7 | 65.3 | 71 | 7.1 | 2.9 | 1.9 | 97 |
| 爱尔兰 | 31.6 | 60.2 | 92.3 | 2.3 | 3 | 2.5 | 70 |
| 荷兰 | 77.6 | 156.9 | 207.7 | 5 | 8.4 | 8.2 | 15 |
| 新西兰 | 67 | 104.8 | 129 | 6.9 | 9.3 | 9.4 | |
| 西班牙 | 22.8 | 47.8 | 67.4 | 1.6 | 2.2 | 1.7 | 75 |
| 瑞典 | 98 | 94.4 | 97.5 | 5 | 4.2 | 3.3 | 38 |

资料来源：Girouard 等（2006），20 页。

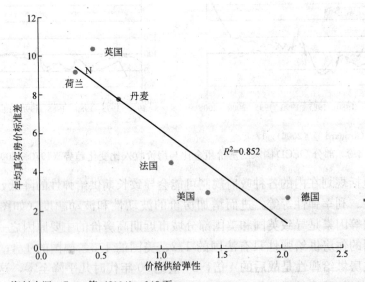

资料来源：Catte 等（2004），148 页。

图 4-4　部分发达国家的房价波动与供给弹性（1970—2000）

　　第六，较高的房价对住房存量弹性意味着，如果存量基数很大，新增存量的比例将相对较小，即便相对较大幅度地增加供给也不会明显降低房价，此时存量的修缮可能要更为重要；反之，如果存量基数较小，新增存量比重高，促进供给对抑制房价的作用将会比较显著。

最后，不同的地区、不同的发展阶段存在着类似于自然失业率的自然住房自有率，政府的促进住房自有政策有可能导致适得其反的结果。

## 4.2 上海市的长期房价波动：初步观察

自 1987 年有正式的价格纪录以来，上海市的住房价格波动大致经历一个完整的周期（1987—1999 年）和 2000 年以来的新一轮上升阶段。[①]

### 4.2.1 1987—1994 年的繁荣阶段

1987—1999 年为上海市房价波动的第一个完整周期。其中，1987—1994 年为繁荣阶段，1995—1999 年为衰退阶段。由于统计原因，图 4-5 和图 4-6 中以个人购房均价反映出来的衰退周期只到 1996 年，此后就开始缓慢地回升，但如果我们考察较能反映同质同类价格变动的中房指数（参见图 4-7），则可以清晰地看到这一衰退周期的低谷实际上出现在 1999 年。[②③]

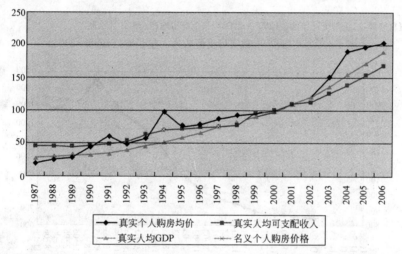

资料来源：《上海统计年鉴》（2000—2006）、《上海房地产志》、《2006 年上海市国民经济和社会发展统计公报》计算绘制。

图 4-5 上海市个人购房均价（1987—2006，2000 年＝100）[④]

---

① 1987 年 4 月，上海市房地产交易所成立后才开始有较系统的住房价格记录，因此我们选择 1987 年作为分析的起点。

② 上海统计局公布的商品住宅销售价格指数 1999 年同比下跌 3.8％，2000 年继续微跌 1.4％，和这里的判断基本一致。

③ 在以下的讨论中，对于早期阶段的房价变动情况，我们采用唯一可用的销售均价指标，而对于 1995 年后的房价变动情况，我们主要采用中房上海住宅价格指数，必要时也会结合其他房价指标。

④ 图 4-6、图 4-7 因统计口径和数据来源关系，1987—1994 年的个人购房均价以私房交易价代替，1995 年后为历年统计年鉴公布的个人购房均价。采用个人购房均价指标是为了更真实地反映个人决策下的长期价格变动，尽可能地剔除早期阶段中占较大比重的企业团体购买影响。

这一时期上海市的商品房实行内销和外销双轨制，其中内销商品房又分为侨汇房（高标准内销商品住宅）和一般商品住宅。①② 此外，私房也开始进入市场交易，如 1987—1995 年市区年成交量平均在 4000 笔以上。因此，当时的市场上实际上存在着四大类商品住宅价格。

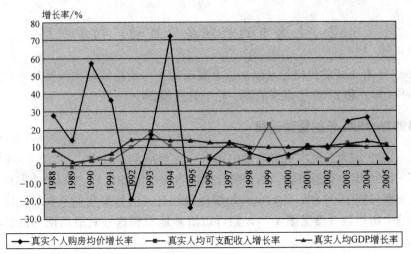

资料来源：《上海统计年鉴》（2000—2006）、《上海房地产志》计算绘制。

图 4-6　真实房价 vs 真实可支配收入：增长率（1988—2005）

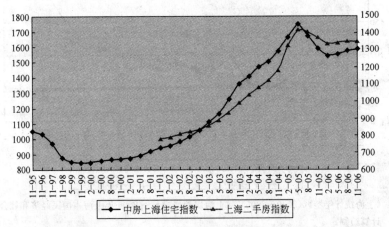

资料来源：中国指数研究院，上海二手房指数办公室。

图 4-7　中房上海住宅指数与上海二手房指数

在此期间，上海市商品住宅价格管理的模式也在逐渐变化。1988 年前，商品房价格是严格按照计划商品定价的方式确定，在企业扣除成本与管理费之后按政府规定加上一定

---

①　外销商品房指在 1988 年后通过批租或补地价而获得的受让地块上建造的房屋，用于向境内外销售的商品房。

②　1979 年，上海市建设委员会从统建工房中拨出 20 套出售给归侨及侨眷，因按侨汇结算，故称"侨汇房"。自 1984 年起，售房对象扩大到港、澳、台胞在上海市有常住户口的亲属或代理人，还包括上海市有支付能力的居民，故改称"高标准内销商品住宅"。1990 年进一步放宽侨汇房的买卖对象范围。一般商品住宅出售试点始于 1979 年。出售的对象是市区常住户口的居民，基本定价建筑面积每平方米 360 元，给予分期付款和低息优惠。1984—1987 年为扩大试点时期，改为补贴出售方式。1988 年之后，各企事业单位自建的住宅向职工按优惠价出售，称为"优惠价房"。

比例的法定利润，即标准的成本加成定价。1988 年，为使商品住宅价格管理适应房地产市场发展需要，上海市的内销商品房定价开始由国家定价向国家指导价转轨，实行最高限价管理。① 到了 1992 年 12 月，上海市对原有的房地产开发经营政策再次进行了调整，在继续区分内外销售对象的基础上，正式取消所有的价格管制。

由于处在土地使用和住房的行政分配与市场交易双轨并存的过渡阶段，在这一轮上升周期中，各类商品住宅价格上涨幅度非常大，远远超过了同期 GDP 和收入的增长幅度（参见表 4-4）。其中，一般商品房自取消政府定价后的 4 年间上涨了 277%；1985—1992 年期间高层和多层高标准内销商品房分别上涨了 774% 和 742%；1987—1993 年期间市区私房交易价格上涨了637%，1994 年时每平方米均价达到 2316 元，为 1987 年 170 元的 13.6 倍。

四类商品房平均价格指数（1985—1995）　　　　　　　　　　　　表 4-4

1986—1992 年一般商品房平均价格指数

| 年份 | 1986 | 1987 | 1988 | 1989 | 1990 | 1991 | 1992 | |
|---|---|---|---|---|---|---|---|---|
| 指数 | 100 | 100 | 100 | 144 | 167 | 157 | 277 | |

1985—1992 年市区高层高标准内销商品房平均价格指数

| 年份 | 1985 | 1986 | 1987 | 1988 | 1989 | 1990 | 1991 | 1992 |
|---|---|---|---|---|---|---|---|---|
| 指数 | 100 | 133 | 137 | 167 | 235 | 235 | 336 | 774 |

1985—1992 年市区多层高标准内销商品房平均价格指数

| 年份 | 1985 | 1986 | 1987 | 1988 | 1989 | 1990 | 1991 | 1992 |
|---|---|---|---|---|---|---|---|---|
| 指数 | 100 | 90 | 148 | 190 | 256 | 291 | 417 | 742 |

1987—1995 年市区私房交易平均价格指数

| 年份 | 1987 | 1988 | 1989 | 1990 | 1991 | 1992 | 1993 | 1994 | 1995 |
|---|---|---|---|---|---|---|---|---|---|
| 指数 | 100 | 153.87 | 203.64 | 304.02 | 513.38 | 455.92 | 637.26 | 1359 | 1280 |

资料来源：《上海房地产志》。

导致商品房价如此大幅上升的原因是多方面的。首先，期间通货膨胀率较高，如1987—1992 年期间的 CPI 由 147 点上涨到 265 点，物价上涨了 1.79 倍，因此剔除通胀因素后一般商品房实际上涨 153.9%。其次，在土地有偿使用制度改革后，住房建造成本中增加了一大块土地出让金等成本项目。同时，作为一种让人们可以有期限使用土地、使住房变成私有财产的必要代价，收取土地出让金的合法化，无疑也改变了购房者的预期和住房的潜在价值。第三，这一阶段商品住宅的销售对象是弹性较低的高收入人群和企业团队，而期间供应量却相对较低，如 1986—1992 年期间累计竣工量只占到全市住宅竣工量的 14%。② 第四，在党中央、国务院关于开发、开放浦东的战略决策和邓小平南方重要谈话的推动下，境内外投资者大量涌入，市场急剧升温。例如，除私房外，1992 年其他三类商品住宅价格同比增长了 70%～130%，远高于前期的增幅。最后，从政府定价到最高

① 1988 年 10 月 12 日，市政府批准房管局《土地使用权有偿转让房产经营管理实施细则》，将批租地块上的建筑物（不论住宅与非住宅），其价格可由买卖双方协商决定。

② 《上海房地产市场》（2004）。

限价再到市场定价，商品住宅的价格需要有一个重新发现和回归真实价值的过程。由于市场形成时间较短，规模相对较小，而住房的搜寻与交易成本又非常高，从而决定了在这种薄市场条件下（thin market）的价格发现过程需要较长的时间，并且与短期内的经济及收入增长的关联性相对较低，价格波动也会非常大且频繁。

然而，随着市场的继续升温，出现了投资过热的趋势，如1994年时上海市的住宅投资同比增长了289.7％，1995年又增长了44.3％；住宅投资占GDP的比重分别上升到15.1％和17.4％，而且1993年时仅为5％；房地产开发公司从1991年底的94家迅速猛增到1996年底的3282家，房地产开发经营资金达到714亿元；在1992年土地审批权下放区县后，受房地产开发投资热的影响，住宅建设用地一再突破计划，1991—1994年间仅各县（区）就批准住宅用地2551宗，土地面积1.6万hm²，其中因各种原因土地闲置的达0.67万hm²。①② 与投资相比，虽然1994年时商品住宅均价同比上涨了一倍左右，但已显露出见顶的迹象。到了1995年，随着国家宏观调控力度的加强，加之供给的持续增加，如1995年的商品住宅竣工面积比增65％，全市住宅竣工面积比增45％，于是房价开始转头步入下降通道。

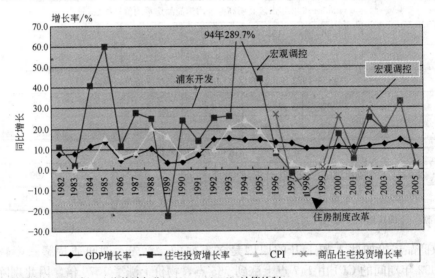

资料来源：根据《上海统计年鉴》（2000—2006）计算绘制。

图4-8　上海市住宅投资年增长率（1982—2005）

应强调指出的是，虽然这一时期市场机制在上海市住宅配置中的作用日益提高，但1991年出台并执行的《上海市住房制度改革实施方案》的基本原则是建立国家、集体、个人三结合筹资建设住宅的机制，改变由国家、集体包下来的建房办法，逐步实现住宅商

---

① 1992年起上海旧区改造和城市基础设施建设出现热潮，对动迁用房的需求激增，极大地刺激了土地征用和新辟居住区开发。从是年起到1996年，市和区（县）共审批征用住宅建设用地15600hm²，其中，市统一征用开发2333hm²，14个区实际投入开发的建设用地为11000hm²，相当于80年代全市审批住宅建设用地的4倍，虽然在数量上适应了住宅建设大规模推进的要求，但同时由于房地产投资过热，宏观调控经验不足，一度也带来了土地供应总量失控，配套建设滞后等负面影响。参见《上海改革开放二十年》。

② 自1998年第一幅土地批租至1996年底，全市实际批租地块1313幅，土地面积10295.7万m²，可建外销商品房3661.8万m²，其中住宅721万m²，占19.7％。参见《上海改革开放二十年》。

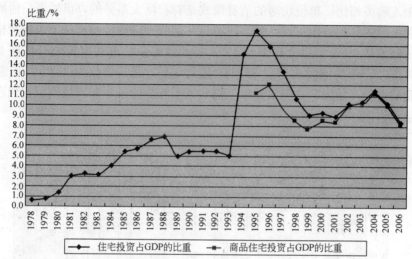

资料来源:《上海统计年鉴》(2000—2006)。

图 4-9 上海市住宅投资占 GDP 比重(1978—2006)

品化和自住其力。因此,在 1995 年之前商品住宅总供给量的比重仍然相对较低,而包括单位建房、个人建房等在内的其他城镇建房仍是最主要的住宅供给来源。如图 4-10 所示,1993 年时商品住宅竣工面积占全市住宅竣工面积的比重一度从 1986—1992 年期间的14.4%迅速上升到 49.8%,但 1994 年、1995 年全市其他城镇建房增长得更快,其竣工面积是商品住房的 1.74 和 1.4 倍,商品住宅所占比重也由此下降到 36.6%和 41.8%。[①] 并

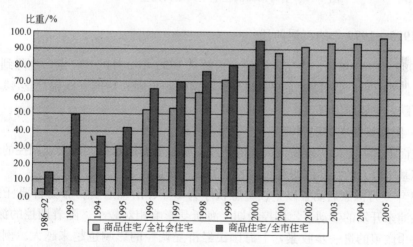

资料来源:根据《上海统计年鉴》(2000—2006)计算绘制。

图 4-10 上海市历年商品住宅竣工比重(1986—2005)[②]

---

① 单从资金投入角度,商品住房开发投入已经逐渐占据主要地位。如 1991 至 1996 年的 6 年中,共完成住宅投资 1278 亿元,年度住宅投资从 1991 年的 35.7 亿元增加到 1996 年的 434 亿元。其中企业自筹资金投资占 29%,商品房开发经营资金投入占 60%,市政工程动迁用房投资占 2%,房改资金占 7%,地方财政投资占 2%(参见《上海改革开放二十年》)。但比较时,应考虑到企业及私人自建投入中没有包含或只有较少的土地、税费等成本项目。

② 2001 年起,上海不再公布市区住宅投资、竣工数据。

且，如图 4-11 所示，当时商品住宅的主要购买者仍然是单位，如 1995 年时比重达到 65%。与个人购买相比，单位购房的消费模式是有着巨大差异的，虽然事后所购商品住宅大多以福利房形式分配给职工。此外，还有另一部分人群则按照远低于市场价格的优惠价购买公房。例如从 1991 年房改起步到 1995 年 6 月底，全市共出售公有住房 608013 套，建筑面积 3154 万 m²，回收售房款 68.645 亿元，平方米均价仅为 217 元。[①] 总之，虽然住宅市场化的进程开始加速，但是总体上仍然处于起步阶段，非市场因素仍然在房价决定中发挥着主导作用。

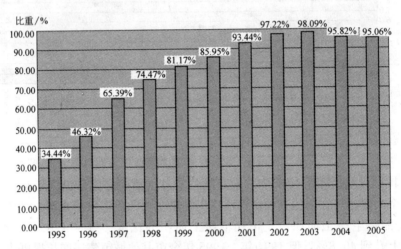

资料来源：根据《上海统计年鉴》（2000—2006）计算绘制。

图 4-11　上海市商品住宅个人购买比重（1995—2005）

### 4.2.2　1995—1999 年的衰退阶段

在 1995—1999 年间，中房上海住宅指数从 1995 年 2 月的 835 点一直降到 1999 年 10 月时的最低 640 点，累计跌幅达到 23.4%，剔除物价因素后实际跌幅高达 43.6%。如此大幅的下跌，主要原因有二：

#### 4.2.2.1　国家第四次宏观调控

从表面上看，上海房价长期大幅的下跌主要是受到国家第四次宏观调控的影响，是对之前背离基本因素的过高涨幅与过度投资的一种修正。

1993 年 6 月国家启动了以整顿金融秩序为重点、治理通货膨胀为首要任务的宏观调控，但在浦东开发的带动下，调控初期上海所受影响相对较小。随着调控的深入与持续，特别是货币政策的进一步收紧，上海国民经济受调控的影响也越来越大。例如，1993—1995 三年间的 CPI 分别达到 20.2%、23.9% 和 18.7%，到 1996 年时才迅速地下降到 9.2%，1997 年进一步回落到 2.8%。

作为调控的重点领域，上海的房地产业也受到重挫。由于投资惯性与建设时滞的原因，面对领先一步下跌的房价和疲软的需求，供给却在不断地增加，最终导致房价的进一

---

① 1994 房改年度（1994 年 7 月 1 日至 1995 年 6 月 30 日）的成本价为每平方米建筑面积 902 元，实际计算售价时再乘以成新折扣、地段、层次、朝向系数和一系列优惠折扣。参见《上海改革开放二十年》。

| 年份 | 商品住宅竣工面积 | 普通商品住宅竣工面积 | 商品住宅销售面积 | 普通商品住宅销售面积 |
|---|---|---|---|---|
| 1995 | 529.8 | 520.0 | 536.3 | 454.3 |
| 1996 | 992.3 | 479.4 | 528.6 | 894.0 |
| 1997 | 1176.1 | 593.7 | 617.0 | 1125.7 |
| 1998 | 1242.0 | 1035.9 | 1056.8 | 1198.0 |
| 1999 | 1229.2 | 1203.9 | 1243.3 | 1163.3 |
| 2000 | 1388.0 | 1392.4 | 1445.9 | 1321.6 |
| 2001 | 1524.2 | 1593.9 | 1681.5 | 1431.5 |
| 2002 | 1708.1 | 1663.8 | 1846.4 | 1535.3 |
| 2003 | 2140.0 | 2006.8 | 2224.5 | 1882.7 |
| 2004 | 3076.2 | 2891.7 | 3233.7 | 2813.1 |
| 2005 | 2739.9 | 2396.3 | 2845.7 | 2320.5 |

资料来源：根据《上海统计年鉴》(2000—2006) 编制。

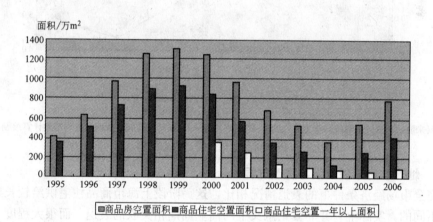

资料来源：1999 年前数据根据《上海统计年鉴 (2000)》，2000 年起根据网上相关资料整理。

图 4-12　上海市商品房空置面积 (1995—2006)

步下跌和空置量的日益攀升。如前文图 4-9 所示，商品住宅投资占 GDP 的比重从 1995 年的 11.2％继续冲高到 1996 年的 12％，然后才滑落到 1997、1998 年的 9.7％和 8.4％。同时，如表 4-5 所示，1996 和 1997 两年的商品住宅竣工面积分别比上年增加 87％和 19％，其中普遍商品住宅增长 97％和 26％。[1] 相比之下，1996、1997 两年市场需求明显不足，商品住宅销售面积分别比增 −1.5％和 17.6％，普通商品住宅比增 −8.8％和 23.9％。结果，如图 4-12 所示，到 1996 年末商品住宅空置量已达到 507 万 m²，此后一直上升到 1999 年末 922 万 m² 的高峰水平。图 4-13 则更清楚地反映了该阶段的供大于求问题。尽管期间房价大幅下跌、需求促进政策不断出台，但商品住宅空置率一直维持在 25％以上

---

[1]　1995 年商品住宅竣工与销售面积分别同比增长 66％和 380％，总量上基本达到供需平衡。

的高水平，同时各年份实际供给超过有效需求的比例达到 40%～60%。此外，虽然在住房货币化改革出台的 1998 年，商品住宅销售量（主要是普通住宅）有一个大的跳跃（参见图 4-13），然后开始相对稳定地增长。但如从总需求的角度，由于政策限制等原因其他城镇建房于 1996 年起开始持续下滑，如 1996 年时其他城镇建房竣工面积为 517 万 m²，到 1999 年时下降到 303 万 m²，2000 年时已大幅降到 71 万 m²，这使得实际总需求量（商品住宅销售面积加其他城镇建房面积）在 1997 年达到高峰后一直下滑到 2000 年。[①]

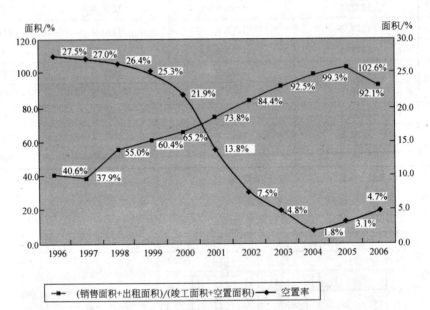

资料来源：根据《上海统计年鉴》（2000—2006）及网上 2000 年后相关空置面积资料整理计算绘制。

图 4-13　上海市新建商品住宅供需比与空置率（1996—2006）

### 4.2.2.2　地方政府干预政策与房改进程

与完全市场经济条件下的衰退情况相比，这一阶段上海市商品住宅供给较长期地价跌量增是不同的，实际上它并非真正意义上与商业周期相关联的衰退，而很大程度上是政府干预和房改进程的结果。

首先，从经济发展的角度来看，实际上自 1992 年以来上海一直保持着非常高的增长水平。即使是在先后受到宏观调控和亚洲金融危机影响后，GDP（可比价格）仍然实现了 10% 以上的高增长，整个"九五"期间真实 GDP 累计增长了 72.5%。此外，10 年间上海市常住总人口（不包括外籍人士）增加了 292.6 万，年均增长 2.2%；其中半年以上外来常住人口增加了 254.9%，年均增长 5%。

其次，早在 1995 年下半年时，上海市委就确定了要在"九五"期间加快商品住宅建设的决策，并出台和执行了一系列的需求促进和供给扶持政策。其中包括 1994 年的《蓝印户口管理规定》、1995 年的《上海市利用外资开发经营内销商品住宅规定》，1995 年的《上海市实施〈城市商品房预售管理办法〉细则》、1996 年的《关于搞活本市房地产二、

---

① 由于商品住宅销售面积统计指标中包含了以前年度预售和当年现售两部分，限于数据原因，我们难以判断 1998 年销售量的大幅增加是否源于住房制度改革带来的正冲击。

三级市场若干规定》、1997 年的《上海市房地产转让办法》、1998 年起实施的购房退税政策、1997 年后多次大幅下调公积金利率、1995 年后三次上调租金以及限制非商品住宅建设等等。①

再次，自 1992 年以来，上海市的基础设施投资和旧城改造一直为商品住房市场提供了强大的需求支撑，并且"九五"期间的力度还要高于"八五"期间。"九五"期间上海市基础设施投资达到 2274.3 亿元，是"八五"期间（825.63 亿元）的 2.75 倍，"七五"期间（130.6 亿元）的 17.4 倍。同时，"九五"期间上海市还通过各种优惠政策吸引国内外资金，成功实施了包括"365"危棚简屋拆除等在内的旧城改造计划。② 如此大规模的基础设施建设和旧城改造，必然会一方面提高住房的质量与价值，另一方面则通过动迁提供了大量最为刚性的需求。例如，在 1980 至 1990 年的 11 年间，全市动迁居民共 16.1 万户，平均每年动迁居民 1 万余户。从 1991 至 1996 年 7 月，全市总共动迁居民 38.8 万户，约 150 万人，拆除居住房屋建筑面积 1620.2 万 m²。在 1996—2000 年期间，共动迁居民 38.1 万户，拆除居住房屋建筑面积 1889.2 万 m²。

当然，1998 年后我国房地产业的重大制度变革也有着极其重要的影响。这些变革包括：1998 年出台新修订的《土地管理法》，正式建立土地有偿使用和市场化转让制度；国务院下发《关于进一步深化城镇住房制度改革，加快住房建设的通知》，正式确定了取消实物分房制度和逐步建立住房倾向化分配制度的方针，并规定我国从 1998 年下半年起停止住房实物分配。人民银行于 1999 年下发了《关于扩大住房信贷投入支持住房建设与消费的通知》，正式放松了对住房信贷业务的管制，明确提出了加大投入、扩大业务范围、促进住房消费等促进政策。此外，财政部和税务总局也相继出台了免征交易营业税、契税减半征收等一系列住房交易税收政策。

在此背景下，一方面，上海市在衰退期间成功地建立起一个商品住宅市场，基本完成了从住宅的非市场化配置到市场化配置的转变。如到 2000 年末商品住宅竣工面积占全市住宅竣工面积的比重已经达到 95%，商品住宅销售面积中的个人购买比重达到了 86%。另一方面，尽管有着基本面和众多促进政策的支撑，有效需求的恢复应该说是相对有限的，恶化的供求不平衡使得房价持续下跌，从而存在着衰退时间延长和价格过度调整的可能性。

从需求的角度看，当时确实存在着一些阻碍潜在需求转变为有效需求的因素。首先，理论和经验表明，在住房消费和投资中，消费者的信心与预期是非常重要的因素，即所谓的买涨不买跌，因此在衰退时期维持较高水平的供给所造成的负面效应抵消了相当一部分需求刺激效应。其次，房改进程的迟缓也限制了有效需求的恢复。上海市的公房出售在

---

① 1996 年 8 月，市政府批转《关于搞活本市房地产二、三级市场若干规定》，该规定提出 8 项措施：（1）扩大新建内销商品房的买受对象；（2）降低房地产交易税费；（3）推进房屋租赁市场的规范发展；（4）调整公有房屋租金；（5）进一步规范房地产开发企业的经营行为；（6）建立市和区县房地产交易中心；（7）改革住房分配制度；（8）扩大银行抵押贷款业务。参见《上海房地产志》。

② 例如，1995 年 8 月上海市政府正式颁布了《上海市利用外资开发经营内销商品住宅规定》，凡列入市政府旧区改造计划的危棚简屋、二级旧里密集的地区，利用外资开发经营内销商品住宅均可享受规定的优惠政策，在土地使用权出让价格给予优惠的基础上，自三级地段起，按不同地段等级适当减少出让金。至 1996 年底，上海市共出让外资内销地块 42 幅，土地面积 154.91 万 m²，可建住宅 497.94 万 m²，总拆迁建筑面积 86.92 万 m²，其中危简棚屋 55.39 万 m²，拆迁居民 25016 户。参见《上海改革开放二十年》。

1996—1999 年期间基本处于停滞状态，直至 2000 年市政府批转《关于进一步推进本市公有住房出售的若干规定》，简化售房程序、查处产权单位"惜售"行为，全市才出现了1994 年以来的第二次公房出售高潮。这从三方面延迟了潜在购房者的入市：一是政策的不明朗性使得部分潜在购房者（主要是部分尚未分配有公房的家庭）持观望态度。二是未购买所住公房的家庭在等待房改，并且经验表明房改后出售公房的收入是一般上海家庭购买商品住房改善住房条件的主要资金来源之一。三是部分前期已购买公房的家庭因二手市场的低迷而推迟了升级计划。例如在市场略微回暖的 2000 年，公房上市量为最低潮的1999 年的 2.2 倍（4.34 万套对 1.98 万套）。第三，期间的收入没有与经济同步增长，潜在购房者难以形成收入稳定增长的预期。随着住房改革的深入，上海商品住宅的主要消费群体开始由中外高收入家庭开始逐渐向中高及中等收入家庭扩散，此时房价与收入的相关性要明显高于前期。但是，"九五"期间上海城镇家庭的真实人均收入累计增长了 40%，相比真实 GDP 累计增长了 72.5%，并且还主要是 1999 年大幅加薪的结果（同比增长了22.3%），而 1996—1998 年期间仅累计增长了 9%。第四，虽然上海市住房抵押贷款业务期间起步较早、发展很快，但主要由于前期的高利率水平、信贷额度控制和较严格的信贷条件，住房抵押贷款的总体规模水平仍然很小，与逐渐占据主导地位的商品住房市场的潜在融资需求还相差甚远，刺激需求的作用有限。如 1999 年末含公积金贷款在内的个人住房贷款余额为 300.4 亿元，其中商业贷款余额为 159.3 亿元；当时占上海住房贷款市场份额 80% 以上的建行上海市分行历年累计为 29.6 万户居民发放个人住房贷款 270 余亿元，支持居民购房面积达到 2400 余万 m²，而商品住房只占其中的一部分。[①]

至于在供给方面，虽然宏观调控后商品住宅投资增幅迅速下滑，但投资绝对量却维持在较高的水平上，商品住宅投资占 GDP 的比重最低时也达到 7.7%（1999 年），竣工面积从 1995 年的 530 万 m² 一路上升到 1998 年的 1242 万 m²，仅在 1999 年减少 13 万 m²，这在一般的市场经济周期性衰退中很罕见。其结果就是，持续上升的空置量和恶化的财务状况迫使房地产开发商不断地降价出售，如 1996—1999 年期间，房地产开发企业的营业利润总额下降了 91%。

外销商品住宅的销售情况间接提供了可能存在着过度调整的证据。如图 4-14 所示，在最高端的外销商品市场上，经过 1995 年的短暂下滑后，需求就呈现出明显的上升趋势。虽然其中有售价降低的原因，但总体上还是能够反映出不受上述需求抑制因素影响的国外投资者对上海住宅市场的看好，特别是 1997 年中期爆发的亚洲金融危机都没有对外籍人士造成太大的影响。由于在双轨制下外销商品住宅的价格要远高于内销商品住宅，两个市场的巨大反差或多或少地表明后者的价值被低估。

### 4.2.3 新一轮房价波动：初步的观察

#### 4.2.3.1 市场复苏与房价上升

2000 年，上海市的商品住宅市场开始复苏，全年销售面积增长了 16%，空置面积 5

---

① 从 1991 年起，由建行负责发放公积金贷款；1996 年起由建行试点个人住房商业贷款业务，并在 1998 年扩大到另外五家商业银行，同时将按揭对象扩展到市郊农民和外省市来沪人员，推出了不可售公有住房使用权担保贷款、空置二手房置换贷款、住房装修贷款等新品种。

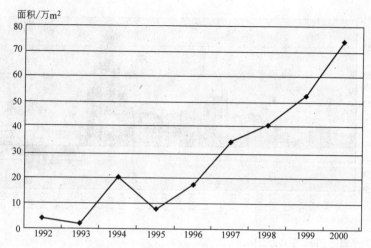

资料来源：陈杰，郝前进（2006）。

图 4-14　上海市外销商品住宅（1992—2000）

年来首次下降，中房上海住宅价格指数上涨了 3.6％。① 之后，上海商品住宅市场开始步入加速上升的通道，2001、2002、2003、2004 四年中的新建商品住房价格年增长率分别达到 10％、15.5％、33％和 17.5％，到 2005 年 5 月时又较上年末增长了 10.3％。这样自 2000 年 1 月至 2005 年 5 月的累计涨幅达到 127％，剔除物价因素后的真实累计涨幅达到 114％。2005 年 7 月后，随着国家进一步加强宏观调控，从 2004 年的调控供给转向同时调控供给与需求，上海市的房价开始逐月走低，到 2006 年 2 月最低点时累计下跌 15％，到 2006 年末累计下跌 10.3％（参见图 4-15）。期间，上海市二手住房市场也经历了类似的波动，2002、2003、2004、2005 四年中分别同比增长 6.3％、17％、18.7％和 10％，特别是 2005 年 1～5 月比上年末增长了 15％，使得 2002 年 1 月至 2005 年 5 月的最大累计涨幅达到 70％，到 2006 年末的累计涨幅为 60％（参见图 4-16）。

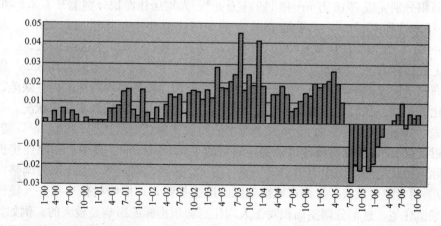

资料来源：中国指数研究院。

图 4-15　中房上海住宅指数月度环比增长率（2000.1—2006.11）

---

① 由于统计差异，上海统计局公布的住宅销售价格指数微跌 1.4％；销售均价上涨了 7％。

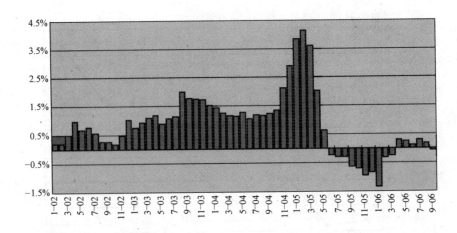

资料来源：上海二手房办公室。

图 4-16　上海二手房指数月度环比增长率（2002.1—2006.9）

2000 年上海市商品住宅投资同比增长 26%，随后在房价快速上涨的带动下，2002—2004 年间分别同比增长 29.3%、19.1% 和 33.2%。2004 年启动的国家宏观调控最初是以房地产投资为主要目标，调控效应在 2005 年开始显现出来，当年投资增幅急速降到 2.2%，2006 年还出现了 1998 年以来的首次负增长。如果以房地产投资的先行指标——新开工面积衡量，则宏观调控在 2004 年就产生了显著影响，当年的商品住宅新开工面积增长率迅速下降到 2.1%，增幅比上年减少 11 个百分点，2005 年和 2006 年则相继出现了负增长，同比增长率分别为 -6.9% 和 -15%。[①]

#### 4.2.3.2　总体居住水平增长的新阶段

随着经济和收入水平的进一步快速增长，并通过"九五"和"十五"期间的大规模住房建设，目前已显著地改变了上海市早期的住房紧张状况。在这两个五年计划中，全市住宅竣工面积分别完成 7916 万 $m^2$ 和 11994 万 $m^2$，人均居住面积分别上升了 3.8 和 3.7$m^2$，到 2005 年末达到 15.5$m^2$，几乎是 1995 年的 2 倍；10 年中年均增加 0.75$m^2$，为 1978—1995 年间的 3.75 倍。住房成套率在 2000 年时达到 74%，2005 年达到 93%。

从上述指标看，上海市总体住房状况明显改善。例如 2005 年末人均 33$m^2$ 建筑面积已接近高收入国家的平均水平。但是考虑到人均使用面积等平均指标的内在缺陷以及统计口径变化等原因，我们可能需要更深入地考察才能把握上海市的真实住房状况。

首先，如表 4-6 所示，2005 年末上海市的城镇住房总面积达到 3.8 亿 $m^2$，较 1998 年增加了近 2 亿 $m^2$，在调整统计口径变化后增加了 1.86 亿 $m^2$。其中，扣除住房拆迁面积后的实际城镇住宅净增面积为 1.16 亿 $m^2$（占 62.3%），剩余 0.7 亿 $m^2$ 为调整面积（占 37.7%）。后者主要反映了上海市城镇范围的迅速扩张，即原农村住房在并入城镇范畴后转变为城镇住宅。这部分调整面积对于人均住房面积指标的影响是较大的。例如，人均建筑面积从 1998 年的 19.5$m^2$ 上升到 2005 年的 33.1$m^2$，在增加的 13.6$m^2$ 中，调整面积贡献了 5.1$m^2$，商品住宅贡献了 10$m^2$，扣除拆迁面积后的商品住宅贡献了 8.2$m^2$。

---

① 如果剔除 2005 年启动的"两个一千万工程"的配套与中低价商品住宅投资，则 2005—2006 期间真正意义上的市场化商品住宅投资要下降得更为显著。

| /万 m² | 1998 | 1999 | 2000 | 2001 | 2002 | 2003 | 2004 | 2005 | 合计 | 比重 |
|---|---|---|---|---|---|---|---|---|---|---|
| 年末居住房屋存量 | 19461 | 20797 | 22018 | 24628 | 26906 | 30560 | 35212 | 37997 | | |
| 年末新增 | | 1336 | 1289 | 2611 | 2277 | 3654 | 4652 | 2784 | 18603 | 100% |
| 全市住宅竣工面积 | | 1533 | 1459 | 1524 | 1708 | 2140 | 3083 | 2740 | 14188 | |
| 商品住宅竣工面积 | | 1229 | 1388 | 1524 | 1708 | 2140 | 3083 | 2740 | 13813 | |
| 十区合计拆迁面积 | | 248 | 288 | 387 | 485 | 475 | 233 | 475 | 2590 | |
| 全市建拆净增面积 | | 1285 | 1171 | 1138 | 1223 | 1665 | 2851 | 2265 | 11597 | 62.3% |
| 调整面积 | | 51 | 118 | 1473 | 1054 | 1989 | 1801 | 519 | 7006 | 37.7% |

资料来源：根据《上海统计年鉴》（2000—2006）整理和计算。

注：1. 本年市区房屋面积＝上年末实有面积＋本年新建面积－本年拆除面积＋本年调整面积。

2.《上海统计年鉴》中的市区住房建筑面积指标于 2002 年开始合并南汇等三远郊区县，本表的估计假定 1998—2001 年按三远郊区县 2002 年时的 1153 万 m² 合并计入年末居住房屋存量。

3. 统计资料中，2004 年前的拆迁面积只包括中心九区和浦东新区，因此本表估计将高估全市建拆净增面积和低估调整面积。

4. 1999—2005 7 年间，农业人口下降了 141.6 万，按期间人均 55.7m² 计算，则不考虑拆除的情况下，统计口径上通过城镇化带入的住房面积增量约为 8200 万 m²。

其次，出于历史可比性考虑，目前的人均住房面积指标序列是以户籍人口量为计算基准，而没有统计比重日益上升的外来常住人口的影响。由于自 20 世纪 90 年代以来，上海市的外入常住人口迅速增加，到 2005 年末时已经达到 438.4 万，与户籍人口之比为 1：3.1，因此按户籍人口计算人均住房面积指标明显高估了实际情况。例如，根据 2005 年 1% 人口抽样统计，居住在城镇的常住人口总量为 1584 万人，依此计算的人均建筑面积和人均居住面积分别为 24 和 11.2m²，如果按户籍人口计算分别为 33.1 和 15.5m²，两种计算方式相差 27.4%。

最后，不同家庭的住房状况相差悬殊。如表 4-7 和表 4-8 所示，2000 年时上海市特别是在中心城区仍有相当数量的住房困难人群。在全市常住家庭户人口中，有 230 万人（占全市的 15.55%）的人均住房建筑面积低于 8m²，其中中心城区有 146 万人（占中心城区的 23.25%）；全市有 208 万家庭户只有 1 间住房（占全市的 39.1%），其中中心城区有 115.5 万户（占中心城区的 55.51%）。中心城区的房均人数 1.76 人，仍高于联合国提出的 1.5 人的标准。在这些住房困难家庭中，既包括相当比例的外来常住家庭，也包括本地的低收入家庭。例如，根据上海市房地资源局与上海市民政局共同组织的调查，2005 年时全市 21.3 万低保家庭的平均人均居住面积为 6.92m²，住房成套率约 60%，远远低于上海市的整体平均水平。另一方面，在 2000 年时，已有 161 万户家庭的人均住房建筑面积在 30m² 以上，特别是主要迁移区的新建城区有 86.7 万户；有 126 万户家庭的住房在 3 间以上，新建城区有 66.7 万户，表明这一部分家庭的住房状况已经达到类似于国际平均水平的住房消费标准。[1]

---

① 按照上海 2.8 人/户的平均家庭规模计算，只要家庭房间数在 3 间以上就达到人均一间的标准。并且与国外相比，我国的统计指标户均住房间数只包括卧室。

**2000 年上海全市家庭户人均住房建筑面积**　　　　　　　　　**表 4-7**

| | 家庭户 万户 | 家庭户 人口 | 人均住房 建筑面积 /m² | 其中:按人均面积分组计算的家庭户比例/% | | | | | | | |
|---|---|---|---|---|---|---|---|---|---|---|---|
| | | /万人 | | 8 以下 | 9~12 | 13~16 | 17~19 | 20~29 | 30~39 | 40~49 | 50 以上 |
| 全市 | 529.91 | 1478.72 | 24 | 15.55 | 12.98 | 12.45 | 7.37 | 21.18 | 11.14 | 6.82 | 12.51 |
| 中心 城区 | 224.26 | 627.92 | 15.85 | 23.25 | 18.97 | 16.16 | 9.22 | 18.52 | 7.4 | 3.33 | 3.6 |
| 新建 城区 | 232.9 | 657.21 | 27.45 | 12.1 | 9.74 | 10.76 | 7.13 | 23.5 | 13.12 | 8.21 | 15.45 |
| 郊区 （县） | 72.71 | 193.6 | 38.73 | 2.85 | 4.84 | 6.44 | 2.42 | 21.99 | 16.35 | 13.16 | 30.57 |

资料来源:《上海市第五次人口普查数据手册》。

**2000 年上海全市家庭户户均住房间数**　　　　　　　　　**表 4-8**

| | 家庭户 /万户 | 户均间数 | 其中:按人均间数分组的家庭户数/户 | | | | | | |
|---|---|---|---|---|---|---|---|---|---|
| | | | 1 间 | 2 间 | 3 间 | 4 间 | 5 间 | 6 间 | 7 间以上 |
| 全市 | 529.91 | 2.1 | 207.2 | 196.0 | 64.9 | 27.3 | 12.5 | 13.4 | 7.8 |
| 中心城区 | 224.26 | 1.59 | 115.5 | 88.5 | 17.1 | 2.0 | 0.4 | 0.3 | 0.2 |
| 新建城区 | 232.9 | 2.25 | 77.1 | 88.7 | 34.7 | 13.7 | 8.6 | 5.9 | 3.8 |
| 郊区（县） | 72.71 | 3.18 | 14.5 | 18.8 | 13.1 | 11.6 | 3.5 | 7.2 | 3.8 |
| | | | 其中:按人均住房间数分组的家庭户数比例/% | | | | | | |
| 全市 | | | 39.1 | 36.99 | 12.25 | 5.16 | 2.36 | 2.52 | 1.48 |
| 中心城区 | | | 51.51 | 39.45 | 7.64 | 0.89 | 0.18 | 0.12 | 0.1 |
| 新建城区 | | | 33.12 | 38.1 | 14.89 | 5.9 | 3.68 | 2.53 | 1.64 |
| 郊区（县） | | | 19.96 | 25.86 | 18.04 | 15.98 | 4.84 | 9.92 | 5.23 |

资料来源:《上海市第五次人口普查数据手册》。

　　总之，一方面，上海市整体住房状况的大幅度改善表明现有住房发展阶段已在快速通过增加住房面积的第二阶段，并且部分高收入家庭开始进入了提高住房质量的第三阶段，并成为市场中的主要消费群体之一；另一方面，由于收入分配差异和城市化进程加速所带来的巨大人口增量，部分户籍中低收入家庭和相当比例的外来常住家庭尚未解决"房荒"问题。因此目前只能说仍处于第一、第二、第三阶段交叉发展之间的过渡时期。

# 5 新一轮房价波动的基本决定因素：以上海为例

从 2003 年起，有关我国房地产业是否存在泡沫及其大小的争论就从未停止过。从前述的国际经验看，由于建设期长等产业内在特征，房价及投资的波动确实要大于商业周期的波动，上涨阶段投机的成分也不可避免。但是，至少出于以下两点理由，当前有关泡沫的争论某种程度上是一个无解的命题。第一，在缺乏可靠的、长序列的统计数据的条件下，我们不可能准确地检验泡沫。国际经验表明，房价与基本因素的相关关系如果存在的话，也是一种长期关系，并且会在一定条件下因基本因素间的相互作用而发生变化，因此在不能验证这些长期关系的背景下尝试用基本因素来定量解释和衡量短期房价波动是非科学的。第二，即便我们采取短期衡量方式，我们也难以从短期的房价波动中区分和识别除基本因素外的重大结构性制度变化和频繁的反周期政府调控政策的影响。当然，除了定量分析外，我们也看到一些有可能间接证明泡沫存在的证据，如升高的房价收入比、房价租金比以及较高比重的投资性购房。但是，如国际经验所表明的，房价收入比和房价租金比可能并不是衡量房地产泡沫的有效指标，特别是在考察它们的短期变动时要特别的当心。至于较高比重的投资性购房，从经济学和政策的角度也要区分正常的投资（包括投机）和非正常的过度投机，尽管实践中两者的界限往往是模糊的。

于是，以上海为例，着重研究住房供需及其价格决定的基本影响因素，以及结构性变化在这一轮景气周期中的作用和在未来较长时期内的潜在影响，既可能要更有意义，又能够有助于我们对 2000 年以来我国房价上升的进一步认识。

自 2000 年市场复苏后，上海市的住房价格进入了新一轮波动周期中的上涨阶段。虽然前期因受到国家宏观调控的影响，房价较阶段性高点已有所回落且目前处在一种较稳定的盘整状态，但是从当前影响市场供需和房价决定的基本因素和结构性变革考察，上海市的房价运行整体上仍然处在上升周期当中，并没有显示出步入衰退阶段的迹象。就此而言，目前的市场形势反映出上海住房市场在宏观调控后成功实现了软着陆。因此，认识前期房价变动的成因和其未来的变化趋势，仍必须立足于住房的现状与发展阶段、经济与收入增长、人口结构等主要基本因素和宏观层次上的金融制度改革、住房制度改革、土地制度改革等重大结构性变革。[①]

## 5.1 人口结构及其影响

人口是城市发展的基础，其数量、结构、空间分布与城市经济发展规划、经济产业发

---

① 本节将首先考察住房的现状与发展阶段、经济与收入增长、人口结构等三大基本因素，有关金融制度改革、土地制度改革的讨论放在下一节，同时在讨论这些基本因素和制度改革时我们都始终结合住房制度改革及其影响，如房改对家庭收入与财富的影响。需要强调的是，金融制度改革和土地制度改革最终是通过以下基本因素来影响住房供需及价格决定：资金的成本（利率）及可获得性（信贷限制）、住房生产最重要的生产要素——土地的供给与定价。因此，上述基本要素与重大制度改革的区分并非是绝对的。

展、社会事业进步、公共资源配置、城市资源利用以及环境保护等存在着密切的关系，更是决定一个城市住房需求和价格的基本因素之一。

### 5.1.1 城市化与人口总量

自 20 世纪 90 年代以来，上海市不仅自身的城市化程度在不断加速和提高，而且还凭借其良好的经济收入、投资与就业机会吸引来大批的海内外移民，尤其是来自于国家整体人口增长和城市化进程加速背景下的内部移民。

改革开放以后，我国的城市化水平不断上升。根据世界银行的统计资料，1970 年到 1980 年，我国的城市人口年均增长率仅为 3%，甚至低于低收入国家 3.6% 的平均水平；从 1980 年至 1995 年，我国城市人口的年均增长率为 4.2%，高于低收入国家的平均水平 4%，这标志着我国开始步入城市化发展的快车道。[①] 1996 年以后，在中央加快城镇发展的战略决策和重塑工业化模式的大背景下，城市化进一步加速。在 1996—2004 的 9 年间，城市人口总量增长了 54.3%，年均增长率达到 6.0%；2004 年末的城市化率达到 41.76%，较 1995 年上升 12.7 个百分点，年均上升 1.7 个百分点。[②] 如果未来能够继续保持这一增长速度，则还需要 20 年左右的时间才能达到 70% 的城市化水平。

自 1992 年以来，上海市自身的城市化进程也在加速。[③] 城镇户籍人口年均增加 21.8 万人，城镇人口比重年均上升 1.3 个百分点，到 2006 年末已达到 86.3%；农业户籍人口累计减少了 226 万，到 2006 年末只有 188 万人，其中真正意义上的务农人口已不到 1/3。[④] 特别是 2004—2006 三年间，城镇户籍人口比重年均上升 2.9 个百分点。

如图 5-1 所示，与我国城市化进程加速相对应，上海市常住人口总量在 20 世纪 90 年代后迅速攀升。截至 2006 年末，不包括外籍人口在内的全市常住人口已达到 1815 万，并且如按照前期的增长速度，2010 年时将会突破 1900 万。其中，1991—2000 年期间，上海

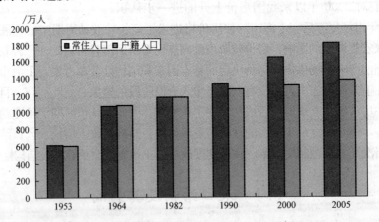

资料来源：根据《上海统计年鉴（2002）》绘制。

图 5-1　上海市历次人口普查情况

---

① 张红（2005）。
② 《中国统计年鉴》（相关年度）。
③ 由于近年来较低的自然增长率与严格的户籍管理政策，上海市内部城市化进程对人口总量增长贡献不大。
④ 2005 年末上海市农业从业人员（户籍）只有 59 万人。

市常住人口增加了 293 万人，其中户籍人口仅增加 38 万人，半年以上外来常住人口增加 255 万人。"十五"期间，上海市常住人口增加了 151 万人，其中户籍人口仅增加 38.6 万人，半年以上外来常住人口增加 133 万人。其中，根据 2005 年 1％人口抽样调查，居住在城镇的常住人口达到 1584 万人，占全市常住人口总量的 90％；外环线以内中心城区的人口已达到 1100 多万人，分别占全市常住人口总量和城镇常住人口总量的 60％和 70％以上。如果要实现中心城区常住人口 2010 年控制在 850 万人的规划，这意味着"十一五"期间将有 250 万人口大规模向郊区迁徙。此外，2005 年末登记的在沪外国常住人口为 10 万人，但有报道称至少有 40 万以上港澳台人士在上海有常住用房。

如此庞大的人口增量无疑给上海市住房体系带来了巨大的压力。从收入或支付能力角度，我们可将新增人口划分为两大类。第一类是大部分中等收入和低收入的外来常住人口。对于这部分新增人口而言，作为庇护所的基本住房需求是无弹性的，他们与那些具备支付能力的人口之间的差异仅在于住房的质量与数量。例如，根据 2000 年的第五次人口普查（以下简称五普），外来流动人口家庭户比重达到 77.5％；[①] 租赁私房或租赁公房的比重分别为 36.4％和 13.8％（合计为 50％），居住于宿舍或工棚的集体户口比重为 20％，其余 30％包括借住于亲属住房、租赁单位房屋、租赁搭建房屋以及自购住房。"十五"期间半年以上外来常住人口新增 132 万，如果按 50％租赁住房（公房和私房）、人均建筑面积 10m² 的规定最低限计算，则全市需要提供 660 万 m² 的住宅。[②] 第二类是高收入或中高收入的新增人口，包括新增外籍人士、大部分户籍迁入人口以及含新增居住证人口在内的其他外来常住人口，他们有能力支付较高水平的住房消费，或通过自置或通过租赁。"十五"期间这类人群增量在 100 万以上，如按 2005 年上海城镇人均 33m² 的标准计算，则全市至少需要提供 3300 万 m² 的住宅。这样，仅为容纳"十五"期间的新增人口，总共需要提供近 4000 万 m² 的住宅，这要占到"十五"全市住宅建拆净增面积（即不包括调整面积）9142 万 m² 的 40％以上。[③]

### 5.1.2 家庭与年龄结构

#### 5.1.2.1 家庭规模及结构

上海人口的家庭规模正在不断小型化，上海的家庭类型也日益核心化，三口之家及二人世界已成为上海家庭户的主体形式。

根据第五次人口普查资料，上海共有 529.91 万户常住家庭户。[④] 其中二代 3 人户为 191.60 万户，约占家庭总户数的 36.16％；一代 2 人户为 109.30 万户，约占 20.63％；一代 1 人户为 70.84 万户，占 13.37％；3 人及 3 人以下家庭户占家庭总户数的比重达到

---

① 与常见的家庭概念不同，人口普查统计中的家庭户是指以家庭成员关系为主，并居住一处共同生活的人群；单身居住独自生活的，作为一个家庭户。如果一套房内有多个家庭居住，只要各家庭单独使用一间房，也被视为家庭户。集体户是指相互之间没有家庭成员关系，集体居住在单位内集体宿舍及其他住所、共同生活的人群。

② 依据《上海市居住房屋租赁管理实施办法》规定，租赁居住房屋，承租的人均建筑面积不得低于 10m²，或者人均使用面积不低于 7m²。

③ 这里还没有考虑新增住房面积统计中包含的 5％～10％左右的公共配套面积。

④ 根据 2005 年 1％人口抽样调查，上海常住家庭户上升到 627 万户，共增加 97 万户，估计其中居住在城镇的有 87 万户。

79.6%。在家庭户类别中，两代户的比例最高，为47.5%；其次为一代户，为35.18%；三代户占16.67%；四代户及以上户合起来不到1%。观念的转变、生活水平的提高、住房条件的改善和生育水平的下降，使得家庭的世代数减少、结构简化。与1990年相比，一代户上升了12.70个百分点，二代户下降了9个百分点，三代户下降了3.24个百分点。① 总之，当代的上海家庭以两代户和一代户的小规模家庭为主体，其中核心家庭即父母同未婚子女组成的3人家庭是两代户家庭的主要形式。

从1949年到1978年，上海户籍户均人口从4.9人下降到3.8人，30年减少了1.1人。到1990年第四次人口普查时，上海的家庭户规模是3.1人，当时三口之家的核心家庭在上海已经十分普遍。到1997年时户均人数已降到2.83人，到2000年第五次人口普查时为2.78人，2005年为2.74人（参见图5-2）。② 总体上，上海家庭规模呈现出持续降低的趋势，同时90年代以来的下降趋势已明显放缓。

鉴于1990年代中期以来，上海市家庭规模的变化趋势不明显，因此该指标本身不会对这一阶段的住房需求和房价波动产生重大的影响。此外，一代户家庭的迅速增长，有可能对未来的住房供给结构和占有性质带来深远的影响，例如它会推动小户型需求和租赁需求。

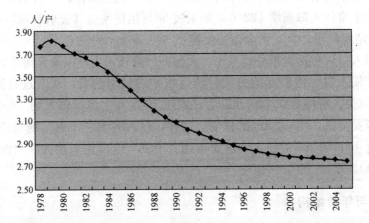

资料来源：根据《上海统计年鉴（2006）》。

图5-2　上海市户均人口变动趋势（1978—2005）

### 5.1.2.2　年龄结构

在大规模新移民和上一波生育高峰等因素的共同影响下，上海市的人口年龄结构与变化趋势表明在未来10年内仍将继续保持旺盛的住房需求。

首先，如图5-3所示，上海市在1978—1989年期间曾出现过一波生育小高峰，自然生育率达到5.2‰～12.2‰。按照25年后这部分人口进入家庭形成期的一般规律，上海市在2003—2015期间会出现一波新家庭高峰，这可能会引至两类住房需求。一是新家庭独立购买或租赁住房，二是限于支付能力而先与其上一代共同完成改善性升级，此后再随

① 一代户家庭增长迅速，现有数据无法区分一代户家庭的结构，但一般认为主要是由于一对夫妇户和单身户的增加。其中，单身户可能主要与外来常住人口的急剧增加有关；一代两人户主要与老年空巢家庭增多有关。

② 常住人口家庭户和户籍人口家庭的平均规模差别不大，如根据五普及2005年1%抽样调查数据，2000年时上海市常住人口家庭户均为2.79人，2005年户均为2.66人。

资料来源：根据《上海统计年鉴（2004）》。

图 5-3　上海市户籍人口自然增长率（1952—2003）

着新家庭收入的增长而分户。

其次，根据第五次人口普查资料，在外来常住人口中，处于家庭形成期（25～34 岁）的人口比重占到 37.9%。因此，在全部常住人口中，2000 年时处于家庭形成期的人口比重占到 25%。在 2003 年后，上海市结婚人数开始明显增加，2004 年达到了 20.3 万人的小高峰，相比 1995—2002 年期间年均只有 14.8 万人。

第三，表 5-1 给出了常住人口年龄结构和按照第五次人口普查数据估计的 2005 年常住人口年龄结构。24～49 岁年龄段的人口比重非常高，2000 年时为 54.24%，2005 年时为 55.75%。其中，2000 年和 2005 年时 35～49 岁年龄段家庭的比重都达到 29%，而许多抽样调查表明处于这一年龄段的家庭具有较强的改善住房动机和支付能力，特别是那些在前期享受到福利分房的上海本地家庭。

**上海常住人口年龄结构变动（1990—2005）**　　　　　　　　　　表 5-1

| | 第四次普查（1990 年） | | 第五次普查（2000 年） | | 2005 年估计 | |
|---|---|---|---|---|---|---|
| | 人数/万 | 比重 | 人数/万 | 比重 | 人数/万 | 比重 |
| 0～4 岁 | 84.7 | 6.3% | 49.0 | 3.0% | 56.1 | 3.2% |
| 5～9 岁 | 90.4 | 6.8% | 58.7 | 3.6% | 64.0 | 3.6% |
| 10～14 岁 | 68.1 | 5.1% | 93.4 | 5.7% | 96.7 | 5.4% |
| 15～19 岁 | 72.4 | 5.4% | 129.5 | 7.9% | 141.8 | 8.0% |
| 20～24 岁 | 96.1 | 7.2% | 135.3 | 8.2% | 158.5 | 8.9% |
| 25～29 岁 | 130.0 | 9.7% | 135.4 | 8.3% | 162.7 | 9.1% |
| 30～34 岁 | 165.0 | 12.4% | 139.5 | 8.5% | 163.6 | 9.2% |
| 35～39 岁 | 143.0 | 10.7% | 150.7 | 9.2% | 164.9 | 9.3% |
| 40～44 岁 | 96.9 | 7.3% | 170.0 | 10.4% | 176.4 | 9.9% |
| 45～49 岁 | 63.2 | 4.7% | 159.2 | 9.7% | 165.6 | 9.3% |
| 50～54 岁 | 60.0 | 4.5% | 107.8 | 6.6% | 111.4 | 6.3% |
| 55～59 岁 | 75.3 | 5.6% | 66.6 | 4.1% | 68.5 | 3.9% |
| 60～64 岁 | 64.0 | 4.8% | 57.7 | 3.5% | 59.0 | 3.3% |
| 65～69 岁 | 51.1 | 3.8% | 68.3 | 4.2% | 69.1 | 3.9% |
| 70～74 岁 | 34.9 | 2.6% | 53.1 | 3.2% | 53.5 | 3.0% |
| 75～79 岁 | 21.9 | 1.6% | 36.7 | 2.2% | 36.9 | 2.1% |
| 80 岁以上 | 17.2 | 1.3% | 29.9 | 1.8% | 30.0 | 1.7% |
| 合计 | 1334.2 | 100% | 1640.8 | 100% | 1778.8 | 100% |

资料来源：根据《上海统计年鉴（2002）》整理与估算。

第四，表5-2给出了按照2005年各年龄段人口零增长假设下在2010和2015年时的人口年龄结构估计。[1] 可以看到，与第五次人口普查时和2005年相比，2010和2015年的25～49岁年龄段的人口比重基本相同，差异较大的主要是尚未进入家庭形成阶段的15～24岁年龄段。因此，可以预计，到2015年之前，新形成家庭和有改善住房需要的家庭的数量都基本可以维持在目前的水平上。

2010—2015年上海市人口年龄结构估计/万人　　　　　　　　　　　　表 5-2

| | 第五次普查(2000年) | 2005年估计 | 2010年静态估计 | 2015年静态估计 |
|---|---|---|---|---|
| 0～4 岁 | 49.0 | 56.1 | | |
| 5～9 岁 | 58.7 | 64.0 | 56.1 | |
| 10～14 岁 | 93.4 | 96.7 | 64.0 | 56.1 |
| 15～19 岁 | 129.5 | 141.8 | 96.7 | 64.0 |
| 20～24 岁 | 135.3 | 158.5 | 141.8 | 96.7 |
| 25～29 岁 | 135.4 | 162.7 | 158.5 | 141.8 |
| 30～34 岁 | 139.5 | 163.6 | 162.7 | 158.5 |
| 35～39 岁 | 150.7 | 164.9 | 163.6 | 162.7 |
| 40～44 岁 | 170.0 | 176.4 | 164.9 | 163.6 |
| 45～49 岁 | 159.2 | 165.6 | 176.4 | 164.9 |
| 50～54 岁 | 107.8 | 111.4 | 165.6 | 176.4 |
| 55～59 岁 | 66.6 | 68.5 | 111.4 | 165.6 |
| 60～64 岁 | 57.7 | 59.0 | 68.5 | 111.4 |
| 65～69 岁 | 68.5 | 69.1 | 59.0 | 68.5 |
| 70～74 岁 | 53.1 | 53.5 | 69.1 | 59.0 |
| 75～79 岁 | 36.7 | 36.9 | 53.5 | 69.1 |
| 80 岁以上 | 29.9 | 30.0 | 66.9 | 120.4 |
| 合计 | 1640.8 | 1778.8 | 1778.8 | 1778.8 |

资料来源：根据《上海统计年鉴（2002）》整理与估算。

### 5.1.3 "十五"住房供给缺口估计

与大多数国家不同，我国的住房统计是按照面积而不是套数，因此一般不能准确地反映以家庭为单位的实际住房状况。[2] 以下我们根据前述的人口与家庭指标，从住房供给率指标来考察"十五"期间住房供给增量是否满足增量需求这一问题。

由于我们要讨论的2001—2005年期间增量住宅是否满足增量需求（包括自住和租赁）问题，因此与2000年时的实际住房状况无关，可暂时假定2000年时上海市住宅供需平衡。

---

① 即将 2005 年的各年龄段人口分别向右平移 5 年和 10 年。
② 发达国家普遍在预测家庭增量基础上确定新建住宅增量需求（套数），即一户一套，并由此提出了衡量住房状况的基本指标之一的住房供给率。根据上海市的相关规划，在 2007 年争取实现户籍家庭的一户一套目标。

"十五"期间商品住房累积竣工 1.12 万 $m^2$，累计销售 1.18 亿 $m^2$，按照套均 $120m^2$ 并扣除公共配套面积计算，总共提供了约 90 万套的新建住宅，即毛增量为 90 万套。

首先，我们假定这 90 万套住房全部被用来自住或出租，即不存在空置。虽然这是一个不符合实际的假设，但是我们的目的只是粗略地估计最理想情况下的住房缺口量，并且以下的一系列假设也都遵循这一原则。

第二，十五期间累计拆迁居民住宅 36.57 万户，年均 7.31 万户，因此期间全市可用来满足自住和租赁的住宅净增量约为 53.5 万套。考虑到 2005 年前拆迁统计数据只包括中心九区和浦东新区的情况，实际净增量还要低于上述估计。当然，拆迁户可以选择购置新房或二手房或租房，也可不购房（如有其他住房）或者多购房（如分户）。为便于讨论，这里我们假定拆一户购一户，即考虑拆迁后住宅总净增量仍为 53.5 万套，虽然经验表明拆迁分户是较常见的现象。

第三，十五期间外地和外籍人士购置新建住宅约占 20％左右，即 18 万套。假定他们没有再购置二手房和租赁住房，并且用于自住的各为 5 万套，剩余 8 万套转手出售或出租，于是剩下的住宅净增量还有 43.5 万套。如考虑前述 50 万左右的外籍及港澳台人士，这一估计显然也为一高限。

第四，假定期间改善性需求购房者只自住一套，即原住房要么出售，要么出租，因此该假定不会减少剩余的住宅净增量。

第五，期间上海市户籍人口迁入 87 万人，如保守地按 3 人/户而不是前述平均 2.8 人/户计算，则有 29 万户；累计结婚对数为 51.98 万对，如按 0.6 的比例计算其中的上海城镇户籍结婚对数，则有 30 万新婚家庭。这两项共计 59 万户，已超过了剩余住宅净增量（43.5 万套）。我们再进一步假定由于购买力问题，30 万新婚家庭中只有一半选择购房或独立租用单套住房，剩余 15 万户与父母同住或居住于原有住房（再婚情况），再假定 19.8 万户籍迁出人口空出 5 万套住房，则剩余住宅净增量为 4.5 万套。

第六，期间外来常住人口合计增加了 132.7 万，按 75％的家庭户比例、3 人一户计算，共计 33 万户；扣除前述已购房且自住的 5 万户外地常住家庭，还剩下 28 万户家庭，这要远远超过 4.5 万套的剩余住宅净增量。[①] 由于住房需求是无弹性的，弥补缺口的唯一方式就是降低居住水平，即除少部分家庭有条件租赁整套私房、公房和单位住房外，其他大部分家庭必须共同租赁一套房或借住在亲属家，在最极端的情况下则会出现所谓的群租情况。

总之，即使按照上述最保守的估计，与人口与家庭增长所带来的增量需求相比，已经达到历史最高峰的"十五"期间上海市住房供给增量仍存在着较大的缺口，有相当数量的新增中低收入家庭单位被迫多代或多户同住一套住房。考虑到 2000 年以前这种状况已经存在，说明如果按照住房供给率指标衡量，上海市的住房短缺状况在继续恶化。并且，根据前面的分析，至少在未来 10 年内，新家庭仍将保持目前的增长水平，如果不能增加住房供给，那么情况还会更加恶化。

最后，在上述分析中，市场通过价格机制来配置稀缺的住房资源，新增家庭根据各自的支付能力选择各自的住房消费水平和方式。在完全的市场化条件下，住房价格（或租

---

① 此外，剩余 25％被划入集体户的外来常住人口还会占用一部分增量住宅。

金）是由一部分高收入家庭和投资者的需求曲线与短期低弹性甚至长期缺乏弹性的供给曲线共同决定的，即有相当一部分中低收入新增家庭只是价格的接受者，他们可能会长期处于低住房消费水平状态，由此决定了政府干预的必要性。按照现有的政策，住房保障仅限于城镇户籍家庭，但从长期发展和社会进步的角度，政府终须承担起包括外来常住家庭在内的所有居民的住房保障职能。

## 5.2 经济增长、家庭收入与财富

在经历了 1998、1999 年的低谷后，国内经济在 2000 年开始复苏，2003 年时已经走出紧缩，当年 GDP 同比增长 10%，2006 年进一步上升到 10.7%，显示出国内经济正处于经济高涨阶段。自 1992 年以来，上海市的经济增长速度一直要快于全国水平，在 1999 年低谷时仍保持 10.4% 的高增长率，到 2006 年末已连续 15 年保持两位数增长。

### 5.2.1 家庭收入

在宏观经济高速增长的背景下，上海市的城乡居民收入水平也持续提高。1992—2006 年间，上海市城市居民家庭人均可支配收入从 3009 元快速上升到 20668 元。15 年间人均可支配收入提高了 8.32 倍，年均增长 48.8%，这要明显快于 1980—1991 年期间年均增长 27.8% 的水平；真实可支配收入上升了 3.78 倍，年均增长 18.5%，相比 1980—1991 年期间年均增长 6.7%。其中，"十五"期间，真实人均可支配收入增长了 66%，年均增长 13.2%，同期真实人均 GDP 累计增长了 71%，表明该时期收入增长基本与经济增长同步，这与前期有较大的差异。

但是，如图 5-4 所示，收入分配差距在进一步扩大。例如 1992 年时，上海市 20% 最高收入家庭的人均可支配收入分别是平均可支配收入的和 20% 最低收入家庭人均可支配收入的 1.49 倍和 2.28 倍；到 1999 年时，差异分别扩大到 1.79 倍和 3.14 倍；到 2005 年

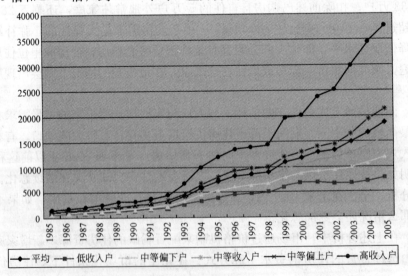

资料来源：《上海统计年鉴》（2000—2006）绘制。

图 5-4　上海城市居民人均可支配收入分布变动趋势

时，差异进一步扩大到2倍和4.8倍。

为了判断收入因素对商品住房价格的影响，我们分别以上海市城镇家庭真实可支配收入和平均可支配收入为自解释变量，对1987—2005年期间的商品住宅个人购买均价进行了简单的一元对数线性回归。①

根据表5-3的回归结果，两个解释变量的解释力都相当强且达到1％的显著性水平。其中，城镇20％最高收入家庭真实可支配收入可解释85％的商品住宅个人购买均价变动，价格收入弹性为1.157。城镇平均家庭真实人均可支配收入可解释87％的商品住宅个人购买均价变动，价格收入弹性为1.443。从模型回归图看（图5-5和图5-6），虽然城镇平均家庭真实人均可支配收入的解释力较高，但整个观察期间实际值偏离观测值的频率和程度相对较大。在2000年之前，按照高收入家庭真实可支配收入得出的观测值与实际值的拟合程度相当高，这与该阶段最高收入家庭是上海市商品住宅主要购买对象的观察相一致；2001年后，实际值显示出日趋偏离观测值的趋势，可能的解释包括房改后中高收入等其他家庭的购买比重上升、宏观调控后中低价商品住房供给比重上升等等。需要强调的是，由于数据等原因，我们不能准确衡量长期的价格弹性系数，但上述两个回归结果都大于1且为正，且其量级也大致与国际经验相吻合（1.5）。这表明，如果上海市家庭收入在今后一段时期内能够保持较高的增长速度，并且在不受政府干预的情况下，上海市的房价水平可能会继续大幅上涨。

商品住房个人购买均价指数与真实可支配收入的回归结果 表5-3

| | 相关性系数 | 标准误差 | t统计值 | F统计值 | 调整后的$R^2$ |
|---|---|---|---|---|---|
| 截距 | −0.68316 | 0.510612 | −1.33792 | 96.60089 | 0.850353 |
| 城镇20％高收入家庭真实人均可支配收入 | 1.157099 | 0.117728 | 9.828575 | | |
| | 相关性系数 | 标准误差 | t统计值 | F统计值 | 调整后的$R^2$ |
| Intercept | −1.9457 | 0.575253 | −3.38233 | 120.986 | 0.870491 |
| 城镇平均家庭真实人均可支配收入 | 1.443293 | 0.131216 | 10.99936 | | |

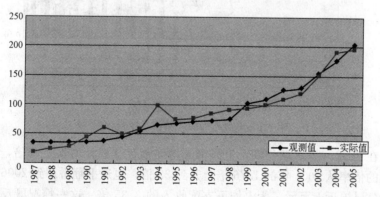

图5-5　商品住房个人购买均价指数与平均家庭真实可支配收入指数回归图

① 我们尝试在模型中加入城镇人口、基础设施投资、滞后价格项、政策哑变量等其他解释变量，回归结果表明模型相当的不稳定，主要原因在于统计数据质量与样本数、各解释变量间的高度相关性等等。

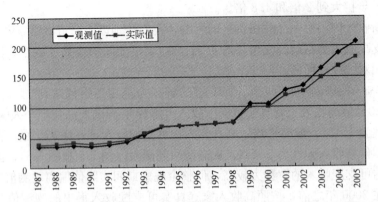

图 5-6　商品住房个人购买均价指数与最高收入家庭真实可支配收入指数回归图

### 5.2.2　家庭财富

由于未能获得上海市的家庭财产状况资料，以下我们将主要讨论储蓄资产和住房资产这两大家庭财产项目。

#### 5.2.2.1　家庭储蓄

如图 5-7 所示，从 1985 年至 2006 年，上海市人均储蓄存款增长了 120 倍，年均复合增长率高达 26.4%；期间人均可支配收入增长率增长了 19.3 倍，年均复合增长率达到 15.2%。同期，人均储蓄存款占人均 GDP 的比重从 15% 上升到 92%。

资料来源：根据《上海统计年鉴（2006）》计算绘制。

图 5-7　上海人均居民储蓄（1985—2005）

特别是在 2002—2003 两年间，上海市人均储蓄存款累计增长了一倍，使得它与人均可支配收入的倍率从 2001 年的 1.76 倍上升到 32 倍，也近乎翻番。到 2006 年末，上海市人均储蓄存款已迫近七万元，为人均可支配收入的 3.35 倍。这一情况既反映了上海居民的高储蓄率，也表明可能存在高水平的未计入可支配收入范畴的"灰色地带"创收。例如，2004 年时，上海市城镇家庭人均财产出售收入为 2017 元，相当于人均可支配收入的 11%，其中 20% 最高收入家庭人均财产出售收入为 4856 元，相当于该组人均可支配收入的 12%，占全部家庭财产出售收入的 48%。① 据估计，这类"灰色地带"创收可占到可支配收入的 40%。

如果不考虑分布问题，相对于如此巨额且迅速增长的储蓄资产，目前的住房贷款虽然近年来增长迅猛，但仍只占较小的比重，如 2004 年最高峰时只有 35%，其余年度都在 30% 以下。

### 5.2.2.2 住房资产

经过近二十年的住房制度改革实践，上海的住房自有率已达到非常高的水平，住房已成为上海大多数家庭资产最重要的组成部分之一。

根据上海市统计局 2003 年对全市 19 个区县、133 个街道、镇逾 3000 户城镇居民基本情况的抽样调查册，上海近七成城镇居民家庭持有房产，21.7% 家庭拥有 2 套以上房屋，2% 家庭拥有 3 套以上房屋；拥有房产权的家庭中，29.2% 为商品房，36.2% 为售后公房（参见表 5-4）。此外，自建或原有私房的家庭占 4.1%。有 27.4% 家庭居住在租赁公房内，2.9% 家庭居住在租赁私房内。如果我们扩大考虑农村私房，上海的住房自有率更高。如 Gallup（2005）的研究表明，2004 年时上海全市的住房自有率高达 82%。对于一个大都市而言，这一比例无疑是非常高的。

**2003 年上海市城镇住房占有性质** 表 5-4

| 自 有 | | | 租 赁 | |
|---|---|---|---|---|
| 69.70% | | | 30.30% | |
| 商品房 | 售后公房 | 自建或原有私房 | 租赁公房 | 租赁私房 |
| 29.20% | 36.20% | 4.10% | 27.40% | 2.90% |
| 1 套 | 2 套 | 3 套及以上 | | |
| 48.00% | 19.70% | 2% | | |

资料来源：上海市统计局网站。

公房出售及之后的流转是促成上海市高水平的住房自有率的主要原因之一。如表 5-5 所示，上海市自 1988 年起步的公房出售工作已经渐近尾声，至 2003 年底累计出售公有住房 163.81 万套，建筑面积达 8846.32 万 m²，占可售公房总量的 85% 以上，户均建筑面积为 54m²。

**上海市历年出售公房统计** 表 5-5

| | 1988—1996 年 | 2000 年 | 2001 年 | 2002 年 | 2003 年 |
|---|---|---|---|---|---|
| 当年出售套数/万套 | | 56.10 | 9.85 | 6.55 | 5.69 |
| 建筑面积/万 m² | | 3020.00 | 572.05 | 352.63 | 305.32 |
| 回收资金/亿元 | | 110.00 | 20.00 | 13.20 | 11.32 |
| 累计出售套数/万套 | 68.00 | 139.00 | 148.50 | 158.12 | 163.81 |
| 累计建筑面积/万 m² | 3400.00 | 7520.00 | 8092.05 | 8541.00 | 8846.32 |
| 套均建筑面积/万 m² | 50.00 | 54.10 | 54.49 | 54.02 | 54.00 |

资料来源：根据《上海统计年鉴》（2001—2004）、《上海房地产志》整理。

---

① 2003 年起开始发布城镇家庭人均财产出售收入指标，就此而言已不能视为灰色收入，但它不计入可支配收入和总收入指标。

| 年　　份 | 套数 | 总建筑面积/m² | 金额/亿元 | 均价/元/m² | 套均价/万元 | 套均面积/m² | 占同期二手房交易量比重 |
|---|---|---|---|---|---|---|---|
| 1996.8—1998 | 10913 | 54.63 | 12.22 | 2236.87 | 11.20 | 50.06 | 17.60% |
| 1999 | 19771 | 101.67 | 22.27 | 2190.42 | 11.26 | 51.42 | 30.20% |
| 2000 | 43411 | 225.00 | 52.69 | 2341.73 | 12.14 | 51.83 | 34.71% |
| 2001 | 67284 | 364.01 | 96.21 | 2643.06 | 14.30 | 54.10 | 35.29% |
| 2002 | 79441 | 419.90 | 135.84 | 3235.15 | 17.10 | 52.86 | 31.30% |
| 累计 | 220820 | 1165.21 | 319.23 | | | | |

资料来源：根据《上海统计年鉴》（2001—2004）、《上海房地产志》整理。

公房上市交易已成为部分上海家庭实现住房升级的重要途径和资金来源，这不仅对以往的住房市场产生重大的影响，并且其影响还将延续到未来较长的一段时期。

根据上海统计年鉴（2000 年），1999 年时公房出售后 90% 都重新购房，新购住房平均购房价为 28.39 万元，平均建筑面积为 92.92m²。[①] 并且由于区位关系，售后公房的交易价格水平普遍较高。例如，2002 年公房交易均价较 1999 增长了 47.7%，相比同期中房上海住房指数增长了 31.7%，官方公布的销售均价增长了 29.1%。又如，2002 年时新建商品住宅的销售均价为 4007 元/m²，售后公房为 3235 元/m²，约为前者的 80%。

即使在 2003 年以来新建商品住宅价格大幅上涨后，售后公房在住房升级中的作用仍然重大，因为期间的二手房价格涨幅基本与新建商品住宅同步。如 2003—2006 年，二手住房与新建商品住宅的上涨幅度基本相同（52% 和 54%）。因此，如果按套均面积 54m² 计算，一套平均价位的售后公房可折抵 43m² 左右的平均价位的新建商品住宅。如果售后公房所有者的升级目标为 90～100m² 的新建商品住宅，如按 2005 年 6698 元/m² 的销售均价计算，则通过出售公房资助升级所需的额外投入为 31.5～38.2 万元，按平均可支配收入家庭计算的剩余房价收入比为 5.6～6.8 倍，都不会存在支付能力问题。

此外，这种住房升级方式在未来较长时期内仍会非常普遍。上海市历年出售公房 163.8 万套，2002 年前累计上市交易 22 万套，不考虑其中的重复交易，假定 2003 年起每年上市交易 10 万套，则售后公房所有者将在 10 年内陆续完成各自的住房升级。[②]

至此，我们可以从定性的角度进一步探讨住房制度改革对前阶段及未来房价的影响。上海市的公房出售工作可分为两个阶段。1988—1996 年期间累计出售了 68 万套；此后，直到 2000 年末才在政府的强力干预下，又一次大规模地出售公房，全年出售 56.1 万套，而 2001—2003 年期间陆续出售了 22.05 万套。因此，这种渐进式的出售方式一定程度上

---

① 另一种利用公房升级的方式是使用权公房的差价换房交易。例如 1999 年时，通过差价换房转让承租权的金额为每户 7.4 万元，转让后购买平均 23.8 万元的产权房，平均面积为 70.5m²。截至 2004 年底，上海尚没有出售的公有住房约 3800 万 m²，约 95 万户，其中直管公有住房 2400 万 m²，住户 73 万户。由于历史原因，这部分使用权公房大多已经固化为准产权房，政府很难收回房子的使用权，这也意味着实践中允许大批现有租赁家庭通过差价换房进行住房升级。

② 1999—2002 年，售后公房交易占二手房交易量的比重在 30%～35%，2004 年最高峰时二手房交易量为 30 万套，因此 2003 年起售后公房年均交易 10 万套为合理估计。

限制了早期的通过公房交易实现升级运作。当然，这只是推动新一轮房价繁荣的潜在原因之一。更为重要的是，只有在公房大部分出售后，才能向市场和家庭发出政府将严格遵行房改政策、加速向市场化转轨的信号。

最后，客观地说，住房制度改革使得居民家庭的住房迅速转化为家庭财产，房产在整个家庭财产中的比重迅速增加，并且是一个普遍增长的过程。另一方面，在拥有房产的家庭能够普遍享受到资产增值收益的同时，也加剧了社会分配的不平等，尤其是那些尚未拥有住房的新家庭。然而，在目前住房自有率已经相当高的背景下，在可预见的未来一段时期内，经济和收入的持续高速增长必然会推动住房价格的上涨，如何更有效率、扭曲程度最低地解决居民财富增值与分配不均将成为政府面临的难题。

### 5.2.3 支付能力

#### 5.2.3.1 长期的高房价收入比趋势

高房价收入比一直被许多人视为上海住房市场存在泡沫的主要证据。正如理论和国际经验所揭示的，高房价收入实际上并不是一个判断市场泡沫及其程度的有效指标，但它确实是衡量家庭支付流动性和指导政府住房保障政策的有效工具。

如果我们考察上海市房价收入比的长期变动趋势而不是短期波动的话，上述第一个观点会更加明确。如图 5-8 所示，长期以来上海市的房价收入比一直处在较高的水平。如1995 年初的房价收入比水平比长期平均水平高一倍，是期间最低水平（1999 年）的 2.5 倍，并且后者如果按销售均价衡量的话已经处在很高的水平。在以样本均值为基准时，2004 年时的真实房价收入比仅略高于长期平均水平；在以最低水平为基准时，2004 年要比 1999 年高 34%。这里，我们不能就此判断 2004 年的房价泡沫达到 34%，因为 1999 年时市场正处于最低谷，如前所述存在着房价被低估的可能性。可见，采用房价收入比衡量泡沫的首要前提是寻找到正确的比较基准。

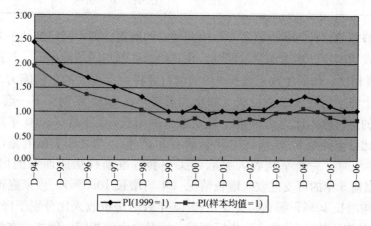

资料来源：根据中房上海住宅指数计算绘制。

图 5-8 经价格调整的房价收入比变动趋势

为何上海市的房价收入比始终处在较高水平？在供给有限的条件下，必须按照价格来实行配给，即取决于购房者的最高支付能力，上海市商品住房市场也必须遵循这一市场规律。并且作为一个新兴的市场，一个渐进式转轨的市场，在改善住房质量和解决住房困难共存的背景下，上海市商品住房市场自然以配给方式依次满足两种不同的需求。在承认所谓得体的住宅消费是一种"价值"商品的条件下，政府不能依靠市场的自我纠正，但却可以通过增加廉租房、经济适用房和普通商品房供给等方式来尽可能地减轻这种市场失败。

#### 5.2.3.2 静态与动态的房价收入比

表 5-7 给出了各收入组家庭在不同年份按照当年销售均价购买一套 90m² 标准住房的房价收入比情况。无疑，从静态的角度，除高收入和最高收入户家庭外，其他收入组都面临着支付能力问题。例如，在房价最低谷的 1999 年，一个有着平均可支配收入水平的代表性家庭要支付 8.29 倍的当年可支配收入才能购买到一套平均价格的标准住房。①

静态房价收入比　　　　　　　　　　　表 5-7

| 年份 | 总平均 | 最低收入户 | 低收入户 | 中等偏下户 | 中等收入户 | 中等偏上户 | 高收入户 | 最高收入户 |
|---|---|---|---|---|---|---|---|---|
| 1995 | 9.99 | 21.32 | 16.2 | 13.73 | 11.26 | 9.28 | 7.41 | 5.39 |
| 1996 | 10.73 | 22.36 | 17.4 | 14.71 | 11.9 | 9.68 | 8.04 | 5.73 |
| 1997 | 10.01 | 21.26 | 16.15 | 13.39 | 10.92 | 8.98 | 7.33 | 5.45 |
| 1998 | 10.05 | 21.88 | 16.14 | 13.47 | 11.16 | 9.08 | 7.49 | 5.52 |
| 1999 | 8.29 | 15.72 | 12.96 | 11.48 | 9.01 | 7.72 | 6.28 | 3.96 |
| 2000 | 8.4 | 14.84 | 13.76 | 10.88 | 9.29 | 7.64 | 6.29 | 4.33 |
| 2001 | 8.52 | 16.5 | 14.06 | 12.6 | 10.04 | 7.79 | 6.23 | 3.75 |
| 2002 | 9.84 | 20.21 | 16.86 | 14.12 | 11.06 | 9.12 | 7.47 | 4.28 |
| 2003 | 10.1 | 24.02 | 19.16 | 15.99 | 11.72 | 9.3 | 7.06 | 4.34 |
| 2004 | 11.33 | 24.8 | | 17.9 | 13.32 | 9.89 | | 5.84 |
| 2005 | 10.74 | 24.45 | | 16.59 | 12.91 | 9.56 | | 5.53 |

然而这种静态的估计方式忽略了一个中国特有的因素。即中国居民的个人收入增长速度要大大高于发达国家。不考虑贷款限制，在其他条件都相同的前提下，与预期年收入增长 3% 的消费者相比，预期年收入增长 9% 的消费者将会有更大的负债能力。如表 5-8 所示，假定一个上海平均收入家庭设法（如私人借贷）在 1995 年购买下一套标准的 90m² 新住房，当年的房价收入比为 9.99 倍。随着收入的增长，5 年后（2000 年）该家庭所面对的房价收入比已下降至 6.26 倍，10 年后只有 3.97 倍。与之相类似的是，在本轮房价最高峰的 2004 年时，一个平均收入家庭购买一套标准新住房所面对的房价收入比为 11.33 倍。根据前 5 年的可支配收入增长情况（年均增长 10.5%），该家庭预期未来可支配收入仍会年均增长 10%，那么购买 5 年和 10 年后的房价收入比分别下降至 7.55 倍和 5.67 倍。如以月均还款额/月收入比指标衡量，情况也大致相同。例如，在假定贷款利率不变的情况下，一个平均收入家庭在 1999 年购买一套标准新住房时的月均还款额/月收入

---

① 按照另一反映支付流动性的指标——考虑首付要求的月均还款额/月收入比衡量，我们可得出类似的结论，两种方法之间的较大差别是，在月均还款额/月收入比场合，早期阶段的高利率水平使得高收入家庭也不能满足支付能力标准。限于篇幅原因，这里我们未提供详尽的计算结果。

比为 0.49，然后随着收入的增长而下降，如 2005 年时下降到 0.3。更为有趣的是，在两种动态场合下，即便是中等偏下收入家庭也可以逐渐改善自己的支付能力，只要他们能够获得住房抵押贷款并设法解决前 5 年的支付能力不足问题。这无疑为我们揭示了一个在收入快速增长的条件下帮助中低收入家庭改善住房支付能力的关键，即包括固定利率贷款在内的住房融资工具创新。

动态房价收入比

表 5-8

| 年份 | 总平均 | 最低收入户 | 低收入户 | 中等偏下户 | 中等收入户 | 中等偏上户 | 高收入户 | 最高收入户 |
|------|--------|-----------|----------|-----------|-----------|-----------|----------|-----------|
| 1995 | 9.99 | 21.32 | 16.2 | 13.73 | 11.26 | 9.28 | 7.41 | 5.39 |
| 1996 | 8.9 | 18.55 | 14.44 | 12.2 | 9.87 | 8.03 | 6.67 | 4.75 |
| 1997 | 8.58 | 18.21 | 13.84 | 11.48 | 9.36 | 7.69 | 6.28 | 4.67 |
| 1998 | 8.22 | 17.91 | 13.21 | 11.02 | 9.14 | 7.43 | 6.13 | 4.52 |
| 1999 | 6.62 | 12.56 | 10.35 | 9.16 | 7.19 | 6.17 | 5.02 | 3.16 |
| 2000 | 6.26 | 11.05 | 10.25 | 8.11 | 6.92 | 5.69 | 4.68 | 3.22 |
| 2001 | 5.77 | 11.17 | 9.52 | 8.53 | 6.8 | 5.27 | 4.22 | 2.54 |
| 2002 | 5.8 | 11.92 | 9.94 | 8.33 | 6.52 | 5.38 | 4.4 | 2.53 |
| 2003 | 5.01 | 11.92 | 9.51 | 7.94 | 5.82 | 4.62 | 3.5 | 2.15 |
| 2004 | 4.4 | 9.62 | | 6.95 | 5.17 | 3.84 | | 2.27 |
| 2005 | 3.97 | 9.04 | | 6.13 | 4.77 | 3.53 | | 2.04 |

## 5.3 住房信贷与供给方

1998 年以来我国有限放松了住房信贷限制，加之宽松的货币政策，对新一轮的房价波动产生了重大的短期影响，但是作为我国金融制度改革的一部分，进一步地放松住房信贷管制及其长期的影响将取决于利率制度、汇率制度和资本市场的一整套结构性变革进程。同时，作为供给方面的最重要因素，2002 年以来新一轮土地制度改革及紧缩地根调控的短期影响引起了广泛的争论，其长期影响则必须结合未来城市化的进程与需求、可供利用的土地存量与增量、制度的完善等多方面因素综合考察。

### 5.3.1 货币政策与住房信贷

#### 5.3.1.1 货币政策与流动性泛滥

1998 年后，为了克服经济紧缩，我国开始实行宽松的货币政策。在 1998—2002 年期间，先后 5 次调低利息。如一年期存款利率从 1997 年的 5.52 降到 2002 年的 1.98，一年期贷款利率从 9.36 降到 5.49。2003 年后，虽然国民经济已成功走出紧缩，但至今仍维持着相对宽松的货币政策。截至 2006 年末，在经过 2004 和 2006 年的 3 次加息后，一年期存贷款利率分别仅为 2.52 和 6.3，长期国债收益率长期保持在 3～3.5 左右。在剔除通膨因素后，2003 年中期至今的实际存款利率已为负值或趋近于零。因此，中国目前的金融环境、利率水平基本上维持着抗通缩时候的架构，但是经济状况却与之前有着天壤之别。

事实上，我国的低利率政策并不是近年才开始的。与日本当年十分相似，我国的工业化，基本上是以个人储蓄资助企业投资的形式完成的，即高储蓄、高投资、低产品价格和低投资回报，借助银行的低息信贷扩张打造出一个制造业平台。总之，在严格的管制下，我国的资本成本要低于正常商业社会和银行体系应有的水平。

在低利率和流动性泛滥的环境下，投资带动下的资产升值是一个必然的结果。实际上，银行、企业、投资者的行动都是理性的。对于银行，一边是储蓄大量涌入，一边是贷款受到抑制，多余资金无论放在央行还是国债市场回报都极其有限，因此银行有着巨大的放贷冲动。如图 5-9 所示，2004 年开始宏观调控后，上海中资商业银行的存贷差迅速上升，两年中分别增长了 25.8% 和 30.2%。对于企业而言，即便利润率一跌再跌，但只要仍高于廉价的资金成本，就会选择继续投资。对于普通民众，在实际银行储蓄低利率甚至负利率的条件下，追逐更高回报的投资机会无可厚非，尽管其投资渠道有限。因此在过去的三年半中，中国经历了两轮投资过热和信贷过度扩张，对此政府进行了两轮宏观调控。虽然调控中也使用了常规货币政策手段，但主要依靠的还是窗口指导、定向票据发行等行政干预手段。但是这种做法对于资金富余的企业、投资者却不构成实质性打击，也未解决银行自身资金泛滥的困境。

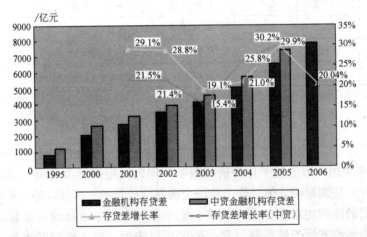

资料来源：根据《上海统计年鉴》（2000—2006）、《2006 年上海市国民经济和社会发展统计公报》计算绘制。

图 5-9　上海市金融机构存贷差（1995—2006）

2005 年 7 月我国实行汇率改革后，国内的流动性泛滥问题进一步加剧。由于贸易顺差大幅上升，2005 年全年的经常项目顺差达到 1608 亿美元，相比 2001—2004 年期间合计才为 1674 亿美元，占 GDP 的比重迅速从 2001 年的 1.3% 上升到 2005 年的 7.2%。再加上巨额的资本项目顺差，国际收支总体顺差达到 2238 亿美元，使得年末外汇储备余额达到 8189 亿美元。[①] 2006 年，货物贸易顺差继续大幅上升，较 2005 年又增长了 74%；国际收支继续保持巨额双顺差，年末外汇储备达到 10663 亿美元，比上年末增加 2473 亿美元。这种汇率升值后经常项目顺差大幅上升的表现，除了国际制造业加快向我国转移以

---

① 《中国货币政策执行报告：二〇〇六年第四季度》。汇改以来至 2006 年末，人民币对美元汇率累计升值 5.99%，对欧元汇率累计升值 2.46%，对日元汇率累计升值 11.32%。

及全球经济强劲增长拉动出口等原因外，主要还是由于投融资体制改革滞后、金融市场不发达，利率尚未完全市场化，不能真实反映资金成本，刺激了企业的投资需求。如近年来我国新一轮"投资热"主要集中在钢铁、水泥、电力、电解铝、汽车等制造业和出口加工贸易部门，由此形成的生产能力已超出国内需求，必然导致相关生产的出口扩大、进口减少①。

由于外汇储备迅速增加，同时又要维持汇率的相对稳定，中央银行被动投放基础货币，从而加剧了流动性泛滥问题，增加了固定资产投资反弹和资产价格上涨过快的压力，制约了宏观调控的主动性和有效性。例如，仅仅 2006 年新增加的 2743 亿美元外汇储备，就意味着央行向市场注入了 19300 亿元的流动性。也正是在此背景下，在定向票据发行、信贷干预、窗口指导等干预措施效果有限的情况下，自 2006 年 7 月以来中国人民银行连续六次上调存款准备金率，存款准备金率已经上调至 10.5%，同时开始动用有加速汇率升值功能的加息工具，自 2006 年 4 月以来已连续多次加息。②③④

总之，在当前宏观背景下，从货币政策看，中国经济中的利率政策呈现一定的双轨特征，主要表现为信贷市场上抑制投资增速和货币市场上缓解升值压力这一不同货币目标带来的货币政策双轨性。鉴于日本 20 世纪 80 年代的经验教训，除了加快包括利率机制市场化在内的金融体制改革外，央行必须加强对流动性的监控，必要时需果断干预，甚至以有条件地加快汇率升值为代价。因为随着国力的增强，汇率升值是经济规律，不以人的意志为转移。当名义汇率受到人为干预无法实现升值时，汇率便以实际汇率形式升值，包括工资上涨、通胀升温以及最有可能带来泡沫的资产升值。

### 5.3.1.2 放松住房信贷管制

1998 年后，为了配合住房制度改革、启动住房消费，人民银行分别于 1998 年和 1999 年下发了《个人住房贷款管理办法》和《关于扩大住房信贷投入支持住房建设与消费的通知》，有限放松了对住房商业信贷业务的管制。在此背景下，凭借住房信贷业务国内先行者的优势及房地产市场的高涨，上海市的商业房贷市场规模迅速扩张。2000 年末住房抵押贷款余额达到 344 亿元，比增 116%；2004 年末贷款余额上升至 2445.5 亿元，为 1999 年的 15.4 倍，年均增长 287%，当年贷款增加额占到全国的 18%。因受到宏观调控的

---

① 根据国民收入恒等式，经常项目顺差反映了国民储蓄大于国内投资，也反映了国内总产出大于总需求，生产能力相对过剩。据测算，我国投资率（国内资本形成/GDP）从 2001 年的 38% 提高到 46%，而同期国民储蓄率（国民总储蓄/GDP）从 40% 上升到接近 50%。我国国民储蓄包括家庭储蓄、企业储蓄和政府储蓄，近年来这 3 项储蓄均较快增长。参见《2005 年中国国际收支报告》。

② 截至 2007 年 3 月，中国各银行总共发出新增贷款 1.26 万亿元人民币，超过今年计划新增贷款的一半；固定资产投资已反弹至 32%。两年前靠行政命令建立起来的信贷纪律，似乎已被打破。

③ 由于商业银行在央行存放着大量的超额准备金，因此只有将法定准备金提高到一定门槛，才能真正发挥收紧流动性的目的，否则只是将部分因宏观调控贷不出去的钱，由超额准备金账号转向法定准备金账号。上调法定准备金率 0.5%，理论上可以回收 1600 亿元流动性，但是实际效果有限。宏观调控下银行贷款受阻，有超过 2.8% 的银行资金放在央行超额准备金账户，所以这一政策不将 1600 亿原本放在超额准备金账户的资金转入法定准备金账户，对流动性、经济的实质性影响并不大。据高盛估计，这一门槛在 11%～11.5% 以上。

④ 通过加息来提高资金成本，制止资产泡沫化，似乎是一个合逻辑的政策选择。然而利率政策受制于汇率政策。人民币汇率短期内一步升值到位的可能性极小，但是其币值长期过低，又吸引着海内外热钱。为了减少热钱流入，中国人民银行将人民币汇率的升值幅度，定在大致等同于人民币与美元之间的利息差上。这一招舒缓了汇率压力，不过也束缚住货币政策。

影响，直至 2005 年后增速才开始明显放缓，到 2006 年时中资商业银行甚至出现了负增长。例如 2006 年 1—11 月，上海发放住房抵押贷款为 585.51 亿元，而 2005 年则为916.92 亿元，下降了 36％。从余额上看，2006 年 11 月较 2005 年底减少 156.97 亿元。其中，受人民银行两次加息影响，仅 1—11 月商业性个人房贷还贷量就比 2005 年增加了 90.26 亿元。

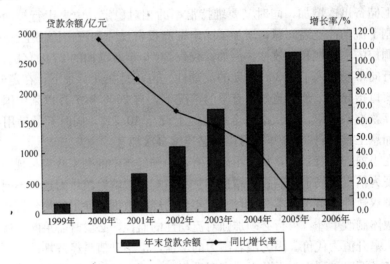

资料来源：根据《上海统计年鉴》(2000—2006)、《2006 年上海市国民经济和社
会发展统计公报》计算绘制。

图 5-10　上海市住房抵押贷款市场的发展 (1999—2006)

随着商业房贷市场竞争的不断加剧，自从 1998 年以来，由个人房贷所具有的高利润率、资产优质性以及与各类私人金融业务较高的关联度所致，商业房贷一直成为各商业银行大力开拓发展的主要信贷业务之一。由于商业房贷利率受到管制，非价格竞争就成为争夺市场份额的主要竞争方式。在早期阶段，降低首付比要求、银企捆绑式合作协议甚至放松信贷资格审查都是常见的竞争手段。例如，2001 年和 2003 年，为了规范个人住房贷款按揭成数，中国人民银行先后发布了《关于规范住房金融业务的通知》和《关于进一步加强房地产信贷业务管理的通知》严禁"零首付"个人住房贷款，明确规定按揭成数最高不得超过 80％。随着市场增速的放缓，竞争也日趋激烈。例如，2006 年时上海市商业房贷市场竞争出现了一些新的特点：传统的个贷业务竞争主要集中在新房贷款上，现在却呈现新房与二手房贷款并重的架势；传统的楼盘银企合作协议不再能确保下游个人房贷的排他性，事实上上游开发贷款银行的下游个人房贷业务出现 20％～50％的流失率已经十分正常；推出各种房贷营销策略，不断推高对新房销售公司和二手房中介公司的贷款业务返利，个别银行竟高达贷款金额的 1％以上；非价格竞争创新开始加快，如短期固定利率贷款、双周供贷款、供款账户的理财功能连接等。[①]

然而，由于目前仍然受到较严格的管制，加之受限于资金期限结构，客观地说上海的

① 《2006 年上海住房金融市场运行特征和 2007 年展望》。

商业房贷市场仍然处于早期发展阶段，进一步的发展，如有助于个人购房者和商业银行规避利率风险的长期固定利率贷款，关键将取决于利率市场化改革和资本市场改革的进程。①

放松金融管制和低利率环境无疑在本轮房价上涨过程中起到了重要的作用。如前所述，放松金融管制和低利率环境是各发达国家 20 世纪 80 年代以来历次房价周期波动的主要影响因素，特别是在最近一轮的房地产繁荣中作用尤其显著。但是需要强调的是，即便部分发达国家的经验表明历史性的低长期真实利率可以证明房价上涨的合理性，但将其应用于我国时却需要格外的警惕。由于我国的资金价格本身是非市场化的和扭曲的，人为低利率下的泡沫成分是不可避免的，而这也正是需要国家实行宏观调控的基本理由之一。更为重要的是，在目前的汇率升值阶段，如亚洲各国的经验所表明的，作为房价的两大决定因素（可能也是最重要的），收入的快速增长和低利率必然推动房地产价格的上涨，其中既包含了居民家庭财富快速积累与扩张的合理成分——通过汇率升值的内在机制来调整之前被人为压低的资产价格，但同时也是泡沫最容易放大的时期，特别是在当前的流动性泛滥背景下，这两者之间的权衡无疑将极大地考验政策制订者尤其是央行的智慧。

### 5.3.2 商品住宅供给与成本

#### 5.3.2.1 商品住宅供给

众所周知，在短期内住房供给总是无弹性的，使得供需不能及时地匹配。如图 5-11 所示，自 1999 年以来，当年竣工面积（供）与销售面积（需）之比除 2006 年外一直低于 1，表明需求大于供给；如以较能反映即时供求关系的预售指标衡量，供需不匹配的情况要更为显著，如 2001—2002 年间，批准预售面积与预售登记面积之比只有 0.84，2003 年时达到 1.16，表明供给在两年后才暂时赶上了需求；但是随着 2004 年市场的高涨，又再次出现供不应求的形势；此后，随着宏观调控力度的加大，特别是"两千万中低价商品房"供给的大量上市，2005 年时的供需比迅速上升到 1.48。

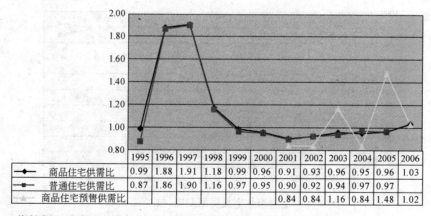

| | 1995 | 1996 | 1997 | 1998 | 1999 | 2000 | 2001 | 2002 | 2003 | 2004 | 2005 | 2006 |
|---|---|---|---|---|---|---|---|---|---|---|---|---|
| 商品住宅供需比 | 0.99 | 1.88 | 1.91 | 1.18 | 0.99 | 0.96 | 0.91 | 0.93 | 0.96 | 0.95 | 0.96 | 1.03 |
| 普通住宅供需比 | 0.87 | 1.86 | 1.90 | 1.16 | 0.97 | 0.95 | 0.90 | 0.92 | 0.94 | 0.97 | 0.97 | |
| 商品住宅预售供需比 | | | | | | | 0.84 | 0.84 | 1.16 | 0.84 | 1.48 | 1.02 |

资料来源：根据《上海统计年鉴》（2000—2006）及相关网上信息计算编制。

图 5-11　上海市商品住宅销售与预售供求比（1995—2006）

---

① 在 2004 年，沪上中资银行房贷的平均不良率只有 0.1%左右，但根据上海银监局的最新统计，由于受到宏观调控和加息的影响，到 2006 年 9 月末，上海中资银行个人房贷的平均不良率已经上升到了 0.86%，两年多的时间里上升了 7 倍多。

考虑到这种供给的滞后性因素，从供给的实际反应看，无论是政府的土地供应还是开发商的反应，这一时期应该说总体上还是比较灵敏的。例如，竣工商品住宅 11188.41 万 m²，超出"十五"计划目标 49.2%。如图 5-12 所示，商品住宅的新开工面积和出让住宅用地可建面积都能随着期间房价的变动较灵活地调整，如"十五"期间累计出让住宅用地可建面积 1.58 亿 m²，为"九五"期间的 2.24 倍（7045 万 m²），期间房价累计上涨 100%。

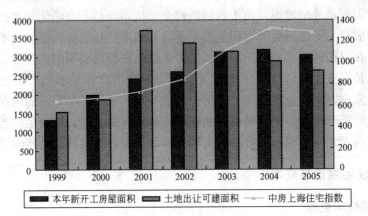

资料来源：根据《上海统计年鉴》(2000—2006) 绘制。

图 5-12　上海市商品住宅土地供给、新开工面积与房价变动 (1999—2005)

我们用住宅投资额作为供给的替代指标，测度了 1995—2005 年期间的供给反应。结果发现期间房价（中房上海住宅指数）和 1—3 年贷款利率对期间上海市住宅投资有显著的解释力，可以解释 93% 的投资变动（见图 5-13）。[①] 其中，投资对房价的弹性为 1.28，对贷款利率的弹性为 −0.84，都符合预期的方向且处于 1% 显著水平。从弹性的量级看，上海市住宅供给的反应是较为有弹性的和灵活的。

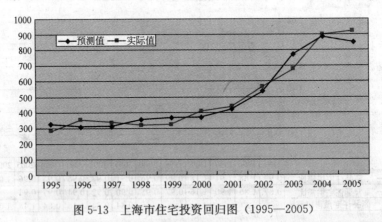

图 5-13　上海市住宅投资回归图 (1995—2005)

### 5.3.2.2　商品住宅建造成本

理论和经验都表明，长期中房价与建造成本（不包括土地成本）的关系较弱，短期内

---

① 采用了对数线性模型。此外，我们发现 2003、2004、2005 的宏观调控哑变量不显著，可能与政策的滞后性有关。

后者更多地受到房价进而投资的拉动影响。如图 5-14 所示，上海市普通住宅的建造成本在 1996—2002 年期间基本保持平稳，累计上涨了 14%，相比同期普通住宅销售均价上涨了 50%。在 2003 年时，建造成本快速提高了 52.5%，由于当年包含了人工、材料和机械成本的建筑安装工程价格仅略增 5%，此后两年中建造成本又累计回落了 12.5%，尽管建筑安装工程价格上涨了 11.6%，我们难以正常解释建造成本的这种突然变动，房地产开发商虚增成本可能是潜在的原因之一。在整个 2003—2005 年期间，普通住宅销售均价上涨了 66%，相比建造成本只上涨了 33%。此外，除 2003 年的特殊性外，1996—2005 年期间普通住宅建造成本占销售均价的比重一直是下降的，从 66% 降到 40%。这些证据都表明建造成本对房价变动的影响很小。

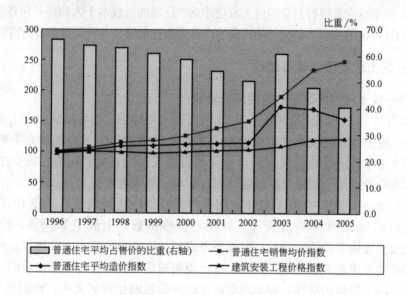

资料来源：根据《上海统计年鉴》（2000—2006）绘制。

图 5-14  上海市普通住宅建造成本变动（1996—2005）

### 5.3.2.3  资金供给与成本

由于预售制度、融资渠道有限及历史积累较少的原因，我国房地产开发企业的资产负债率较高，并且严重依赖银行贷款。根据《上海市第一次经济普查主要数据公报》，2004 年末，房地产法人单位资产合计为 13097.7 亿元，负债合计 8969.7 亿元，所有者权益合计 4128 亿元，资产负债率为 68.4%。

由于房地产企业多以项目形式（各种子公司）进行投资开发，因此单个项目的资产负债率更能反映实际情况。据国家统计局统计，2004 年房地产开发资金共筹措 17168.8 亿元，其中第一大资金来源为"定金和预收款"，达到 7395.3 亿元，比上年增长 44.4%，占房地产开发投资资金来源的 43.1%；第二大资金来源是房地产开发企业自筹资金，为 5207.6 亿元，增长了 38%，占全部资金来源的 30.3%；第三大资金来源是银行贷款，为 3158.4 亿元，增长了 0.5%，占资金来源的 18.4%。但实际上，房地产开发资金来源中，自筹资金主要由商品房销售收入转变而来，大部分来自购房者的银行按揭贷款，按首付 30% 计算，企业自筹资金中有大约 70% 来自银行贷款；"定金和预收款"也有 30% 的资金来自银行贷款，以此计算房地产开发中使用银行贷款的比重在 55% 以上。①

2004 年上海房地产开发企业 1700 亿当年到位资金中，银行贷款、自筹资金和其他资金分别为 359 亿元、418 亿元和 895 亿元，比重分别为 21.1%、24.6% 和 52%，如按全国比例计算，则全部银行贷款的比重约 55% 左右，而扣除银行贷款后的企业自筹资金比仅为 7.4%，加上外商直接投资也只有 8.2%。总之，如此高的资产负债率和对银行贷款的严重依赖，使得房地产开发企业的经营风险相当高，进而影响到银行和购房者的资金安全。在此背景下，"国十五条"提高了对开发商的信贷条件，规定对项目资本金比例达不到 35% 等贷款条件的房地产企业，商业银行不得发放贷款。

虽然宏观调控在一定程度上提高了房地产开发融资的限制，但是在仍显宽松的货币政策和高流动性下，由于存在着银行自身的巨大放贷冲动、巨额的低成本个人购房首付资金以及高回报对其他国内外资金的吸引力，仍然使得房地产开发企业能够从各种渠道筹集所需资金。

### 5.3.3 新一轮土地制度改革与地价

#### 5.3.3.1 新一轮土地制度改革的短期房价影响

从 2002 年 5 月 9 日国土资源部下发 11 号文件《招标拍卖挂牌出让国有土地使用权规定》起，新一轮土地制度改革和地根紧缩政策对于房价的影响一直是各方争论的焦点之一。是房价决定地价还是地价决定房价或者两者相互影响，我们认为在现有的土地制度下，至少在现阶段这是个经验判断问题，相互影响的可能性要更大些。

如图 5-15 所示，2001 年时上海住宅用地的交易价格达到最低点，较 1997 年下跌了 32.1%；此后到 2005 年末，房价（上海住宅价格指数）上涨了 66.8%，地价上涨了 84.8%，表面上要快于房价的增长，但如果考虑到前期地价的更大下跌幅度，较为合理的判断是两者的增长速度大致相同。同时，这也说明地价的波动性要高于房价的波动，原因在于名义房价向下调整的刚性，而土地受市场供求的影响相对更大些，特别是 20 世纪 90 年代中期大规模批地造成了土地的严重供大于求。

至于前期限制土地供给是否助长了地价、房价上升的预期问题，除了地价、房价同步

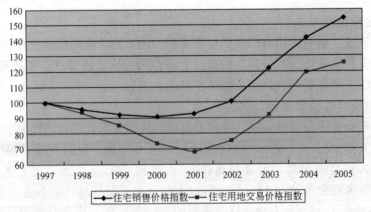

资料来源：根据《上海统计年鉴（2006）》绘制。

图 5-15　住宅用地价格与销售价格

---

① 《2004 中国房地产金融报告》。

上涨这一表面观察外，我们还需要进一步考虑以下问题。第一，新一轮改革前的地价是否代表了合理的内在价值。直至 2004 年，在上海市当年出让的 3415.35 万 m² 经营性用地中，协议出让面积达到 969.29 万 m²，仍占到 28.4%。这些大规模的非市场配置土地的存在都会压低统计数字上及特定市场下（如供大于求时）的实际土地价格，因此有理由判定早期的土地价格整体上要低于其内在价值。此外，上节所述的传统利率体制同样导致了包括土地在内的资产价值的低估。而新一轮土地制度改革特别是强制性招拍挂制度的建立，必将推动土地的市场化进程和促使土地价格朝着其内在价值调整。

第二，虽然限制土地供给确实会助长地价、房价上升的预期，但是不论是开发商还是购房者的预期在很大程度上要基于现实的供需状况不断作出调整。就此而言，限制新地供给的政策确实会带来短期的市场冲击，但前期土地调控政策的主要目的是消化存量，至少就前期而言上海市的实际土地供应是相对充足的，如前述的供给反应和土地实现价格的讨论可证明这一点。当然，随着存量土地的大量消化，政府必须要及时地修正政策，确保充足的增量土地供给，并且要大力改善现有计划供给体制的灵活性和透明性，其中后者将有助于开发商和购房者形成稳定的预期。

### 5.3.3.2 土地制度改革的长期房价影响

城市经济理论认为在一个有效的土地和资本市场中，城市人口密度的空间变化与土地价格的空间变化相一致，地价高，密度高，地价低，密度低，土地利用和资本利用效率达到最高。其基本机理是，当地价越高，为了降低单位建筑面积成本以及获取更高利润，开发商就会用更多的资本替代相对昂贵的土地，从而提高资本密度（或建筑密度，容积率）。因此，在地价高的市中心，开发商倾向于用较少的土地开发高的楼层建筑。相反，在远离市中心的地区，地价比较低，为了降低单位建筑面积成本以及获取更高利润，开发商就会用更多的土地投入替代相对昂贵的资本投入，从而减小资本密度，稀疏建筑密度或降低建筑高度。

实证研究表明，城市人口密度与土地价格的关系与理论模型预测的关系相当吻合。城市经济理论还认为，在理性预期条件下，减少土地供给，会提高房价，但住房产出量并不会成比例地下降，因为可以通过土地资本替代，均衡时使得住房供给等于需求，同时房价和密度上升。在土地供给高度受限的香港，Peng & Whenton（1994）的研究证实了这种土地资本间的替代关系。

显然，上述城市经济理论和国际经验的立足点有二，一是有效的土地和资本市场，二是灵活的规划系统。然而，迄今为止我国并不能达到这两条要求。中国土地市场价格的决定机制（垄断供给下的容积率决定地价）极大地限制了土地—资本之间的替代关系，进而负面地影响房地产市场的利用效率。

我国的土地市场还未实现完全市场化。一、二级土地市场都是由政府垄断供给，只有三级市场实现了自由交易，这是我国的土地性质（国家所有）、分税制和经济发展模式等制度、历史共同作用形成的制度，预计还将存续相当长的时间，虽然它需要持续地改进以尽可能地减轻扭曲。

上海市的城市化进程是由政府主导的。从 1995 年到 2004 年，建成区的面积从 390km² 增加到 781km²，翻了一番。[①] 如此大规模扩张的一个先决条件就是基础设施投

---

① 《中国统计年鉴》（相关年度）。

资，其后才是人口的郊区化迁移。1979—1990 年期间，上海市用于基础设施建设的财政支出仅为 91.63 亿元，"八五"、"九五""十五"期间分别达到 130 亿元、491 亿元和 1253 亿元，分别比增 42%、276% 和 155%，并以此在 15 年中拉动了 6357 亿元的基础设施投资，在一定程度上补上了历史低投入的欠债。在中央地方两级分税制下，地方政府通过出售国有土地使用权融资就成为一个在特定阶段合理的选择。据估计，在 1992—2004 年期间，上海市出让土地使用权收入累计达到 1000 亿元［彼得森（Peterson），2006］。[1] 同时，结合旧城改造等方式，上海进行了大规模的企业和人口郊区化迁移。自 1995 年至 2005 年，上海累计拆迁户数 84.27 万，累计拆迁面积 5581 万 $m^2$；在 1980—1995 年期间还累计动迁居民 52 万余户口，1995—2006 年间累计拆迁居民住宅 89.74 万户，拆迁面积 5036 万 $m^2$，这在世界上都是独一无二的。[2] 当然，这一模式也有其众所周知的弊端。如腐败、侵害农民等弱势群体利益等等。对于住房市场的长期发展而言，这一系统的最大问题在于土地供给的政府垄断与计划性质。它们意味着政府有能力通过限制供给来获得全部或大部分的垄断租，而规划、招拍挂制度等则是实现这一目的的潜在工具。[3] 总之，只要继续依靠这一系统为基础设施和城市改造融资，内在的制度冲突就不可避免。

限于篇幅的原因，以下我们着重从今后一段时期内的城市化进程角度探讨土地制度改革的潜在影响。

首先，上海市在政府主导下的旧城改造和郊区化相结合的城市化进程仍任重道远。在我国城市化进程达到相对稳定阶段之前，上海市的城市化进程将不会提前止步。即使 2020 年总人口为 2000 万左右、中心城常住人口控制在 800 万人以内的远景目标能够实现，也意味着未来十余年内需要从当前中心城区存量人口中外迁 300 余万，如果再加上增量人口，迁移规模将不会低于前 15 年。伴随着中心城区人口外迁的是旧城改造，截至 2005 年末，市区属于最优先改造对象的二级以下旧里存量为 1281 万 $m^2$，其中"十一五"期间计划完成中心城区 400 万 $m^2$ 二级以下旧里的改造。此外还有标准较低的、作为未来改造对象的三类职工住宅计 1042 万 $m^2$。而这种大规模、高速度的城市化进程顺利进行的前提条件之一是先行的大规模基础设施建设及后续高昂的维持投入，特别是目前的郊区化进程已进入了从早期的外环内迁移到向外环外扩散的阶段，而后者有着更为薄弱的交通、市政、教育等基础设施。[4] 总之，可以预见在未来较长时期内，为了顺利实施城市发展计

[1] Peterson（2006）。

[2] 1980—1995 年拆迁数据引自《上海改革开放二十年》，1995—2006 年数据引自上海统计局。

[3] 在众多影响政府土地供给的因素中，有一点是当前国内研究与争论所普遍忽略的——跨政府间的土地供给决策。其中包括两层含义，一是国家、省市、区（县）三级政府之间及同级政府（特别是区级）之间的利益差异所导致的决策差异，如不同城市间、同一区域内的区县之间实际上存在着明显的竞争关系；二是在同一级政府层次上各届政府的跨期决策问题，即本届政府从当期的利益最大化出发进行决策。理论表明，在一定条件下，虽然土地是由政府垄断供给的，但由于上述决策差异的存在，可出现高于完全垄断甚至竞争性供给的均衡结果。20 世纪 90 年代大规模批地的经验也证明了这一点。新一轮土地制度改革的两个基本立足点——土地利用年度计划和经营性用地的招拍挂制度主要针对的也是这种现象。总之，新一轮土地制度改革的实际影响特别是长期影响，就目前而言还难以下定论，尚有待时间的检验和更深入的研究。

[4] 与工业相比，郊区城镇建设特别是住宅产业对于基础设施的要求非常高，否则难以吸引人口的自主迁移，即需要基础设施建设先行。如前期松江、嘉定等区房地产市场面临的需求不足问题很大程度上与配套设施建设不足有关。另一方面，基础设施建设的内在规模经济性要求决定了这种先行建设模式在建成后期较长时期内的高成本，这进一步提高了对后续政府公共投入的要求。

划，上海市仍然需要巨额的基础设施投资，为此至少在中期内预计仍会将土地使用权出让收入及相关税费作为主要资金来源。当然，一方面随着地方财政收入的增长（包括即将开征的物业税）以及随着资本市场改革而允许地方政府利用直接融资，另一方面也因可供出售土地的减少，预计长期中土地使用权出让的作用将会弱化。

其次，上述城市化进程意味着长期内仍需维持大规模的住宅建设，这将对现有的土地供给和规划体系带来巨大的挑战。如在土地供给总量方面，根据"1966"城乡体系规划目标，外环以内中心城区约 600km²，郊区城镇建设用地总规模控制在 900km² 以内，相比 2005 年末城镇用地及农村居民点用地合计仅 1198.44km²。① 可以预见，随着发展进程，前期通过旧城改造和农村居民点归并来提供城镇用地的模式将受到越来越大的限制。在国家严格控制耕地占用的背景下，在综合性权衡社会成本的基础上适度地放松密度控制，从立体空间中增加供给应是可行的选择。

再次，随着城市化的进程，住宅用地的稀缺程度将日益提高，特别是在中心城区，能够利用的存量土地已相当有限，为此需要不断地完善土地制度和规划体制，充分发挥市场的配置作用，进一步调整上海市各细分市场的房价和地价的比价关系，促进城市人口的有效分布。

最后，如香港经验所表明的，政府垄断土地供给并不意味着低成本住房用地的必然减少，它取决于包括住房保障制度在内的长期住房政策体系的设计与执行，特别是要根据明确的制度将相当比例的土地出让收入用于补贴低成本住房。

---

① "1966"四级城乡体系的具体规划是：1 个中心城：上海市外环线以内的 600km² 左右区域内；9 个新城：宝山、嘉定、青浦、松江、闵行、奉贤南桥、金山、临港新城、崇明城桥，规划总人口 540 万左右，其中松江、嘉定和临港新城 3 个发展势头强劲的新城，人口规模按照 80 万至 100 万规划，总人口在 270 万左右；60 个左右新市镇：从人口产业集聚发展、土地集约利用和基础设施合理配置角度，集中建设 60 个左右相对独立、各具特色、人口在 5 万人左右的新市镇，对于资源条件好、发展潜力足的新市镇，人口规模按照 10 万到 15 万规划；600 个左右中心村：中心村是农村基本居住单元，也是郊区"三个集中"推进的关键问题，将对分散的自然村适度归并，合理配置公共设施。见上海市规划局网站。

# 6 公共住房政策的艰难选择

如第一章所述，住房既是一种高价值的消费品，又是一种存在升值可能的投资品。对于住房的消费功能来说，无论收入多寡，也无论住宅价格高低，居住都是全体居民最基本的生活需求之一。而对于住房的投资功能来说，许多高收入者又往往把购买住房作为一种旨在谋取利润的投资活动。因此，住房的需求实际上是由居住需求和投资需求两部分所组成的。这样，在任何一个市场经济国家，由收入分布的不平等所致，必然会导致许多居民的支付能力常常不足以使其实现必需的居住需求，同时住房价格又因为高收入者投资需求的旺盛而居高不下的矛盾。所谓公共住房政策，就是旨在缓和乃至解决这一矛盾的必然要求。它通过政府对公共住房的供应、需求、流通和消费过程中进行调节、干预，满足低收入阶层居民的基本居住需求。

然而问题在于，作为政府的一项旨在提供基本的社会福利保障的政策，公共住房政策的实施不仅会对房地产业的市场供给和需求产生一系列的重大影响，而且不同政策目标和政策原则选择对房地产业的影响也各有不同。因此，对于人均收入水平还较低的中国来说，如何处理经济增长和社会保障之间的关系，如何在较低人均收入水平条件下实现基本的居住保障，如何在推行公共住房政策的同时促进房地产业的健康成长，便成了政府公共住房政策制定所必须回答的问题。

## 6.1 公共住房政策的国际经验

在市场经济国家，公共住房政策兴起于 19 世纪末 20 世纪初。至 20 世纪 60 年代，大多数市场经济国家都初步建立了公共住房政策体系，以确保低收入阶层的基本居住条件，提高社会保障水平。

### 6.1.1 美、英两国的公共住房政策

#### 6.1.1.1 美国的公共住房政策

美国政府对于住房市场的干预始于 20 世纪 30 年代的经济危机。由于经济危机给整个经济社会带来的破坏，大量的住房抵押贷款无力偿还，新建住房的数量与危机前相比减少了 95%。大量居民尤其是中低收入者无房可住，住房问题十分突出。为此，美国政府颁布了《联邦住宅贷款法（Federal Home Loan Act)》、《临时住宅法案》等，并于 1934 年设立了联邦住宅管理局（Federal Housing Administration，FHA）。1937 年，《临时住宅法》经进一步修订后改为《公共住宅法》（Public Housing Act)，规定由中央政府出资，由地方政府建造公共住房供低收入者家庭租用。至该法令终止时，共建公共住房 130 多万套，有 400 多万户低收入家庭入住。

第二次世界大战结束以后，美国政府又成立了退伍军人局（Veterans Administration，VA），为退伍军人的住房抵押贷款提供担保。1949 年，美国政府正式颁布了《住宅法》（Housing Act），确定了美国住房政策的目标是："为全美国每一个家庭提供舒适的家和适宜的居住环境"，并确认了联邦住宅管理局、联邦全国抵押协会和退伍军人局为促进住房建设的机构，其收益对象以中低收入阶层为主。

进入 20 世纪 60 年代以后，美国住房政策的重点是以中低收入阶层和有色人种阶层为对象的补贴住房建设计划，对私人建房者提供大大低于普通抵押贷款利率的资金，以鼓励私人建房者从事低收入家庭公寓住房的大规模兴建和维修。1965 年，约翰逊政府又提出了住房补助计划，并成立了旨在利用财政资金支持公共住房建设的联邦住宅与城市发展部（Housing and Urban Development，HUD）。HUD 每年编制 150 亿美元的住房发展计划（约占联邦预算的 1.6%），用于向 400 万户低收入家庭提供住房补贴和资助建设 4400 套住房。1968 年美国政府又颁布了《住房和城市发展法》，明确了补贴供应自有住房和补贴供应租赁住房的法律地位，仅 1970 年，就有 29.3% 的新建住房得到了补贴。另外，美国政府还专门成立了政府国民抵押协会，以取代联邦国民抵押协会的部分职能，联邦国民抵押协会则转变为以盈利为目的的私营股份制公司。政府国民抵押协会的主要功能有为政府项目（如政府补贴的住房项目）提供资金支持，为合格的私营机构以政府担保的抵押贷款组合为基础发行的抵押证券提供担保。

20 世纪 70 年代以后，美国的住房政策由对住房供给的住房建设补贴转为对于住房需求方的需求消费补贴，并陆续颁布了一系列新的法案（参见表 6-1）。其中，1974 年美国政府颁布的《住房和社区发展法》中明确规定，满足条件的租房者只需支付其收入的一定比例（20%～25%），其与市场合理租金之间的差额由政府直接补贴给房主。截至 1993 年，约有 130 万低收入家庭享受了此项补贴。又如 1988 年起美国政府开始推行住房券（Housing Voucher）制度，每年提供大约 11.5 亿美元的住房券发放给超过 1600 万户的中低收入者。

**1970 年以来美国政府的主要住房法案**　　　　　　　　　　　　　　表 6-1

| 颁布时间 | 住房法名称 | 主　要　内　容 |
|---|---|---|
| 1971 年 | "布鲁克修正案"（Brooke Amendment） | 公共住房租户支付的房租只能以家庭收入的 25% 作为上限，地方政府住房机构提供住房管理和维修补贴。HUD 用直接支出计划参与可支付住宅的建设 |
| 1974 年 | 《住房和社区发展法》（Housing and Community Development Act of 1974） | 主要包括两项新计划：一项是用于社区发展的一揽子拨款计划；另一项是租金援助第 8 条款（Section 8 of Rent Supplement Programme），该条款计划的房租补贴由 HUD 实施发放，用于补贴市场租金和租房户收入 25% 之间的差额。住房保障重点改为直接补贴需求者 |
| 1986 年 | 《税收改革法案》（Tax Reform Act of 1986） | 中止 1981 年经济复苏税收法案，对房地产方面加速不动产折旧、缩短维修寿命、建设期内免除利息和税赋的措施。法案授权对混合收入和低收入住宅的投资实行 10 年期联邦所得税优惠 |
| 1987 年 | 《无家可归者资助法》（Homeless Assistance Act of 1987） | 建立基金来支持建造过渡的或者永久的面向无家可归者或者面向特殊群体要求的房屋代理管理者 |
| 1990 年 | 《全国可支付住宅法》（National Affordable Housing Act of 1990） | 减少联邦政府住房支出预算，采用税收支持计划、州和地方政府计划及私营部门参与等来解决可支付住宅（Affordable Housing）问题 |

克林顿政府上台后，提出将所有的住房计划彻底私有化，并且将所有的补贴计划均转为住房券补贴，以使中低收入者能够在市场上能够自由选择住房和租住水平。1993年至1998年间，有7.6万套住房转为住房券补贴，约占存量房总量的6％。2004年，布什政府将住房券计划又转化为由各州管理的名为"为有需要的家庭提供住房资助"（Housing Assistance for Needy Families，HANF）的补贴计划。在布什的这一计划之下，每年有一笔固定金额被分发到50个州、哥伦比亚地区及美国领地内，用以解决中低收入者的住房问题。

### 6.1.1.2　英国政府的公共住房政策

第一次世界大战以后，英国政府开始实施公共住房政策。1919年，英国政府颁布了《住宅法》，明确规定了公共住宅为住房政策的核心，政府投资建造的公共住房以较低的租金租给居民居住。同时，该法还明确了地方政府为公共住房政策的主要执行者。至1939年，英国各地政府共建造了100万套出租住房，约占住房存量的10％。另外，政府也介入到私人出租住房市场，对其租金实行限制政策，出租者只能获得微利。

第二次世界大战以后，英国政府开始推行福利国家政策，建造了大量供出租的住房。这一时期，英国公共住房占全部住房的30％。其间政府几次提高和扩大住房补贴范围，如1946年的《住房金融法》和其他法规把住房补贴的标准比二战前提高了一倍，其补贴对象为新建住房，以适应大规模、高标准的住房建设。但是由于这加重了政府的负担，该项补贴于1956年年底便大部分被取消，余下的补贴对象也仅限于老年人的一室单元和贫民窟改造。另外，英国政府还通过各种措施鼓励民间组织建造公共住房，如20世纪70年代实施的《住宅法》就从法律上规定了住宅协会（Housing Association，HA）在公共住房建设和管理领域的地位，由政府给予住房协会补助，以兴建出租或出售住房。同时，政府还通过立法的形式（1977年的《住房无家可归者法》）明确了地方政府为某些特殊群体中无家可归者提供住房的义务。

20世纪80年代以来是英国住房制度的改革时期，政府陆续颁布了一系列新的法令（参见表6-2）。1979年撒切尔夫人执政后，大力推行广泛的私有化政策，政府一方面减少了公共住房的建设数量，另一方面以优惠政策鼓励居民购买租住的公共住房，并鼓励居民个人建设自用和供出租的住房，住房供给转向市场，住房政策向着市场化、自由化的方向发展。从1981年到2001年，英国政府共出售了近190万套住房，自有住房家庭的比重从56％上升到近70％。

20 世纪 80 年代以来英国政府颁布的主要住宅法规　　　　　　　　　表 6-2

| 名称和年代 | 主　要　内　容 |
| --- | --- |
| 1980 年的《住宅法》 | 导入"购买权利"、租户特权和新住房补贴系统 |
| 1980 年的《苏格兰住房法》 | 对《租金法》进行了修改 |
| 1980 年的《地方政府规划和土地法》 | 修改了英格兰和威尔士的地方政府的金融制度 |
| 1982 年的《社会保险和住房福利法》 | 建立了住房福利制度 |
| 1984 年的《住房和建筑控制法》 | 扩大并加紧实施"购买权利" |
| 1984 年的《住房缺陷法》 | 规定地方政府对售出的有缺陷住房负有责任 |
| 1989 年的《地方政府和住房法》 | 在英格兰和威尔士提出新的地方政府租金和补贴系统,改变了城市更新政策 |
| 1990 年的《全国健康服务和社区关怀法》 | 用社区关怀新措施取代传统的机构化居住区管理 |
| 1993 年的《租赁改革、住房和城市发展法》 | 鼓励承租人从参与租金抵押贷款计划中自由获取利益 |

资料来源：田东海：《住房政策：国际经验借鉴和中国现实选择》，1998年版，45页，北京，清华大学出版社。

近年来，随着城市中无家可归者和中低收入家庭住房问题的日渐突出，英国政府又逐渐加大了社会保障性住房的供应力度。2004年的《住房法》，围绕着建造足够数量的、低收入群体买得起的"社会性"住房，出台了一系列切实可行的规定，从而有效保障了社会中低收入阶层的住房权益。2005年5月，英国政府推出了股权房屋计划草案，通过股权房屋的形式，动用政府基金和抵押贷款放款机构的资产减少首次购房成本，购买房屋的人可支付住房成本的75%，其余由政府和抵押贷款放贷机构共同支付。2006年4月，英国政府又推出了"购买社会性住房"的计划，规定租户可最低购买住房25%的所有权，其余部分的所有权仍归业主所有，但需要支付2.75%~3%的费用。等收入增加后，租户可再购买整套住房的所有权。

### 6.1.2　日本与新加坡的公共住房政策

#### 6.1.2.1　日本的公共住房政策

日本是太平洋上的一个岛国，总面积近40万km²，人口为1.26亿（1996年），人口密度大。日本的住房建设起步较晚，但却后来居上，取得了良好的效果。

受第二次世界大战的影响，日本战后出现了严重的房荒，约有2000多万人无房可住。为了避免出现社会问题，日本政府于1951年通过了《公营住宅法》，规定政府对项目主体建设公营住宅给予补助，这刺激了项目主体建设公营住宅的积极性，加大了住房供给，在一定程度上缓解了住房危机。同时，该法案还对居民的入住标准进行了规定，即只有收入水平在平均收入线1/3以下的人，才能够享受政府提供的公营住房的福利。另外，日本地方政府还成立了住房专门机构——住房局，负责解决日本低收入家庭的住宅。住宅局每年建设一批面向低收入者出租的住宅，收取的租金视家庭收入的高低而变化，一般为成本租金的2/3到1/2，不足部分由中央财政补贴。为解决中等收入者的住房问题，日本成立了住宅都市整备公团，负责建设一些标准比出租住房稍高一点的，但价格低于市场价格，中等收入者能够负担得起的住房。截至1993年，住宅都市整备公团总共向中等收入家庭提供了130多万套住房。另外，为了解决住房资金不足的问题，日本还专门成立了住房金融公库，负责向欲获得自有住房和欲建造出租住房的个人、地方住房供给公司以及欲建造住房的私人开发商提供贷款，这无疑大大促进了住房建设，增加了住房供给（见表6-3）。

日本住房信用供给状况/亿日元　　　　　　　　　　表6-3

| | 1980 | 1985 | 1986 | 1987 | 1988 | 1989 | 1990 | 1991 |
|---|---|---|---|---|---|---|---|---|
| 银行 | 168879<br>41% | 202020<br>33.9% | 231154<br>35.8% | 274757<br>37.8% | 315006<br>38.6% | 370788<br>39.5% | 408557<br>38.3% | 433133<br>38.3% |
| 住房金融公库 | 106884<br>25.9% | 212157<br>35.6% | 230345<br>35.7% | 254498<br>35% | 288482<br>35.4% | 323187<br>34.4% | 359529<br>33.9% | 386583<br>34.2% |
| 住房金融专业公司 | 31023<br>7.5% | 50432<br>8.5% | 55280<br>8.6% | 65678<br>9% | 72939<br>8.9% | 93150<br>9.9% | 125273<br>11.8% | 126225<br>11.2% |
| 其他 | 105471<br>25.6% | 131318<br>22% | 128029<br>19.9% | 132271<br>18.2% | 139623<br>17.1% | 151571<br>16.2% | 167960<br>15.8% | 185966<br>16.3% |
| 合计 | 412257<br>100% | 595927<br>100% | 644808<br>100% | 727204<br>100% | 816050<br>100% | 938696<br>100% | 1061319<br>100% | 1131907<br>100% |

资料来源：日本银行调查统计局经济统计年报，1992年。

转引自姚玲珍：《中国公共住房政策模式研究》，2003年版，209页，上海，上海财经大学出版社。

20 世纪 60 年代以后，日本经济飞速发展，人口大幅度从农村向城市集中，愈发使得城市住房问题突出。为了解决城市住房问题，日本政府在 1966 年颁布了第一个比较完整的住房法规——《城市规划法》。该法的颁布加快了日本有计划建设住房、改善住房状况的步伐。此后日本开始实施建房"五年计划"，截至 1995 年，日本已经实行了六个"五年计划"，共建住房 4000 多万套（参见表 6-4）。

日本建房"五年计划"执行情况　　　　　　　　　表 6-4

|  | 时间 | 目标 | 建房数量/万套 |
|---|---|---|---|
| 一五计划 | 1966—1970 | 一户一套 | 计划 670,实际 674 |
| 二五计划 | 1971—1975 | 一人一套 | 计划 959,实际 828 |
| 三五计划 | 1976—1980 | 建造足够套数,提高住宅质量 | 计划 880,实际 770 |
| 四五计划 | 1981—1985 | 达到平均居住水准 | 计划 770,实际 612 |
| 五五计划 | 1986—1990 | 以形成安定富裕的居住生活基础和优良的住宅资产为目标 | 实际 828 |
| 六五计划 | 1991—1995 | 国民"能实际感到富裕的、舒适而优良的住宅资产" | 实际 730 |

资料来源：陈劲松：《公共住房浪潮——国际模式与中国安居工程的对比研究》，33 页，机械工业出版社，2006 年。

20 世纪 80 年代后，日本政府的住房政策从支持住房直接投资向支持直接投资和间接投资并重的方向转换。20 世纪 90 年代以来，日本政府在住房投融资方面又进行了一系列改革，用于支持居民购买、租用住房的贷款不断上升，实现了由"砖头"向"人头"的转变，同时政府直接建房数量也在逐渐减少（见表 6-5）。

日本政府建设住宅情况 （1995—2003）/套　　　　　　　表 6-5

| 年　份 | 1995 | 2000 | 2001 | 2002 | 2003 |
|---|---|---|---|---|---|
| 城市住宅整备公团 | 531661 | 388706 | 279628 | 188734 | 163392 |
| 地方政府 | 39436 | 28293 | 26876 | 25646 | 22922 |
| 住宅局 | 16762 | 14872 | 11460 | 9717 | 7888 |
| 合计 | 587859 | 431871 | 317964 | 224097 | 194202 |

资料来源：日本住房建设统计（Housing construction statistics）（1996，2002，2003）。

#### 6.1.2.2　新加坡的公共住房政策

新加坡是东南亚的一个城市岛国，总面积为 $647.5km^2$，人口达 374 万（1999 年），人口密度高。经过 40 多年的发展，新加坡已成功地解决了居民的居住问题，人均居住面积 20 世纪 90 年代初就已达到了 $20m^2$，住房总量达 108 万套，其中公共住房（组屋）90万套，私人住房约 18 万套。

1959 年新加坡自治政府成立时，84% 的家庭居住有困难，其中 1/3 的人居住在卫生条件极差的破旧住房和窝棚中。政府以为每个居民提供住房为目标，成立了住房发展局（Housing & Development Board，HDB），全面启动公共住房政策，为合格居民提供可承受的住房及配套设施。

1961 年，新加坡开始实施五年建房计划，以组屋的形式向居民提供大量公共住房。第一个五年计划建造的住房多为建造成本低、供出租用的住房，以解决房荒问题。1964年，新加坡政府提出了"居者有其屋"计划，鼓励居民购买组屋，组屋也从出租为主向出售为主过渡。1968年，则允许居民用中央公积金（Central Provident Fund，CPF）购买组屋，这极大地推动了"居者有其屋"计划的实施。截至1995年，新加坡共实施了7个五年计划（见表6-6），共建房74万多套，有效地解决了居民的居住问题，改善了居住条件，提高了住宅质量建设标准。

**新加坡建房"五年计划"实施情况/套**　　　　　　表 6-6

| 计划 | 一五计划 | 二五计划 | 三五计划 | 四五计划 | 五五计划 | 六五计划 | 七五计划 |
|------|---------|---------|---------|---------|---------|---------|---------|
| 建房数量 | 54430 | 66239 | 113819 | 137670 | 180000 | 160000 | 90000 |

资料来源：HDB 各年统计年报。

20世纪70年代以后，基于居民的居住问题已经基本解决，住房发展局又不失时机地向着提高住房的质量方面发展，开发了大量的3居室、4居室及5居室住宅，以满足居民对住房质量的要求（见表6-7）。1974年新加坡政府又组建了国营房屋和城市发展公司（Housing and Urban Development Co Ltd，HUDC），以迎合广大中等收入者对住房的需求。国营房屋和城市发展公司提供的房屋比市价低，广大买不起商品房的中低收入者可申请购买HUDC建造的房屋。40多年来，在新加坡政府的努力下，公共住房规模越来越大，越来越多的人住进了HDB提供的住房。截至2000年，占人口84％的人住进了HDB提供的住房中（见表6-8）。

**住房发展局所建各类住房比重**　　　　　　表 6-7

| 年份 | 1,2居室 | 3,4居室 | 5居室 | 行政公寓 | HUDC |
|------|---------|---------|-------|---------|------|
| 1980 | 31.6% | 62.2% | 5.5% | — | 0.7% |
| 1985 | 19.7% | 69.2% | 8.2% | 1.5% | 1.4% |
| 1990 | 11.4% | 72.8% | 11.5% | 3.5% | 0.8% |
| 1995 | 8.7% | 68.3% | 16.0% | 6.3% | 0.7% |
| 2000 | 6.8% | 63.9% | 21.4% | 7.5% | 0.4% |

资料来源：Tai-Chee Wong and Adriel Yap（2003），"From Universal Public Housing to Meeting the Increasing Aspiration for Private Housing in Singapore"，*Habitat International*，Vol. 27，p. 365.

**住房发展局（HDB）住房建设数量及入住人口比例/套**　　　　　　表 6-8

| 年份 | 套数 | 入住比 | 年份 | 套数 | 入住比 | 年份 | 套数 | 入住比 |
|------|------|-------|------|------|-------|------|------|-------|
| 1960 | 21968 | 9% | 1975 | 214940 | 43% | 1990 | 627165 | 87% |
| 1965 | 69660 | 23% | 1980 | 348915 | 73% | 1995 | 705771 | 86% |
| 1970 | 118544 | 35% | 1985 | 557612 | 84% | 2000 | 828148 | 84% |

资料来源：HDB 各年统计年报。

# 6.2　中国居民住房水平与购房能力分析

建国五十多年来，我国城乡居民的居住水平和收入水平都有了很大的提高，但低收入的住房困难家庭数量依然较多，政府的公共住房政策任重而道远。

## 6.2.1　城乡居民住房水平现状

### 6.2.1.1　城镇居民住房水平

根据建设部《2005年城镇房屋概况统计公报》，截至2005年底，全国城镇住宅建筑面积 107.69 亿 m²，占房屋建筑面积的比重为 65.46%。东部地区城镇住宅建筑面积 53.67 亿 m²，中部地区 30.33 亿 m²，西部地区 23.69 亿 m²，分别占全国城镇住宅建筑面积的 49.84%、28.16% 和 22%。全国城镇成套住宅建筑面积 86.84 亿 m²，住宅成套率为 80.64%。东部地区成套住宅建筑面积 44.32 亿 m²，中部地区 23.95 亿 m²，西部地区 18.57 亿 m²，住宅成套率分别为 82.58%、78.97% 和 78.38%。

全国城镇人均住宅建筑面积 26.11m²，其中东部地区 28m²，中部地区 23.9m²，西部地区 25.24m²。全国城镇户均住宅建筑面积 83.2m²，户均成套住宅套数 0.85 套。东部地区户均住宅建筑面积 85.32m²，中部地区 77.96m²，西部地区 85.75m²，户均成套住宅套数分别为 0.89 套、0.79 套和 0.83 套（参见表 6-9）。

**2005 年各地区城镇人均住宅建筑面积情况/(m³/人)**　　　　表 6-9

| 东部地区 | 28.00 | 中部地区 | 23.90 | 西部地区 | 25.24 |
|---|---|---|---|---|---|
| 北京 | 32.86 | 山西 | 24.79 | 内蒙古 | 22.96 |
| 天津 | 24.97 | 吉林 | 22.46 | 广西 | 25.23 |
| 河北 | 26.04 | 黑龙江 | 22.03 | 重庆 | 30.68 |
| 辽宁 | 21.96 | 安徽 | 22.56 | 四川 | 27.48 |
| 上海 | 33.07 | 江西 | 25.58 | 贵州 | 20.40 |
| 江苏 | 27.95 | 河南 | 23.40 | 云南 | 28.59 |
| 浙江 | 34.80 | 湖北 | 24.99 | 西藏 | 20.86 |
| 福建 | 32.28 | 湖南 | 26.00 | 陕西 | 23.40 |
| 山东 | 26.47 | | | 甘肃 | 23.28 |
| 广东 | 26.46 | | | 青海 | 22.00 |
| 海南 | 24.18 | | | 宁夏 | 23.90 |
| | | | | 新疆 | 22.22 |

资料来源：《2005 年城镇房屋概况统计公报》，http://www.cin.gov.cn。

图 6-1 表明，就城镇人均住宅建筑面积这一基本的住房水平指标而言，改革开放后所实现的进步是显著的。从 1978 年的 6.7m² 上升到 26.1m²，累积提高 19.4m²，年均增加 0.88m²，已基本达到 20 世纪 90 年代初中等至中高收入国家的水平（参见图 6-2）。

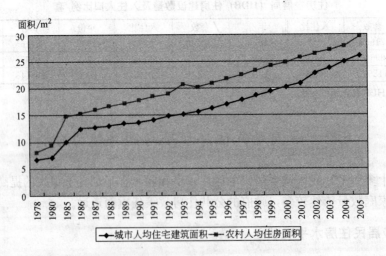

资料来源：根据《中国统计年鉴（2006）》绘制。

图 6-1　中国城乡居民居住情况（1978—2005）

不仅如此，我国城镇居民住房水平提高的速度也有所加快，如"七五"至"十五"各五年计划期间分别增加1.2、2.1、3.2和5.9m²。这里需要强调的是，由于采用户籍人口统计口径的原因，未考虑快速城市化背景下城镇常住人口与户籍人口之间日益扩大的差距，因此上述数据存在着较大的高估。例如，根据1‰人口抽样调查，2005年末我国城镇常住人口达到56157万，相比城镇户籍人口为41245万，按前者计算的城镇人均住宅建筑面积只有19.2m²。

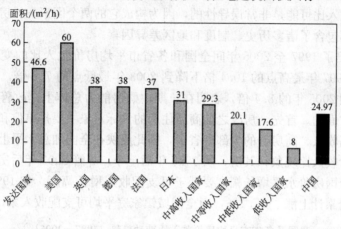

资料来源：引自中国人民银行房地产金融分析小组，《2004中国房地产金融报告》，2005。

图6-2　人均使用面积的国际比较[①]

### 6.2.1.2　农村居民住房水平

改革开放后，我国农村居住水平也获得了较大的改善。如根据国家统计局的抽样调查，按人均住房面积衡量，从1978年的8.1m²提高至2005年29.7m²，累计增加了21.6m²。改善还反映在农村住房的建筑质量上。例如，1990—2005年期间，主要是新建农村住房的建筑质量不断提高，使得存量住房钢筋混凝土结构的比例从1.22%上升到11.17%，砖木结构比例从9.84%上升到14.12%（参见表6-10）。

农村居民家庭住房情况

表6-10

| 项　　目 | 1990 | 1995 | 2000 | 2004 | 2005 |
|---|---|---|---|---|---|
| 本年新建房屋： | | | | | |
| 　面积/(m²/人) | 0.82 | 0.78 | 0.87 | 0.6 | 0.83 |
| 　价值/(元/m²) | 92.32 | 200.3 | 260.23 | 339.27 | 373.31 |
| 新建住房结构/% | | | | | |
| 　钢筋混凝土结构 | 0.23 | 0.33 | 0.47 | 0.36 | 0.5 |
| 　砖木结构 | 0.47 | 0.37 | 0.36 | 0.21 | 0.29 |
| 年末住房情况 | | | | | |
| 　住房面积/(m²/人) | 17.83 | 21.01 | 24.82 | 27.9 | 29.68 |
| 　住房价值/(元/m²) | 44.60 | 101.64 | 187.41 | 226.13 | 267.76 |
| 年末住房结构/(m²/人) | | | | | |
| 　钢筋混凝土结构 | 1.22 | 3.1 | 6.15 | 9.17 | 11.17 |
| 　砖木结构 | 9.84 | 11.91 | 13.61 | 14.09 | 14.12 |

资料来源：根据《中国统计年鉴（2006）》绘制。

---

[①]　中国人民银行房地产金融分析小组（2005），国外数据为20世纪90年代初人均居住面积，我国数据为2004年的建筑面积。

### 6.2.2　城镇居民的购房能力

在衡量城镇居民的购房能力时，房价收入比是世界各国广泛使用的标准，也是指导政府住房保障政策的有效工具。在我国的实践中，早在 1994 年和 1998 年的房改方案先后采用其作为公房出售标准价和高房价地区住房补贴的衡量标准。[①] 需要强调的是，简单、静态地解读房价收入比可能是非常误导性的，因为构成它的两个因素——房价和收入始终都是变动的，并都包含了诸多历史、制度和地区差异因素。

表 6-11 给出了 1997 至 2005 年间全国和各省市平均房价收入比的变动情况。就全国水平而言，从 1997 年最高点的 10.4 倍下降到 2003 年最低点的 7.8 倍，然后随着房价的持续上涨回升到 2005 年的 8.4 倍，表明在长期中购房能力总体上是改善的。出现这一趋势的原因是多方面的。首先，房改之前商品住房的目标对象主要是单位和高收入家庭，并且市场集中于高收入、高房价的少部分省市，因此反映在全国加总水平上就出现了早期阶段极高的高房价收入比现象；其次，从 1995 年后至今，尽管 2003 年后房价上涨较快，但其他多数时候全国房价水平增长幅度要低于可支配收入增长幅度。如 1997 年全国真实商品住宅销售均价累计上涨了 57.2%，而全国城镇家庭平均可支配收入累计上涨了 101%。

**我国及各省市平均房价收入比变动趋势（1997—2005）[②]**　　　　　　　　　　表 6-11

| | 1997 | 1998 | 1999 | 2000 | 2001 | 2002 | 2003 | 2004 | 2005 |
|---|---|---|---|---|---|---|---|---|---|
| 湖　南 | 4.8 | 5.0 | 4.9 | 4.8 | 5.0 | 5.0 | 4.6 | 4.3 | 4.4 |
| 内蒙古 | 6.3 | 6.3 | 6.2 | 5.8 | 5.5 | 5.2 | 4.6 | 4.5 | 4.6 |
| 江　西 | 4.6 | 4.2 | 4.6 | 5.0 | 4.7 | 4.3 | 4.2 | 4.6 | 4.6 |
| 西　藏 | | | 3.3 | 4.3 | 5.6 | 5.7 | 6.0 | 9.1 | 4.8 |
| 贵　州 | 5.6 | 7.1 | 6.8 | 6.4 | 5.6 | 5.4 | 5.1 | 4.8 | 4.8 |
| 重　庆 | 4.8 | 6.4 | 5.5 | 5.1 | 5.1 | 5.3 | 4.9 | 5.1 | 5.6 |
| 新　疆 | 7.5 | 7.8 | 7.4 | 7.1 | 6.6 | 6.3 | 6.2 | 5.3 | 5.7 |
| 河　南 | 5.9 | 6.7 | 6.3 | 7.3 | 6.7 | 6.2 | 5.6 | 5.6 | 5.7 |
| 河　北 | 7.4 | 7.9 | 7.3 | 7.2 | 6.7 | 6.0 | 5.6 | 5.6 | 5.9 |
| 广　西 | 5.8 | 7.2 | 6.8 | 7.1 | 7.3 | 6.7 | 6.5 | 6.5 | 5.9 |
| 四　川 | 6.0 | 6.4 | 6.4 | 5.8 | 5.5 | 5.4 | 5.2 | 5.3 | 6.0 |
| 吉　林 | 7.7 | 8.0 | 8.3 | 8.1 | 8.2 | 7.2 | 6.2 | 6.7 | 6.1 |
| 青　海 | 7.8 | 8.9 | 8.0 | 6.6 | 6.5 | 5.7 | 6.0 | 6.0 | 6.3 |
| 山　西 | 7.2 | 7.0 | 6.8 | 6.3 | 7.0 | 6.0 | 5.4 | 6.0 | 6.3 |
| 山　东 | 5.8 | 6.9 | 6.5 | 6.2 | 5.7 | 6.0 | 6.0 | 6.0 | 6.4 |
| 甘　肃 | 7.9 | 8.9 | 7.1 | 7.3 | 6.6 | 5.8 | 5.3 | 6.5 | 6.5 |

---

[①] 如《国务院关于进一步深化城镇住房制度改革加快住房建设的通知》第六条规定，停止住房实物分配后，房价收入比（即本地区一套建筑面积为 60m² 的经济适用住房的平均价格与双职工家庭年平均工资之比）在 4 倍以上，且财政、单位原有住房建设资金可转化为住房补贴的地区，可以对无房和住房面积未达到规定标准的职工实行住房补贴。

[②] 按照一套 90m²、当年全国平均销售价格的商品住房总价与平均家庭可支配收入计算。

148

| | 1997 | 1998 | 1999 | 2000 | 2001 | 2002 | 2003 | 2004 | 2005 |
|---|---|---|---|---|---|---|---|---|---|
| 云　南 | 5.7 | 7.6 | 7.6 | 7.8 | 8.2 | 7.4 | 7.0 | 6.3 | 6.5 |
| 宁　夏 | 7.3 | 7.7 | 8.1 | 7.0 | 7.1 | 7.9 | 7.0 | 6.9 | 6.5 |
| 黑龙江 | 8.2 | 9.6 | 9.3 | 9.6 | 9.0 | 7.9 | 7.3 | 6.8 | 6.8 |
| 福　建 | 7.1 | 8.2 | 7.9 | 7.1 | 6.5 | 5.7 | 6.2 | 6.2 | 6.8 |
| 陕　西 | 8.9 | 8.5 | 6.4 | 7.1 | 7.6 | 7.0 | 6.1 | 6.4 | 7.0 |
| 安　徽 | 4.9 | 6.3 | 6.3 | 5.8 | 5.3 | 5.8 | 6.0 | 6.3 | 7.3 |
| 浙　江 | 5.1 | 6.1 | 6.1 | 5.7 | 5.2 | 5.4 | 5.6 | 5.7 | 7.3 |
| 湖　北 | 6.7 | 7.6 | 7.1 | 7.0 | 6.7 | 6.2 | 5.9 | 6.0 | 7.4 |
| 江　苏 | 6.3 | 7.2 | 6.7 | 6.7 | 6.8 | 6.6 | 6.5 | 6.9 | 7.7 |
| 广　东 | 9.7 | 10.4 | 9.6 | 9.1 | 8.9 | 8.1 | 7.3 | 7.3 | 8.4 |
| 辽　宁 | 8.8 | 10.9 | 10.7 | 10.5 | 10.3 | 9.2 | 8.8 | 8.7 | 8.7 |
| 天　津 | 8.9 | 9.6 | 8.5 | 8.4 | 7.7 | 7.8 | 7.0 | 7.7 | 9.5 |
| 北　京 | 18.5 | 16.9 | 15.6 | 13.2 | 12.2 | 10.8 | 9.6 | 9.1 | 10.5 |
| 海　南 | 9.7 | 10.2 | 9.5 | 11.0 | 9.8 | 7.9 | 8.3 | 9.2 | 10.5 |
| 上　海 | 8.9 | 10.3 | 8.5 | 8.5 | 8.5 | 9.1 | 10.1 | 10.4 | 10.8 |
| 全国平均 | 10.4 | 10.3 | 9.5 | 9.3 | 8.8 | 8.1 | 7.8 | 8.1 | 8.4 |

资料来源：根据相关年度《中国统计年鉴》计算。

　　但另一方面，各省市房价收入比的绝对水平和变动趋势却相差悬殊。2005 年时，有 14 个省市的房价收入比水平超过了货币化改革前的 1997 年水平，其中增长最快的是安徽，从 4.9 倍上升到 7.3 倍；其他 17 个省市则低于 1997 年水平，下降最大的是北京，从 18.5 降至 10.5。如与房价较快速上涨之前的 2002 年水平相比，则 2005 年时有 17 个省市的房价收入比上升，14 个省市下降，其中前三位的浙江、上海和安徽分别上升了 1.9 倍、1.7 倍和 1.5 倍。2005 年时，房价收入比小于 6 倍的有 11 个省市，6～8 倍的有 14 个省市，剩余 6 个省市则高于或等于全国平均水平。其中，上海的房价收入比水平最高，达到 10.8 倍，湖南的房价收入比水平最低，仅为 4.4 倍。

　　表 6-12 进一步给出了 2005 年时 35 个大中城市的房价收入比情况。这些全国最主要城市的房价收入比普遍偏高，低于 6 倍的仅有长沙、石家庄等 6 个城市；超过 8 倍以上的有 15 个城市，这表明大中城市是支付能力问题最严重进而也最迫切需要构建有效住房保障体系的地区。

**2005 年 35 个大中城市的房价收入比**　　　　　　　　　　表 6-12

| 城　市 | 房价收入比 | 城　市 | 房价收入比 | 城　市 | 房价收入比 | 城　市 | 房价收入比 |
|---|---|---|---|---|---|---|---|
| 长沙 | 5.0 | 长春 | 6.8 | 海口 | 7.8 | 厦门 | 8.7 |
| 石家庄 | 5.1 | 银川 | 6.9 | 昆明 | 7.8 | 大连 | 9.0 |
| 乌鲁木齐 | 5.3 | 福州 | 7.1 | 兰州 | 8.2 | 沈阳 | 9.0 |
| 呼和浩特 | 5.4 | 哈尔滨 | 7.1 | 武汉 | 8.3 | 天津 | 9.5 |
| 贵阳 | 5.4 | 南昌 | 7.3 | 广州 | 8.3 | 深圳 | 9.8 |
| 重庆 | 5.6 | 成都 | 7.6 | 太原 | 8.3 | 杭州 | 9.9 |
| 西宁 | 6.2 | 南京 | 7.7 | 青岛 | 8.3 | 北京 | 10.5 |
| 济南 | 6.6 | 南宁 | 7.8 | 西安 | 8.4 | 上海 | 10.8 |
| 郑州 | 6.7 | 宁波 | 7.8 | 合肥 | 8.7 | | |

资料来源：根据《中国统计年鉴（2006）》计算。

总之，至少从历史的变动趋势考察，我国各地区和大中城市的城镇居民的购房能力水平似乎并没有随着近期房价的普遍持续上涨而明显恶化。

但是，如果我们进一步考察各收入水平组，却是另一种情况。自 1990 年代以来，我国的收入分配差距在日益扩大。根据中科院的估计，1990 年时，我国的收入基尼系数为 0.341，2000 年时首次突破被认为严重不平等的 0.4 标准，达到 0.412，2003 年时进一步上升到 0.457。以全国为例，仅在 2000—2005 年期间，全国城镇家庭人均可支配收入累计增长了 67.1%，但是其中 10% 城镇最高收入家庭和 10% 高收入家庭分别累计增长了 116.2% 和 82.3%，相比 10% 的最低收入家庭、10% 低家庭、20% 中等偏下家庭和 20% 中等收入家庭仅分别累计增长了 18.2%、34.5% 和 45.1%；期间，最高收入家庭与最低收入家庭人均可支配收入的比率已从 5 倍扩大到 9.2 倍，即便与中等收入家庭相比，也从 2.3 倍扩大到 3.1 倍（参见表 6-13）。

我国城镇家庭人均可支配收入情况（2000—2005）/（元/人）　　　　表 6-13

| | 2000 | 2001 | 2002 | 2003 | 2004 | 2005 | 2000—2005 累计增长 |
|---|---|---|---|---|---|---|---|
| 最低收入户 10% | 2653 | 2803 | 2409 | 2590 | 2862 | 3135 | 18.2% |
| 其中:困难户 5% | 2325 | 2465 | 1957 | 2099 | 2313 | 2496 | 7.3% |
| 低收入户 10% | 3634 | 3856 | 3649 | 3970 | 4429 | 4885 | 34.5% |
| 中等偏下户 20% | 4624 | 4947 | 4932 | 5377 | 6024 | 6711 | 45.1% |
| 中等收入户 20% | 5898 | 6366 | 6657 | 7279 | 8167 | 9190 | 55.8% |
| 中等偏上户 20% | 7487 | 8164 | 8870 | 9763 | 11051 | 12603 | 68.3% |
| 高收入户 10% | 9434 | 10375 | 11773 | 13123 | 14971 | 17203 | 82.3% |
| 最高收入户 10% | 13311 | 15115 | 18996 | 21837 | 25377 | 28773 | 116.2% |
| 平均 | 6280 | 6860 | 7703 | 8472 | 9422 | 10493 | 67.1% |

资料来源：《中国统计年鉴（2006）》。

在此背景下，如表 6-14 所示，即便是购买经济适用房，房价水平也明显超出了最低至中等偏下收入家庭的支付水平，并且对于最低收入和低收入家庭的支付能力还明显恶化。如果是购买普通商品住宅，则中等收入家庭和中等偏上收入家庭也处于支付能力不足的境地，虽然与前期相比他们的情况没有明显的恶化。只有 20% 高收入家庭具有良好的购买商品住宅的支付能力，并且还不同程度地有所提高。考虑到少数高房价、高收入省市或地区在全国加总层次上的权重较高，在前述部分有着较低房价收入比的省市和大中城市，这种各收入组之间支付能力不平衡的情况可能会较全国平均水平稍好些。但是，总体上我们仍然能够大致断定在住房货币化改革后，低收入户家庭难以进入经济适用房市场，中等收入家庭难以进入普遍商品住宅市场，实际上这是与大力发展面向 70% 家庭的早期改革设想相一致的，尽管实践中经济适用房的比例明显不足，如 2000 年最高峰时仅占当年全部商品住宅销售量（销售面积）的 22%。

全国按收入分组城镇家庭的平均房价支付比 　　表 6-14

| 最 低 收 入 户 | | | | 低 收 入 户 | | |
|---|---|---|---|---|---|---|
| 年份 | 经济适用房 | 普通商品住房 | 商品住宅 | 年份 | 经济适用房 | 普通商品住房 | 商品住宅 |
| 2000 | 13.6 | 23.2 | 22.0 | 2000 | 9.9 | 17.0 | 16.1 |
| 2001 | 13.3 | 22.4 | 21.6 | 2001 | 9.6 | 16.2 | 15.7 |
| 2002 | 16.0 | 26.5 | 26.1 | 2002 | 10.5 | 17.5 | 17.2 |
| 2003 | 16.0 | 25.7 | 25.4 | 2003 | 10.4 | 16.7 | 16.6 |
| 2004 | 15.5 | 25.3 | 27.3 | 2004 | 10.0 | 16.4 | 17.7 |
| 2005 | 15.8 | 27.2 | 28.1 | 2005 | 10.2 | 17.5 | 18.0 |

| 中 等 偏 下 收 入 户 | | | | 中 等 收 入 户 | | |
|---|---|---|---|---|---|---|
| 年份 | 经济适用房 | 普通商品住房 | 商品住宅 | 年份 | 经济适用房 | 普通商品住房 | 商品住宅 |
| 2000 | 7.8 | 13.3 | 12.6 | 2000 | 6.3 | 10.8 | 10.2 |
| 2001 | 7.5 | 12.7 | 12.2 | 2001 | 6.0 | 10.2 | 9.8 |
| 2002 | 7.8 | 12.9 | 12.7 | 2002 | 6.0 | 9.9 | 9.7 |
| 2003 | 7.7 | 12.4 | 12.3 | 2003 | 5.9 | 9.4 | 9.4 |
| 2004 | 7.4 | 12.0 | 13.0 | 2004 | 5.6 | 9.2 | 9.9 |
| 2005 | 7.4 | 12.7 | 13.1 | 2005 | 5.6 | 9.6 | 9.9 |

| 中 等 偏 上 收 入 户 | | | | 高 收 入 户 | | |
|---|---|---|---|---|---|---|
| 年份 | 经济适用房 | 普通商品住房 | 商品住宅 | 年份 | 经济适用房 | 普通商品住房 | 商品住宅 |
| 2000 | 4.8 | 8.2 | 7.8 | 2000 | 3.8 | 6.5 | 6.2 |
| 2001 | 4.6 | 7.7 | 7.4 | 2001 | 3.6 | 6.0 | 5.8 |
| 2002 | 4.3 | 7.2 | 7.1 | 2002 | 3.3 | 5.4 | 5.3 |
| 2003 | 4.2 | 6.8 | 6.8 | 2003 | 3.2 | 5.1 | 5.0 |
| 2004 | 4.0 | 6.6 | 7.1 | 2004 | 3.0 | 4.8 | 5.2 |
| 2005 | 3.9 | 6.8 | 7.0 | 2005 | 2.9 | 5.0 | 5.1 |

| 最 高 收 入 户 | | |
|---|---|---|
| 年份 | 经济适用房 | 普通商品住房 | 商品住宅 |
| 2000 | 2.7 | 4.6 | 4.4 |
| 2001 | 2.5 | 4.1 | 4.0 |
| 2002 | 2.0 | 3.4 | 3.3 |
| 2003 | 1.9 | 3.0 | 3.0 |
| 2004 | 1.8 | 2.9 | 3.1 |
| 2005 | 1.7 | 3.0 | 3.1 |

资料来源：根据《中国统计年鉴（2006）》计算。

　　当然，房价收入比衡量指标具有内在的局限性，其中正影响方面没有考虑包括储蓄在内的居民家庭财富积累，例如已购买公房家庭获得的财富转移；负影响方面则是首付等信贷限制等，这些问题我们将在稍后结合上海的案例进行更详细的分析。但是，对于公共住房政策而言，上述初步分析的意义却是显而易见的，即货币化改革后，对于相当部分中低收入家庭尤其是首次购房家庭而言，城镇住房保障体系必须承担起远较现状更多、更广的应有职责。

## 6.3 我国公共住房政策的现状、问题与建议

我国现行公共住房政策在很大程度上借鉴了新加坡（住房公积金制度、政府组屋供给）和香港（居屋、公屋）的经验，并早在1998年改革方案中就明确提出了建立和完善以经济适用住房为主的多层次城镇住房供应体系，即：最低收入家庭租赁由政府或单位提供的廉租住房；中低收入家庭购买经济适用住房；其他收入高的家庭购买、租赁市场价商品住房。基于这一构架，我国目前已初步形成了一个由经济适用房制度、廉租房制度和住房公积金制度相结合的公共住房政策体系。

### 6.3.1 我国公共住房政策的现状

#### 6.3.1.1 经济适用房制度

我国的经济适用房制度从1994年的"安居工程"开始起步。1998年，《国务院关于进一步深化城镇住房制度改革加快住房建设的通知》颁布以后，经济适用房制度在我国的建立和完善开始加快，经济适用房的大规模建设也迅速在全国展开。1999年到2001年是我国经济适用房建设的高峰期，经济适用住房建设投资占商品住宅投资的比重分别达到17%、16%和14%，有些城市经济适用住房占到了建设规模的一半以上，为解决低收入家庭的住房困难发挥了重大作用。"十五"期间，全国经济适用住房累计竣工面积4.7亿 $m^2$（含集资合作建房），累计解决了近600万户家庭的住房问题。1999年到2005年，我国新开工施工面积达到了3.3亿 $m^2$，共建造了经济适用房350多万套（参见表6-15），满足了广大中低收入者的住房需要。

**我国经济适用房累计建设情况（1999—2005）** 表6-15

| 年 份 | 1999 | 2000 | 2001 | 2002 | 2003 | 2004 | 2005 |
|---|---|---|---|---|---|---|---|
| 竣工数量/套 | 484978 | 603573 | 604788 | 538486 | 447678 | 497501 | 287311 |
| 新开工面积/万 $m^2$ | 3970.36 | 5313.32 | 5795.97 | 5279.68 | 5330.58 | 4257.49 | 3513.45 |
| 投资完成额/亿元 | 437.0 | 542.4 | 600.0 | 589.0 | 622.0 | 606.4 | 519.2 |

资料来源：《中国统计年鉴（2006）》。

#### 6.3.1.2 廉租房制度

1998年发布的《国务院关于进一步深化城镇住房制度改革加快住房建设的通知》，确定了廉租房制度是住房多层次供应体系中的重要一层，1999年建设部发布的《城镇廉租住房管理办法》和2004年建设部、财政部、民政部、国土资源部、税务总局5部门联合发布的《城镇最低收入家庭廉租住房管理办法》则逐步完善了我国的廉租房制度。截至2006年底，全国已有512个地级以上城市实施了廉租住房制度，全国累计用于最低收入家庭住房保障的资金为47.4亿元，已有54.7万户最低收入家庭被纳入廉租住房保障范围（参见表6-16）。其中，租赁补贴16.7万户，实物配租7.8万户，租金核减27.9万户，其他方式保障2.4万户。北京、上海、河北等省市基本实现了对符合条件的最低收入家庭应保尽保。

**全国及部分省市廉租房制度建设情况（截至 2006 年底）**  表 6-16

| | 城市总数 | 已建立廉租住房制度城市 | 已通过廉租住房制度保障家庭/户 | | | | |
|---|---|---|---|---|---|---|---|
| | | | 合计 | 租赁住房补贴 | 实物配租 | 租金核减 | 其他方式 |
| 全国 | 657 | 512 | 547292 | 166568 | 77544 | 278864 | 24316 |
| 北京 | 1 | 1 | 25030 | 4992 | 349 | 19600 | 89 |
| 上海 | 1 | 1 | 77397 | 22023 | 374 | 55000 | 0 |
| 山东 | 48 | 40 | 14544 | 7799 | 2160 | 4585 | 0 |
| 广东 | 44 | 44 | 23674 | 6148 | 11020 | 4034 | 2472 |
| 河北 | 33 | 33 | 25842 | 19237 | 57 | 6548 | 0 |
| 河南 | 38 | 23 | 12022 | 8433 | 700 | 2485 | 404 |
| 重庆 | 1 | 1 | 26527 | 5455 | 3601 | 1446 | 16025 |
| 四川 | 32 | 26 | 36807 | 12610 | 9022 | 14378 | 797 |

资料来源：www.cin.gov.cn/zt/lzfzdjs/gzdt/

#### 6.3.1.3 住房公积金制度

1991 年，上海市率先建立住房公积金制度。1994 年 11 月 23 日，财政部、国务院住房制度改革领导小组、中国人民银行联合下发了《建立住房公积金制度的暂行规定》，标志着我国住房公积金制度的正式推行。目前，全国已有 260 多个城市建立了住房公积金制度。截至 2006 年末，我国住房公积金缴存总额为 12687.37 亿元，缴存余额为 7870.96 亿元，累计为 695.24 万户职工发放个人住房贷款 6364.33 亿元。住房公积金在解决广大中低收入者的住房问题，改善他们的居住条件等方面发挥了重要作用。

### 6.3.2 我国公共住房政策所存在的问题

从表面上来看，我国公共住房政策有着如下几个方面的问题：

#### 6.3.2.1 缺乏公共住房立法

我国自住房制度改革以来，还没有形成法律性的规定，经济适用房、廉租住房和住房公积金等公共住房政策主要靠行政手段进行实施和保障，如 1998 年的《关于进一步深化城镇住房制度改革，加快住房建设的通知》以及后来的《公积金管理条例》、《城镇最低收入家庭廉租住房管理办法》等均是一种行政手段。与此形成鲜明反差的是，在大多数市场经济国家，如美国、日本、英国等，都已形成了一套完整的公共住房的法律体系，基本做到了有法可依，在保障本国中低收入者住房问题上发挥了较大的作用。

法律不同于行政手段的一个最基本的特征就是法律具有权威性，较强的稳定性以及强制性，一旦形成了法律规范，各地在制定当地的住房政策时也就有了法律依据，目标明确地、自觉地执行。目前，由于中央和地方的出发点有差异，各地对公共住房政策的执行持消极态度，这可从近年来经济适用房占住房投资的比重中看出来，从 2001 年的 14％降到 2005 年的 5％，各地对于公共住房建设的积极性不高，这很大程度上是由于我国还没有形成一套完整的法律保障体系。

#### 6.3.2.2 公共住房建设缺乏长期规划

公共住房建设是一个庞大的工程，需要计划性。针对目前情况，我国应首先解决中低收入者的居住问题，其次再追求住房质量的提高，政府应该据此制定一套完整的长期的公共住房发展计划。但是，到目前为止，我国还没有形成一套完整的公共住房发展计划，从而导致了我国公共住房建设的随意性、盲目性，甚至成为平抑房价的工具。

反观新加坡、日本等国，它们根据本国实际，都制定了长期的分阶段实施的计划，取得了较好的成果，不但解决了本国居民的住房问题，而且提高了本国居民的住房质量，我国可从中吸取一些经验。

### 6.3.2.3 公共住房建设缺乏合理有效的金融保障

住房是一个高价值量商品，因此房地产业的发展需要有住房金融的支持。我国住房金融近几年虽然有了很大的发展，但是仍然落后于房地产业的发展。除了住房公积金外，我国还没有直接面对中低收入者的住房贷款；另外，即使有些地方尝试推行面向中低收入者的贷款，却缺乏为之担保的机构，往往造成中低收入者贷款比较困难。

对于廉租住房，我国廉租住房的建设资金主要来源于财政拨款以及住房公积金的增值收入，至今还没有形成廉租住房资金的良性循环。例如截至 2006 年底，我国累计用于廉租住房的资金仅有 70.8 亿元，尚不足北京市 2001—2006 年间土地出让收入的 1/6，不足该市政府土地出让纯收益的 1/2。

### 6.3.2.4 受益对象缺乏明确严格的界定

在 1998 年《国务院关于进一步深化城镇住房制度改革加快住房建设的通知》中，提出了多层次住房供应体系，其中虽然规定了中低收入者购买经济适用房，即经济适用房的受益对象应是中低收入者，但在具体实践中，由于缺乏明确严格的界定，以致我国经济适用房的购买者中不乏高收入者，相当比例的中低收入者却没享受到经济适用房带来的好处。

由于缺乏客观有效的中低收入衡量标准，再加上开发商急于回笼资金，因此只要有人来买，开发商一般都不会进行家庭收入的核查。不少颇具"投资眼光"的高收入人群通过隐瞒现有住房水平、虚开低收入证明，购置经济适用住房。更有甚者，许多高收入者大量购买经济适用住房后用于出租、转手倒卖。例如据北京市开发办提供的信息，北京自 1998 年推出经济适用房以来，购房者中有 84% 属于中低收入家庭，16% 则属于高收入者。又如 2005 年对北京、太原、西安三地的经济适用房的调查显示，高达 48% 的经济适用房用于出租，北京市昌平区的回龙观、天通苑两大经济适用房社区的出租率竟高达 78%。

### 6.3.2.5 许多地区经济适用房建设标准过高

政府推出经济适用房的本意是为城镇中低收入者提供既经济又适用的住房，这就要求建设户型以中小型户型为主。但在各地区的具体实践中，在经济适用住房单位价格相对较低、利润有限的情况下，受经济利润驱动，大多数经济适用住房的开发商往往擅自扩大户型建筑面积，通过加快资金回笼，提高资金周转率来达到追逐高额利润的目的。在许多城市，经济适用住房小区内 80m² 左右的小户型几乎没有，120m² 以上的大户型却相当普遍，有的甚至建成复式、花园洋房、别墅等，大大超出了所谓"中低收入者的住房需要"。例如北京昌平区回龙观文化住宅区中，经济适用房多为 100m² 以上的户型，甚至存在 230m² 的超大型经济适用房；又如天津市的梅江经济适用房居住区内，有 11 座四层半联体花园洋房，47 座联体花园别墅，一般户型每套有 170 多 m²，最高单套面积达 269m²。

### 6.3.2.6 许多经济适用房选址过于偏远

考虑到土地成本问题，我国公共住房选址多在城市边缘地区，甚至在更远的郊区县。

在这些地区，周边基础设施不配套，特别是缺乏高效快捷的公共交通系统，小区居民出行困难，就业、交通、子女入学成本较高，虽然解决了住房问题，但却不利于提高其整体生活品质，多数购房者感到这些经济适用房"并不经济"。

另外，由于这些公共住房小区是纯居住区，本地缺乏就业机会，加之小区规模大，造成大规模人口的单向流动，虽然各方管理部门采取各种补救措施，但交通拥堵问题很难从根本上得以缓解。

如果透过表象看本质，那么我们不难发现当前我国面临的公共住房问题，与其说是具体的建造、融资、分配甚至公积金等基本制度设计是否适合我国国情等问题，不如说首先是一个政策目标、定位不清晰的问题。只有先明确定位公共住房政策的重要性、角色，才可以谈到法律的地位、资源的投入和运用的方式等，才能够调整、完善甚至修改现有的体系和政策。

显然，各国制订公共住房政策的各种考虑因素，在我国都非常突出且相互关联。虽然我国的城市化策略是尽量控制城乡有序流动，以发展新城市来吸纳流动人口，但各主要大城市的外来人口仍在迅速上升。由于牵涉到经济发展的策略，以目前的政策趋势，不会也不能减缓这种增长。与此同时，伴随着经济改革和市场经济的进一步深化，收入分配制度和社会保障制度都尚待完善，贫穷问题会伴随失业、低收入等问题而日趋严重。城市贫困户加上外来人口中占主流的低收入者的住房需要，肯定不会是自由住房市场能够解决的。此外，各大城市旧城改造以及前期城市高速扩张产物的"城中村"改造的步伐始终没有停止。这些共同指向的都是制定明确和有效的低收入住房政策的诉求。

然而，在前期和未来可预计一段时期内的实践中，这种诉求已被或仍将被资金不足、保护房地产市场发展等借口所压抑，其本质是规避政府应尽的责任。例如，对于资金不足问题，"九五"期间全国各地的财政收入合计为25156亿元，十五期间增加到53162亿元，增长1.11倍，这还不包括地方政府获得的预算外的土地出让收入。与之相比，截至2006年，全国廉租住房（住房保障体系中最为关键的一环）的累计资金投入仅70.8亿元，其中还包括15.06亿元的公积金增值收益。即便不讨论公积金增值收益用于廉租住房建设的合理性问题，2005年末前者累计上缴同级财政部门的城市廉租住房建设补充资金也已超过50亿元。

至于保护房地产市场发展问题，中央和地方政府的认识都出现了偏差。如在2003年《国务院关于促进房地产市场持续健康发展的通知》中，明显淡化了1998年改革方案中"以经济适用住房为主的住房供应体系"的目标，这直接导致了之后全国经济房建设与供给的大幅滑坡。这实质上是将市场好坏（潜在的经济增长和减少政府支出）放在第一位，而把住房保障（公义或者说民生）放在第二位。更何况，正如前述国际经验和我国城镇居民家庭支付能力分析所揭示的，经济适用房与普通商品房是两个相对分离的市场，因为住房保障供应的数量根本上是受保障群体的局部性和有限财政所制约的，不可能是无限的；再者，住房保障群体较低的经济收入在短期内也是相对固定的，不会因为住房保障供应数量的变化而在短期之间大量进入或退出住房市场。因此，只要规划、发展得当，并不会对商品房市场造成冲击，反而会促进整个产业的发展，而在大问题出现后才采取大规模建设之类的补救措施的负面影响反而会更大。

最后需要再次强调的是，如同其他社会保障一样，在住房保障领域公平是第一位的，效率是第二位的，必须在首先保证公平的前提下追求效率的最大化，而前期的改革实践存在着矫枉过正的问题。在此方面，美英等国近年来公共住房政策的重新修正已为我们提供了参考。

### 6.3.3 改善我国公共住房政策的对策建议

#### 6.3.3.1 建立和健全公共住房立法体系

无论从国内住房实践来看，还是从国外成功经验来看，我国都应该建立公共住房立法体系，这也是与我国所提倡的法治相适应的。公共住房立法体系中应逐步涵盖公共住房的计划、选址、建设、分配等各个方面，我国目前的经济适用房制度、廉租房制度以及住房公积金制度也都应通过立法的形式加以确定。公共住房的目标应是保障中低收入者有房住，这一观念应贯彻在公共住房立法体系中。

#### 6.3.3.2 制定公共住房发展计划

我国虽然制定了针对中低收入者的住房建设计划（"安居工程"），但是还没有制定关于公共住房的中长期发展计划。现阶段我国的目标应是建立健全具有社会保障性质的经济适用房和廉租房供应体系。从这一目标出发，公共住房的发展应该既要从最终目标上满足中低收入者对住房的需要，又要在此目标实现的不同阶段体现中低收入者的不同住房需求，同时确保公共住房建设和私人住房市场应相互协调、共同发展。

根据我国经济和社会发展的中远期目标，以及我国当前的公共住房现状，我国当前的住房发展重点应集中解决中低收入者对住房的大量需求，建设大量能够居住的公共住房，即大量增加经济适用房和廉租房的供给；其次寻求居住质量的提高、居住环境的改善，这应是我国公共住房发展的中期计划；最后，实现公共住房系统和私人住房市场的协调发展，这应是我国公共住房发展的远期计划。

#### 6.3.3.3 建立和完善公共住房的进入和退出机制，确保公共住房的受益对象为中低收入者

首先，应确定中低收入者的收入划分标准，并且要考虑中低收入者的现有居住水平。只有那些在中低收入线以下，并且现在的居住水平还没有达到保障的居住面积的家庭，才允许入住公共住房。如北京 2002 年的政策规定，只有无房住或居住面积未达到保障水平的，并且年收入在 6 万元以下的北京城镇居民才有资格购买经济适用房；上海采取的政策则规定，只有人均收入在 280 元以下的、人均居住面积在 $5m^2$ 以下的才有资格入住廉租房。

其次，要建立严格的审查、登记和征询制度，防止公房入住对象出现偏差。政府应对申请入住廉租房以及购买经济适用房的家庭进行严格的审查，并登记备案，对于审查过关的中低收入者，还应向社会发布公告，实行社会监督。这就要求公房的出租、出售的主体应是政府（或其专设机构），改变现在的开发商售（租）房的主体地位，防止开发商为了回笼资金的需要，对申请者不加严格审查而急欲出售（租）公房的现象发生。

第三，对于入住公共住房的人要建立家庭收入档案，并实行动态管理。一方面，城镇最低家庭的构成是不断变化的，政府应根据收入水平的变化，调整中低收入家庭的标准，并定期向社会公布；另一方面，对于廉租住房者要建立复审制度，每隔 5 年或稍长时间对原入住对象进行重新认定，只有符合条件的方可继续入住廉租住房；对于经济适用房来

说，要规定购买者要在 5 年或稍长的时间之后方可允许出售或出租经济适用房，违反规定的要进行严厉处罚等，曾经购买过经济适用房的人不应再购买经济适用房。

另外，由于我国现还是发展中国家，政府财力有限，加之对公共住房的需求大，政府可以采取一些鼓励措施，增加公共住房的房源供应，如合作建房。

### 6.3.3.4　制定并严格执行公共住房的建设标准

对于公共住房应确保它经济、适用，对于其建设标准应严格加以限制，尤其是对于经济适用房。对于廉租房来说，只要能够满足居住需要就可以，建设面积可以以小户套型为主，即 60m² 的住房；对于经济适用房来说，可适当放宽些，住房面积和住房质量均可稍高一些，可以中小套型为主，即 90m² 以下的住房。当然，由于各地经济发展水平不同，居民收入差异较大，当地政府应该根据本地区经济发展速度、居民收入和居住水平等不同因素，合理确定本地公共住房的户型面积以及各种户型的比例，并严格进行管理，绝对不允许开发商凭借各种借口，偷梁换柱，开发建设超大、豪华型公共住房。

### 6.3.3.5　完善住房金融制度

首先，应完善和强化住房公积金制度。住房公积金制度作为我国公共住房政策的重要组成部分，在保障中低收入者的居住方面，发挥了重要作用。但是由于住房公积金归集量较小，加之住房的价格较高，它在住房保障方面的作用也是非常有限的，因此我国应通过提高住房公积金的缴存比例，提高住房公积金的归集水平，增加住房公积金的归集总量。

其次，应建立针对中低收入者的住房贷款，并成立为之担保的机构。考虑到中低收入者的经济条件，政府部门可以成立针对中低收入者的住房贷款机构，为中低收入者提供低利率贷款，也可以鼓励商业银行等企业向中低收入者提供低利率贷款，这个贷款利率与市场贷款利率之间的差额由政府补助等。对于欲从市场上贷款的中低收入者，由于其没有担保机构，市场难以向其放贷，政府可以成立专门的机构等，为中低收入者的住房贷款提供担保。

再次，推行个人住房抵押贷款证券化以及发展房地产信托等业务，以实现公共住房建设资金的良性循环。考虑到住房资金回笼时间比较长，加之政府财力有限，政府可以试行个人住房抵押贷款证券化，将住房抵押贷款进行重新组合，以证券的形式向社会上的投资者进行出售，募集公共住房建设的资金，政府可以以每年收取的还款额进行还款。对于廉租房，建议采取房地产信托的形式，即政府成立专门的信托机构负责廉租房的建设与维修，政府对其进行监督管理。

另外，还可以动员民间资本及外资，吸收它们组建住宅银行，开办住房储蓄业务。可借鉴国外经验，按居民存入该项目的金额、期限等给予不同的优惠政策，比如低利率的配套资金供应，优惠购房等，吸引居民踊跃存入住房储蓄，并以低息的公积金和住房储蓄为基础，以市场利率吸收至少不低于二者数额的配套资金，由政府出专款弥补配套资金的利差，必要时可发放住房专项贷款予以支持。

# 参 考 文 献

[1] Anas, A. and R. J. Arnott (1994), "The Chicago Prototype Housing Market Model with Tenure Choice and Its Policy Implication", *Journal of Housing Research* Vol. 5.

[2] Curley, Alesandra M. (2005), "Theories of Urban Poverty and Implications for Public Housing Policy", *Journal of Sociology and Social Welfare*, June.

[3] Gallup (2005), *Homeownership Soars in China*, *Commentary*, Gallup Poll News Service, March 01.

[4] Galster, G. (1997), "Comparing Demand-Side and Supply-Side Housing Policies: Market and Spatial Perspectives", *Housing Studies*, Vol. 12.

[5] Girouard, N., Kennedy, M., Paul van den Noord and C. André (2006), *Recent House Price Developments: The Role of Fundaments*, OECD Economics Department Working Papers, No. 475.

[6] Glaeser, E. and J. Gyourko (2003), "The Impact of Zoning on Housing Affordability", *Economic Policy Review*, Vol. 9 (2).

[7] Harloe M. (1995), *The People's Home? Social rented housing in Europe & America*. Oxford: Blackwell.

[8] Hilbers. P, Qin L. and Zacho L. (2001) "Real Estate Market Developments and Financial Sector Soundness" IMF Working Paper, 129, September.

[9] Kemeny J. (1995), *From Public Housing to the Social Market: Rental Policy Strategies in Comparative Perspective*. London: Routledge.

[10] Kemeny J. (1992), *Housing and Social Theory*, London: Routledge.

[11] Kosuke Aoki (2004), "House Prices, Consumption, and Monetary Policy: A Financial Accelerator Approach", *Journal of Financial Intermediation*, Vol. 13.

[12] Lsen, Edgar. (1972), "An Econometric Analysis of Rent Control." *Journal of Political Economy*, Vol. 80.

[13] Malpass, Peter (2004), "Fifty Years of British Housing Policy: Leaving or Leading the Welfare State?", *European Journal of Housing Policy*.

[14] Meen, G. (2006), *Ten New Propositions in UK Housing Macroeconomics: An Overview of the First Years of the Century*, Paper presented at the ENHR conference "Housing in an expanding Europe: theory, policy, participation and implementation", Ljubljana, Slovenia, 2~5 July.

[15] Meen, G. and M. Andrews (1998), *Modeling Regional House Prices: A Review of the Literature*, Report Prepared for the Department of the Environment, Transport and the Regions, Centre for Spatial and Real Estate Economics, University of Reading.

[16] Nordvik, Viggo (2006), "Selective Housing Policy in Local Housing Markets and the Supply of Housing", *Journal of Housing Economics*.

[17] Ohls, James C. (1975), "Public Policy toward Low-Income Housing and Filtering in Housing Markets." *Journal of Urban Economics* Vol. 2.

[18] Paul van den Noord (2006), *Are House Prices Nearing A Peak? A Profit Analysis For 17 OECD Countries*, OECD Economics Department Working Papers, No. 488.

[19] Pietro C., Girouard, N., Price, R., and C. André (2004), *Housing Markets, Wealth And The Business Cycle*, OECD Economics Department Working Papers, NO. 394.

[20] Priemus, Hugo, and Frans Dieleman (2002), "Social Housing Policy in the European Union: Past, Present and Perspectives", *Urban Studies*.

[21] Quigley, J. M. (2001), "Real Estate and the Asian Crisis", *Journal of Housing Economics*, Vol. 10.

[22] Tai-Chee Wong, and Adriel Yap (2003), "From Universal Public Housing to Meeting the Increasing Aspiration for Private Housing in Singapore", *Habitat International*, Vol. 27.

[23] Yumiko Horita (2006), "Local Authority Housing Policy in Japan: Is It Secure To Function As Safety Net?", *Housing Finance International*, June.

[24] 徐匡迪.《关于上海市国民经济和社会发展第十个五年计划纲要（草案）的报告［N］. 解放日报，2001-02-14.

[25] 上海市第一次经济普查领导小组办公室和上海市统计局. 上海市第一次经济普查主要数据公报，第三号，2005-12-24.

[26] 上海统计年鉴（历年）.

[27] 李启明. 论中国房地产业与国民经济的关系［J］. 中国房地产. 2002，6.

[28] 土地控制对房地产市场的影响分析［R］. REICO 专题报告. 2005.

[29] 国务院办公厅关于转发国务院住房制度改革领导小组国家安居工程实施方案的通知［国办发（1995）6 号］.

[30] 建设部、国家发展和改革委员会 、国土资源部、中国人民银行. 经济适用住房管理办法. 2004.

[31] 中国人民银行. 关于加大住房信贷投入，支持住房建设与消费的通知. 1998-04-07.

[32] 中国人民银行. 关于开展个人消费信贷的指导意见. 1999-02-23.

[33] 阿瑟·奥沙利文. 城市经济学（第四版中译本）［M］北京：中信出版社，2003.

[34] 苏东水. 产业经济学［M］. 北京：高等教育出版社，2000.

[35] 谢经荣，吕萍，乔志敏. 房地产经济学［M］. 北京：中国人民大学出版社，2002.

[36] 梁运斌. 世纪之交的中国房地产业发展与调控［M］. 北京：经济管理出版社，1996.

[37] 唐豪，王云. 上海房地产业的理论透视与实证研究［M］. 北京：中国建筑工业出版社，2006.

[38] 陈劲松. 公共住房浪潮——国际模式与中国安居工程的对比研究［M］. 北京：机械工业出版社，2006.

[39] 郑华. 中国房地产政策研究——堵漏、体改、维权［M］. 北京：电子工业出版社，2004.

[40] 张红. 房地产经济学［M］. 北京：清华大学出版社，2004.

[41] 张红. 房地产经济学讲义［M］. 北京：清华大学出版社，2004.

[42] 包宗华. 住宅与房地产［M］. 北京：中国建筑工业出版社，2002.

[43] 曹振良等. 房地产经济学通论［M］. 北京：北京大学出版社，2003.

[44] 成思危主编. 中国城镇住房制度改革——目标模式与实施难点［M］. 北京：民主与建设出版社，1999.

[45] 姚玲珍. 中国公共住房政策模式研究［M］. 北京：上海财经大学出版社，2003.

[46] 杨鲁、王育琨. 住房改革：理论反思与现实的选择［M］. 天津：天津人民出版社，1992.

[47] 田东海. 住房政策：国际经验借鉴和中国现实选择［M］. 北京：清华大学出版社，1998.

[48] 厉以宁. 中国住宅市场的发展与政策分析［M］. 北京：中国物价出版社，1999.

[49] 杨公朴，夏大慰. 产业经济学教程［M］. 上海：上海财经大学出版社，2002.

[50] 刘洪玉、沈悦. 房地产价格 VS 社会经济的协调发展［J］. 中国房地信息. 2004，1.

[51] 杨琳、何芳. 居者有其屋——住房保障制度的内涵探究［J］. 住房保障. 2006，8.

[52] 黄小彪. 论政府对住房市场的干预［J］. 中国房地产金融. 2002，11.

[53] 曹腊梅. 现代城市政府住宅政策研究——以上海住房公共政策为个案分析［J］. 上海理工大学学报. 2006，2.

[54] 中国房地产统计年鉴（历年）. 中国城市出版社.

[55] 丰雷，朱勇，谢经荣. 中国地产泡沫实证研究［J］. 管理世界. 2002，10.

[56] 世界银行. 1994 年世界发展报告：为发展提供基础设施（中译本）［M］. 北京：中国财政经济出版社，1994.

[57] 刘水杏. 我国房地产业与国民经济其他产业的关联度分析［J］. 上海市经济管理干部学院学报. 2003，1（4）.

[58] 建设部. 建设部通报 2006 年城镇廉租住房制度建设情况.

[59] 建设部. 2006 年全国住房公积金缴存使用情况.

[60] 建设部. 2005 年城镇房屋概况统计公报.

[61] 上海社会科学院房地产业研究中心. 上海居住现状与住宅建设适度规模研究［J］. 社科报告. 2002，2.

[62] 上海市第五次人口普查数据手册.

[63] 国泰君安证券研究所. 越高端越增长——2007 年股票市场行业配置策略. 2007.

[64] 国家外汇管理局国际收支分析小组. 2005 年中国国际收支报告，2006 年上半年中国国际收支报告.

[65] 上海银监局. 2006 年上海住房金融市场运行特征和 2007 年展望.

# 后　记

本书系上海大学房地产学院课题组的一项集体研究成果。

参与研究和本书写作的有：史东辉、沈毅、陈炳辉、朱慧、姜良义等。其中，初稿引论和第一、二章由史东辉撰写，第三章由沈毅和朱慧撰写，第四、五章由沈毅撰写，第六章由姜良义和沈毅撰写，陈炳辉则承担了部分统计工作。全书由史东辉修改定稿。

在本书写作过程中，我们得到了上海大学房地产学院和中国建筑工业出版社的许多帮助，在此谨致谢意。

史东辉

2007 年 10 月